El malestar en la globalización

Joseph E. Stiglitz

El malestar en la globalización

Traducción de
Carlos Rodríguez Braun

CÍRCULO de LECTORES

A mi madre y a mi padre, que me enseñaron a preocuparme y a razonar, y a Anya, que lo unió todo y más.

Prólogo

En 1993 abandoné la vida académica para trabajar en el Consejo de Asesores Económicos del presidente Clinton. Tras años de investigación y docencia, ésa fue mi primera irrupción apreciable en la elaboración de medidas políticas y, más precisamente, en la política. De ahí pasé en 1997 al Banco Mundial, donde fui economista jefe y vicepresidente *senior* durante casi tres años, hasta enero de 2000. No pude haber escogido un momento más fascinante para entrar en política. Estuve en la Casa Blanca cuando Rusia emprendió la transición desde el comunismo; y en el Banco Mundial durante la crisis financiera que estalló en el Este asiático en 1997 y llegó a envolver al mundo entero. Siempre me había interesado el desarrollo económico, pero lo que vi entonces cambió radicalmente mi visión tanto de la globalización como del desarrollo. Escribo este libro porque en el Banco Mundial comprobé de primera mano el efecto devastador que la globalización puede tener sobre los países en desarrollo, y especialmente sobre los pobres en esos países. Creo que la globalización –la supresión de las barreras al libre comercio y la mayor integración de las economías nacionales– puede ser una fuerza benéfica y su potencial es el enriquecimiento de todos, particularmente los pobres; pero también creo que para que esto suceda es necesario replantearse profundamente el modo en el que la globalización ha sido gestionada, incluyendo los acuerdos comerciales internacionales que tan importante papel han desempeñado en la eliminación de dichas barreras y las políticas impuestas a los países en desarrollo en el transcurso de la globalización.

En tanto que profesor, he pasado mucho tiempo investigando y reflexionando sobre las cuestiones económicas y sociales con las que tuve que lidiar durante mis siete años en Washington. Creo que es importante abordar los problemas desapasionadamente, dejar la ideología a un lado y observar los hechos antes de concluir cuál es el mejor camino. Por desgracia, pero no con sorpresa, comprobé en la Casa Blanca –primero como miembro y después como presidente del Consejo de Asesores Económicos (un panel de tres expertos nombrados por el presidente para prestar asesoramiento económico al Ejecutivo norteamericano)– y en el Banco Mundial que a menudo se tomaban decisiones en función de criterios ideológicos y políticos. Como resultado se persistía en malas medidas, que no resolvían los problemas pero que encajaban con los intereses o creencias de las personas que mandaban. El intelectual francés Pierre Bourdieu ha escrito acerca de la necesidad de que los políticos se comporten más como estudiosos y entren en debates científicos basados en datos y hechos concretos. Lamentablemente, con frecuencia sucede lo contrario, cuando los académicos que formulan recomendaciones sobre medidas de gobierno se politizan y empiezan a torcer la realidad para ajustarla a las ideas de las autoridades.

Si mi carrera académica no me preparó para todo lo que encontré en Washington D. C., al menos me preparó profesionalmente. Antes de llegar a la Casa Blanca había dividido mi tiempo de trabajo e investigación entre la economía matemática abstracta (ayudé a desarrollar una rama de la ciencia económica que recibió desde entonces el nombre de economía de la información), y otros temas más aplicados, como la economía del sector público, el desarrollo y la política monetaria. Pasé más de veinticinco años escribiendo sobre asuntos como las quiebras, el gobierno de las corporaciones y la apertura y acceso a la información (lo que los economistas llaman «transparencia»); fueron puntos cruciales ante la crisis financiera global de 1997. También participé durante casi veinte años en discusiones sobre la transición desde las economías comunistas hacia el mercado. Mi experiencia sobre cómo manejar dichos procesos comenzó en 1980, cuando los analicé por primera vez con las autoridades de China, que daba sus primeros pasos en dirección a una economía de mercado. He sido un ferviente partidario de las políticas graduales de los chinos, que han demostrado su acierto en las últimas dos décadas, y he criticado con energía algunas de las estrategias de reformas extremas como las «terapias de choque» que han fracasado tan rotundamente en Rusia y algunos otros países de la antigua Unión Soviética.

Mi participación en asuntos vinculados al desarrollo es anterior. Se remonta a mi etapa de profesor en Kenia (1969-1971), pocos años después de su independencia en 1963. Parte de mi labor teórica más relevante fue inspirada por lo que allí vi. Sabía que los desafíos de Kenia eran arduos pero confiaba en que sería posible hacer algo para mejorar las vidas de los miles de millones de personas que, como los keniatas, viven en la extrema pobreza. La economía puede parecer una disciplina árida y esotérica, pero de hecho las buenas políticas económicas pueden cambiar la vida de esos pobres. Pienso que los gobiernos deben y pueden adoptar políticas que contribuyan al crecimiento de los países y que también procuren que dicho crecimiento se distribuya de modo equitativo. Por tocar sólo un tema, creo en las privatizaciones (digamos, vender monopolios públicos a empresas privadas) pero sólo si logran que las compañías sean más eficientes y reducen los precios a los consumidores. Esto es más probable que ocurra si los mercados son competitivos, lo que es una de las razones por las que apoyo vigorosas políticas de competencia.

Tanto en el Banco Mundial como en la Casa Blanca existía una estrecha relación entre las políticas que yo recomendaba en mi obra económica previa, fundamentalmente teórica, asociada en buena parte con las imperfecciones del mercado: por qué los mercados no operan a la perfección, en la forma en que suponen los modelos simplistas que presumen competencia e información perfectas. También aporté a la política mi análisis de la economía de la información, en particular las asimetrías, como las diferencias en la información entre trabajador y empleador, prestamista y prestatario, asegurador y asegurado. Tales asimetrías son generalizadas en todas las economías. Dicho análisis planteó los fundamentos de teorías más realistas sobre los mercados laborales y financieros y explicó, por ejemplo, por qué existe desempleo y por qué quienes más necesitan crédito a menudo no lo consiguen –en la jerga de los economistas: el racionamiento del crédito–. Los modelos que los economistas han empleado durante generaciones sostenían que los mercados funcionaban a la perfección –incluso negaron la existencia del paro– o bien que la única razón de la desocupación estribaba en los salarios excesivos, y sugerían el remedio obvio: bajarlos. La economía de la información, con sus mejores interpretaciones de los mercados de trabajo, capital y bienes, permitió la construcción de modelos macroeconómicos que aportaron enfoques más profundos sobre el paro, y dieron cuenta de las fluctuaciones, recesiones y depresiones que caracterizaron al capitalismo desde sus albores. Estas teorías ofrecen claros corolarios políticos –algunos de los cuales son evidentes para casi todos los que conocen el mundo real– como que la subida de los tipos de interés hasta niveles exorbitantes arrastra a la quiebra a las empresas sumamente endeudadas, y que ello es malo para la economía. Aunque me parecían innegables, esas prescripciones políticas eran contrarias a las que el Fondo Monetario Internacional solía insistir en recomendar.

Las políticas del FMI, basadas en parte en el anticuado supuesto de que los mercados generaban por sí mismos resultados eficientes, bloqueaban las intervenciones deseables de los gobiernos en los mercados, medidas que pueden guiar el crecimiento y mejorar la situación de todos. Lo que centra, pues, muchas de las disputas que describo en las páginas siguientes son las ideas y las concepciones sobre el papel del Estado derivadas de las mismas.

Aunque tales ideas han cumplido un papel relevante en el delineamiento de prescripciones políticas –acerca del desarrollo, el manejo de la crisis, y la transición– también son claves de mi pensamiento sobre la reforma de las instituciones internacionales que supuestamente deben orientar el desarrollo, administrar las crisis y facilitar las transiciones económicas. Mi estudio sobre la información hizo que prestara especial atención a las consecuencias de la falta de información; me alegró apreciar el énfasis en la transparencia durante la crisis financiera global de 1997-1998, pero no la hipocresía de instituciones como el FMI o el Tesoro de los EE UU, que la subrayaron en el Este asiático cuando ellos eran de lo menos transparente que he encontrado en mi vida pública. Por eso en la discusión de las reformas destaco la necesidad de una mayor transparencia, la mejora de la información que los ciudadanos tienen sobre esas instituciones, que permitía que los afectados por las políticas tengan más que decir en su formulación. El análisis sobre la información en las instituciones políticas surgió de modo bastante natural de mi trabajo previo sobre la información en economía.

Uno de los aspectos estimulantes de acudir a Washington fue la oportunidad no sólo de entender mejor cómo funciona el Estado sino también de contrastar alguna de las perspectivas derivadas de mi investigación. Por ejemplo, en tanto que presidente del Consejo de Asesores Económicos de Clinton, traté de fraguar una filosofía y una política económicas que vieran a la Administración y a los mercados como complementarios, como socios, y que reconocieran que si los mercados son el centro de la economía, el Estado ha de cumplir un papel importante, aunque limitado. Yo había estudiado los fallos tanto del mercado como del Estado, y no era tan ingenuo como para fantasear con que el Estado podía remediar todos los fallos del mercado, ni tan bobo como para creer que los mercados resolvían por sí mismos todos los problemas sociales. La desigualdad, el paro, la contaminación: en estos campos el Estado debía asumir un papel importante. Trabajé en la iniciativa de «reinventar la Administración»: hacer el Estado más eficiente y sensible; había visto cuándo el Estado no era ninguna de las dos cosas y sabía que las reformas eran difíciles, pero también que, por modestas que parecieran, eran posibles. Cuando pasé al Banco Mundial esperaba aportar esta visión equilibrada, y las lecciones aprendidas, a los muchos más arduos problemas del mundo desarrollado.

En la Administración de Clinton disfruté del debate político, gané algunas batallas y perdí otras. Como miembro del gabinete del presidente, estaba en una buena posición no sólo para observar los debates y sus desenlaces, sino también para participar en ellos, especialmente en áreas relativas a la economía. Sabía que las ideas cuentan pero también cuenta la política, y una de mis tareas fue persuadir a otros de que lo que yo recomendaba era económica pero también políticamente acertado. En la esfera internacional, en cambio, descubrí que ninguna de esas dos dimensiones prevalecía en la formulación de políticas, especialmente en el Fondo Monetario Internacional. Las decisiones eran adoptadas sobre la base de una curiosa mezcla de ideología y mala economía, un dogma que en ocasiones parecía apenas velar intereses creados. Cuando la crisis golpeó, el FMI prescribió soluciones viejas, inadecuadas aunque «estándares», sin considerar los efectos que ejercerían sobre los pueblos de los países a los que se aconsejaba aplicarlas. Rara vez vi predicciones sobre qué harían las políticas con la pobreza; rara vez vi discusiones y análisis cuidadosos sobre las consecuencias de políticas alternativas: sólo había una receta y no se buscaban otras opiniones. La discusión abierta y franca era desestimada: no había lugar para ella. La ideología orientaba la prescripción política y se esperaba que los países siguieran los criterios del FMI sin rechistar.

Esas actitudes me provocaban rechazo; no sólo porque sus resultados eran mediocres, sino también por su carácter antidemocrático. En nuestra vida personal jamás seguiríamos ciegamente unas ideas sin buscar un consejo alternativo, y, sin embargo, a países de todo el mundo se les instruía para que hicieran exactamente eso. Los problemas de las naciones en desarrollo son complejos, y el FMI es con frecuencia llamado en las situaciones más extremas, cuando un país se sume en una crisis. Pero sus recetas fallaron tantas veces como tuvieron éxito, o más. Las políticas de ajuste estructural del FMI –diseñadas para ayudar a un país a ajustarse ante crisis y desequilibrios más permanentes– produjeron hambre y disturbios en muchos lugares, e incluso cuando los resultados no fueron tan deplorables y consiguieron a duras penas algo de crecimiento durante un tiempo, muchas veces los beneficios se repartieron desproporcionadamente a favor de los más pudientes, mientras que los más pobres en ocasiones se hundían aún más en la miseria. Pero lo que más me asombraba era que dichas políticas no fueran puestas en cuestión por los que mandaban en el FMI, por los que adoptaban las decisiones clave; con frecuencia lo hacían en los países en desarrollo, pero era tal su temor a perder la financiación del FMI, y con ella otras fuentes financieras, que las dudas eran articuladas con gran cautela –o no lo eran en absoluto– y en cualquier caso sólo en privado. Aunque nadie estaba satisfecho con el sufrimiento que acompañaba a los programas del FMI, dentro del Fondo simplemente se suponía que todo el dolor provocado era parte necesaria de algo que los países debían experimentar para llegar a ser una exitosa economía de mercado, y que las medidas lograrían de hecho mitigar el sufrimiento de los países a largo plazo.

Algún dolor era indudablemente necesario, pero a mi juicio el padecido por los países en desarrollo en el proceso de globalización y desarrollo orientado por el FMI y las organizaciones económicas internacionales fue muy superior al necesario. La reacción contra la globalización obtiene su fuerza no sólo de los prejuicios ocasionados a los países en desarrollo por las políticas guiadas por la ideología, sino también por las desigualdades del sistema comercial mundial. En la actualidad –exceptuando a aquellos con intereses espurios que se benefician con el cierre de las puertas ante los bienes producidos por los países pobres– son pocos los que defienden la hipocresía de pretender ayudar a los países subdesarrollados obligándolos a abrir sus mercados a los bienes de los países industrializados más adelantados y al mismo tiempo protegiendo los mercados de éstos: esto hace a los ricos cada vez más ricos y a los pobres cada vez más pobres... y cada vez más enfadados.

El bárbaro atentado del 11 de septiembre ha aclarado con toda nitidez que todos compartimos un único planeta. Constituimos una comunidad global y como todas las comunidades debemos cumplir una serie de reglas para convivir. Estas reglas deben ser –y deben parecer– equitativas y justas, deben atender a los pobres y a los poderosos, y reflejar un sentimiento básico de decencia y justicia social. En el mundo de hoy, dichas reglas deben ser el desenlace de procesos democráticos; las reglas bajo las que operan las autoridades y cuerpos gubernativos deben asegurar que escuchen y respondan a los deseos y necesidades de los afectados por políticas y decisiones adoptadas en lugares distantes.

Este libro se basa en mis experiencias. Carece de tantas notas al pie y citas como las que tendría un ensayo académico. En vez de ello, he intentado describir los acontecimientos de los que fui testigo y relatar algo de lo que he oído. Aquí no hay armas humeantes: usted no encontrará pruebas de una terrible conspiración en Wall Street o el FMI para dominar el mundo. Yo no creo que tal conspiración exista. La verdad es más sutil. A menudo lo que determinó el resultado de las discusiones en las que participé fue un tono de voz, una reunión a puerta cerrada, o un memorando. Muchas de las personas a las que critico dirán que estoy equivocado, e incluso puede que presenten datos que contradicen mi versión de lo sucedido, pero cada historia tiene muchas facetas y sólo puedo presentar mi interpretación sobre lo que vi.

Al ingresar en el Banco Mundial mi intención era dedicarme sobre todo a las cuestiones del desarrollo y los problemas de los países que intentaban la transición hacia la economía de mercado, pero la crisis financiera mundial y los debates sobre la reforma de la arquitectura económica internacional –que gobierna el sistema económico y financiero global– para procurar una globalización más humana, efectiva y equitativa, absorbieron buena parte de mi tiempo. Visité docenas de países en todo el mundo y hablé con miles de funcionarios, ministros de Hacienda, gobernadores de bancos centrales, académicos, trabajadores del desarrollo, personas de las Organizaciones No Gubernamentales (ONG), banqueros, hombres de negocios, estudiantes, activistas políticos y agricultores. Me encontré con la guerrilla islámica en Mindanao (la isla de Filipinas que desde hace largo tiempo se halla en estado de rebelión), recorrí el Himalaya para llegar a escuelas remotas en Bután o a un pueblo en Nepal con un proyecto de riego, comprobé el impacto de los créditos rurales y los programas de movilización femenina en Bangladesh, y el efecto de los programas de reducción de la pobreza en poblados de los parajes montañosos más pobres de China. Contemplé cómo se hace la historia y aprendí muchísimo. En este libro he intentado destilar la esencia de lo que vi y aprendí.

Espero que el libro abra un debate, un debate que no debe transcurrir sólo en la reclusión de los despachos de los gobiernos y las organizaciones internacionales, ni tampoco limitarse a la atmósfera más abierta de las universidades. Aquellos cuyas vidas se verán afectadas por las decisiones sobre la gestión de la globalización tienen derecho a participar en este debate, y a saber cómo se tomaron esas decisiones en el pasado. Como mínimo, mi libro debería aportar más información sobre lo que ocurrió en la década pasada. Seguramente la mayor información llevará a mejores políticas que obtendrán mejores resultados. Si ello es así, sentiré que algo he aportado.

AGRADECIMIENTOS

Hay una lista interminable de personas con las que estoy en deuda, porque sin ellas no habría podido escribir este libro: el presidente Bill Clinton y el presidente del Banco Mundial Jim Wolfensohn me dieron la oportunidad de servir a mi país y a los pueblos del mundo en desarrollo, y también la oportunidad, relativamente infrecuente para un académico, de entrever la toma de decisiones que afectan a todas nuestras vidas. Estoy en deuda con cientos de colegas en el Banco Mundial, no sólo por las vigorosas discusiones que tuvimos durante años sobre todas las cuestiones tratadas en este libro, sino por compartir conmigo sus años de experiencia sobre el terreno. También me ayudaron a organizar los numerosos viajes mediante los cuales yo mismo obtuve perspectivas únicas acerca de lo que estaba pasando en los países subdesarrollados. Vacilo antes de renombrar a alguien en particular, no vaya a ser que margine a otros, pero al mismo tiempo sería un descuido no reconocer al menos a algunos con los que trabajé más de cerca, como Masud Ahmed, Lucie Albert, Amar Bhattacharya, François Bourgignon, Gerard Caprio, Ajay Chhibber, Uri Dadush, Carl Dahlman, Bill Easterly, Giovanni Ferri, Coralie Gevers, Noemi Giszpenc, Maria Ionata, Roumeen Islam, Anupam Khanna, Lawrence MacDonald, Ngozi Ojonjo-Iweala, Guillermo Perry, Boris Pleskovic, Jo Ritzen, Halsey Rogers, Lyn Squire, Vinod Thomas, Maya Tudor, Mike Walton, Shahid Yusuf y Hassan Zaman.

Otras personas del Banco Mundial a las que me gustaría transmitir mi agradecimiento son: Martha Ainsworth, Myrna Alexander, Shaida Badiee, Stijn Claessens, Paul Collier, Kemal Dervis, Dennis de Tray, Shanta Devarajan, Ishac Diwan, David Dollar, Mark Dutz, Alan Gelb, Isabel Guerrero, Cheryl Gray, Robert Holzman, Ishrat Husain, Greg Ingram, Manny Jimenez,

Mats Karlsson, Danny Kaufman, Ioannis Kessides, Homi Kharas, Aart Kray, Sarwar Lateef, Danny Leipzinger, Brian Levy, Johannes Linn, Oey, Astra Meesook, Jean-Claude Milleron, Pradeep Mitra, Mustafá Nabli, Gobind Nankani, John Nellis, Akbar Noman, Fayez Omar, John Page, Guy Pfeffermann, Ray Rist, Christof Ruehl, Jessica Seddon, Marcelo Selowski, Jean Michel Severino, Ibrahim Shihata, Sergio Shmuckler, Andrés Solimano, Enric Swanson, Marilou Uy, Tara Viswanath, Debbie Wetzel, David Wheeler y Roberto Zagha.

También estoy en deuda con mucha gente de otras organizaciones económicas internacionales con quienes discutí los numerosos asuntos sobre los que aquí se reflexiona, como Rubén Recupero, de la Unctad (el Comité de la ONU sobre el Comercio y el Desarrollo), Marc Malloch-Brown del PNUD, Enrique Iglesias, Nancy Birdsall y Ricardo Haussman, del Banco Interamericano de Desarrollo, Jacques de Larosière, antiguo jefe del Banco Europeo de Reconstrucción y Desarrollo, y muchos otros en las oficinas regionales de la ONU y de los Bancos de Desarrollo de Asia y África. Junto con mis colegas del Banco Mundial, quizá con los que más me relacioné fue con los del Fondo Monetario Internacional y, aunque se verá claramente en las páginas que siguen que a menudo estuve en contra de mucho de lo que hacían –y de cómo lo hacían–, aprendí bastante de ellos y de las largas discusiones que mantuvimos, y no fue lo menos importante el comprender mejor sus puntos de vista. Debo ser claro: aunque soy muy crítico, también valoro el duro trabajo que realizaron, las difíciles circunstancias bajo las que lo hicieron, y su disposición a nivel personal a entablar discusiones mucho más abiertas y libres que lo que pueden hacer a nivel oficial.

También estoy agradecido a numerosos funcionarios en los países en desarrollo, desde países grandes como China y la India, hasta naciones pequeñas como Uganda y Bolivia, desde primeros ministros y jefes de Estado a ministros de Hacienda y gobernadores de bancos centrales, ministros de Educación y otros miembros de los gabinetes y de escalafón inferior, que compartieron francamente su tiempo conmigo para discutir sus ideas sobre sus países, y también los problemas y frustraciones que los aquejaban. En nuestras largas reuniones, solían hablarme en confianza. Muchos de ellos, como Vaclav Klaus, el ex primer ministro de la República Checa, estarán en desacuerdo con buena parte de lo que digo, pero de todos modos aprendí mucho hablando con ellos. Otros, como Andrei Illarionov, actual asesor económico principal de Putin, y Grzegorz W. Kolodko, ex viceprimer ministro y ministro de Hacienda de Polonia, Meles Zanawi, primer ministro de Etiopía, o Yoweri Museveni, presidente de Uganda, simpatizarán con mucho o con la mayor parte de lo que digo. Algunos que me han ayudado en las organizaciones económicas internacionales me han pedido que no los nombre, y cumpliré su deseo.

Aunque dediqué buena parte de mi tiempo a discutir con funcionarios estatales, también me reuní con numerosos empresarios, que me brindaron también su tiempo, me describieron los desafíos que afrontaban y me plantearon su interpretación acerca de lo que estaba sucediendo en sus países. Es difícil destacar a una sola persona, pero debo mencionar a Howard Golden, cuyas detalladas descripciones de experiencias en un gran número de países fueron particularmente esclarecedoras.

En tanto que académico tenía mi propia entrada en los países que visité, y podía enfocar los temas desde perspectivas que no eran dictadas por las «posiciones oficiales». Este libro debe mucho a dicha red global de colegas académicos –uno de los aspectos más saludables de la globalización–. Estoy particularmente agradecido a mis colegas de Stanford, Larry Lau, entonces al frente del Asia Pacific Center, Masa Aoki, hoy director de investigación en el Ministerio de Economía y Comercio Internacional de Japón, y Yingi Qian, no sólo por las ideas que me dieron sobre Asia, sino por las muchas puertas que me abrieron. A lo largo de los años colegas académicos y antiguos estudiantes como Jungyoll Yun en Corea, Mrinal Datta Chaudhuri en la India, K. S. Jomo en Malaisia, Justin Lin en China, y Amar Siamwalla en Tailandia me ayudaron a conocer y comprender sus países. Estoy muy en deuda con la Brooking Institution, Stanford, y Columbia –y con mis colegas y estudiantes en esas instituciones– por los valiosos debates que mantuve con ellos acerca de las ideas aquí presentadas, y a mis socios Ann Florini y Tim Kessler, que trabajaron conmigo en la creación de Initiative for Policy Dialogue, originalmente con base en la Universidad de Stanford y el Carnegie Endowment for Peace, y ubicada hoy en la Universidad de Columbia (www.gsb.edu/ipd), que promueve la clase de discusiones democráticas informadas sobre políticas alternativas que recomiendo en el presente libro. Durante ese período también recibí apoyo financiero de las Fundaciones Ford, MacArthur y Rockefeller; la Agencia Internacional de Desarrollo de Canadá y el PNUD.

Al escribir el libro, aunque me apoyé sobre todo en mis propias experiencias, éstas fueron ampliadas no sólo por mis colegas sino por una multitud de informadores. Un tema del libro que espero tenga alguna resonancia es la importancia del libre acceso a la información: muchos de los problemas que cito surgen porque hay demasiadas cosas que suceden a puerta cerrada. Siempre he creído que una prensa activa y libre es un freno fundamental contra los abusos, y es necesaria para la democracia; y muchos de los informadores que traté con regularidad se dedicaban a dicha misión. Aprendí mucho de ellos cuando compartíamos nuestras interpretaciones sobre lo que estaba sucediendo. Otra vez, y a riesgo de mencionar sólo a un puñado cuando hay tantos que deberían ser reconocidos: Chrystia Freeland fue de gran ayuda en el capítulo sobre Rusia, y Paul Blustein y Mark Clifford me aportaron valiosas ideas sobre los hechos en el Este asiático.

La economía es la ciencia de la elección. Con la masa de ideas y datos sobre asuntos tan complicados y fascinantes como los aquí analizados se podrían escribir volúmenes enteros. Lamentablemente, uno de mis grandes desafíos al escribir este libro fue que los volúmenes que de hecho escribí debían ser ajustados a una narración bastante más breve. Debí dejar de lado algunas ideas y pasar por alto algunas matizaciones, por importantes que me parecieran. Me había acostumbrado a dos tipos de escritos: los serios tomos académicos y las breves charlas populares. Para mí esta obra representa un género nuevo. El libro no habría sido publicado sin los esfuerzos infatigables de Anya Schiffrin, que durante meses me ayudó en la escritura y la revisión, colaborando para que realizara esas duras elecciones, que a veces parecían tan dolorosas. Drake McFeely –mi editor desde hace veinte años– me animó y apoyó en todo el proceso. La edición de Sarah Stewart fue sobresaliente, Jim Wade trabajó incansablemente para organizar la versión final del original, y Eve Lazovitz prestó una ayuda significativa en varias etapas clave.

Nadia Roumani ha sido mi mano derecha durante años. Nada sería posible sin ella. Sergio Godoy y Mónica Fuentes comprobaron los datos con diligencia y hallaron las estadísticas que necesitaba. Leah Brooks colaboró mucho en los primeros borradores. Nini Khor y Ravi Singh, mis ayudantes de investigación en Stanford, trabajaron laboriosamente en la penúltima versión.

Esta obra se apoya en un vasto cuerpo de trabajo académico, tanto mío, en unión con un gran número de coautores, como de otros, que otra vez son demasiados como para citarlos. He aprovechado también innumerables discusiones con colegas de todo el mundo. Debo mencionar al profesor Robin Wade de la London School of Economics, antiguo funcionario del Banco Mundial, que ha escrito de forma clarividente no sólo sobre los problemas generales de las instituciones económicas internacionales, sino también sobre varios de los asuntos concretos considerados aquí, el este de Asia y Etiopía. La transición desde el comunismo hasta una economía de mercado ha sido una cuestión que atrajo mucho interés de los economistas académicos durante los últimos quince años. Me he beneficiado en particular de las ideas de Janos Kornai. Debo citar también a otros cuatro destacados académicos: Peter Murrell, Jan Svejnar, Marshall Goldman y Gerard Roland. Un tema central de este libro es el valor del debate abierto, y he aprendido mucho leyendo a y debatiendo con personas con cuyas interpretaciones de los hechos no estaba de acuerdo a veces, o quizá a menudo –en particular Richard Layard, Jeff Sachs, Anders Aslund y Andrei Shleifer–. También me enriquecieron los debates con una multitud de académicos en las economías en transición, incluidos los rusos Oleg Bogomolov y Stanislav Menshikov.

Steve Lewis, Peter Eigen y Charles Harvey me dieron ideas sobre Botsuana a partir de sus experiencias de primera mano, y Charles Harvey me brindó comentarios detallados sobre el capítulo 2. A lo largo de los años han influido especialmente en mi modo de pensar el trabajo y las discusiones con Nick Stern (que fue mi sucesor en el Banco Mundial después de ser economista jefe en el BERD), Partha Dasgupta, Ravi Kanbur (que fue responsable del crucial Informe Mundial del Desarrollo sobre la Pobreza, de 2001, iniciado cuando yo aún era economista jefe del Banco Mundial), Avi Braverman (hoy presidente de la Universidad Ben-Gurion, pero durante mucho tiempo investigador en el Banco Mundial), Karla Hoff, Raaj Sah, David Bevan, Mark Gersovitz, David Newbery, Jim Mirrlees, Amartya Sen y David Ellerman. Estoy particularmente en deuda con Andy Weiss, por sus visiones prácticas sobre los problemas de la transición, por sus análisis empíricos sobre las consecuencias de la privatización y por sus ideas generales sobre las imperfecciones del mercado de capitales. Mi trabajo anterior sobre el Este asiático para el Banco Mundial, hecho con Marilou Uy junto a, entre otros, Howard Pack, Nancy Birdsall, Danny Leipzinger y Kevin Murdoch, me aportó enfoques de la región que me colocaron en buena posición a la hora de tratar la crisis cuando ésta tuvo lugar. Tengo una especial deuda de gratitud con Jason Furman, que colaboró conmigo tanto en la Casa Blanca como en el Banco Mundial, por todo su trabajo pero especialmente por el del Este asiático y la crítica del Consenso de Washington. Debo dar las gracias a Hal Varian por sugerir el título. Cualquiera que lea este libro verá claramente la influencia de las ideas sobre la información imperfecta y los mercados, que a mi juicio son centrales para comprender cómo funciona cualquier economía de mercado, y especialmente una en desarrollo. El trabajo con Carl Shapiro, Michael Rothschild, Sandy Grossman, Steve Salop y Richard Arnott me ayudó a formar ideas sobre el paro, las imperfecciones del mercado de capitales, las limitaciones de la competencia y la importancia de las instituciones –y sus limitaciones–. Al final de todo siempre está Bruce Greenwald, mi colaborador y amigo desde hace más de veinticinco años.

Capítulo 1

La promesa de las instituciones globales

Los burócratas internacionales –símbolos sin rostro del orden económico mundial– son atacados por doquier. Las reuniones de oscuros tecnócratas en torno a temas tan anodinos como los préstamos preferenciales o las cuotas comerciales se han transformado en escenarios de iracundas batallas callejeras y grandes manifestaciones. Las protestas en la reunión de Seattle de la Organización Mundial de Comercio en 1999 fueron una sacudida, pero desde entonces el movimiento ha crecido y la furia se ha extendido. Prácticamente todas las reuniones importantes del Fondo Monetario Internacional, el Banco Mundial y la OMC equivalen ahora a conflictos y disturbios. La muerte de un manifestante en Génova en 2001 fue la primera de las que pueden ser muchas más víctimas de la guerra contra la globalización.

Los alborotos y las protestas contra las políticas y medidas de las instituciones de la globalización no son desde luego una novedad. Durante décadas los pueblos del mundo subdesarrollado se han rebelado cuando los programas de austeridad impuestos en sus países han sido demasiado severos, pero sus quejas no solían tener eco en Occidente. Lo nuevo es hoy la ola de condenas en los países desarrollados.

Asuntos como los préstamos de ajuste estructural (programas diseñados para ayudar a que los países se ajusten y capeen las crisis) y las cuotas del plátano (los límites que algunos países de Europa establecen a las importaciones de plátanos de países que no sean sus antiguas colonias) interesaban sólo a unos pocos. Ahora hay chicos de dieciséis años en los suburbios que tienen opiniones tajantes sobre tratados como el GATT (Acuerdo General sobre Aranceles y Comercio) y el NAFTA (el área norteamericana de libre comercio, acuerdo firmado en 1992 entre México, EE UU y Canadá, que permite el libre movimiento de bienes, servicios y capitales –pero no personas– entre dichos países). Las protestas han provocado un enorme caudal de exámenes de conciencia desde el poder político. Incluso los políticos conservadores, como el presidente francés Jacques Chirac, han manifestado su preocupación porque la globalización no está mejorando la vida de quienes más necesitan de sus prometidas ventajas[1]. Es evidente para casi todo el mundo que algo ha funcionado terriblemente mal. Prácticamente de la noche a la mañana, la globalización se ha vuelto el asunto más apremiante de nuestro tiempo, que se discute en salas de juntas y en páginas editoriales y en escuelas de todo el planeta.

¿Por qué la globalización –una fuerza que ha producido tanto bien– ha llegado a ser tan controvertida? La apertura al comercio internacional ayudó a numerosos países a crecer mucho más rápidamente de lo que habrían podido en caso contrario. El comercio exterior fomenta el desarrollo cuando las exportaciones del país lo impulsan; el crecimiento propiciado por las exportaciones fue la clave de la política industrial que enriqueció a Asia y mejoró la suerte de millones de personas. Gracias a la globalización muchas personas viven hoy más tiempo y con un nivel de vida muy superior. Puede que para algunos en Occidente los empleos poco remunerados de Nike sean explotación, pero para multitudes en el mundo subdesarrollado trabajar en una fábrica es ampliamente preferible a permanecer en el campo y cultivar arroz.

La globalización ha reducido la sensación de aislamiento experimentada en buena parte del mundo en desarrollo y ha brindado a muchas personas de esas naciones acceso a un conocimiento que hace un siglo ni siquiera estaba al alcance de los más ricos del planeta. Las propias protestas antiglobalización son resultado de esta mayor interconexión. Los vínculos entre los activistas de todo el mundo, en particular los forjados mediante la comunicación por Internet, dieron lugar a la presión que desembocó en el tratado internacional sobre las

1. J. Chirac, «*The economy must be made to serve people*», discurso ante la Conferencia Internacional del Trabajo, junio de 1996.

minas antipersona, a pesar de la oposición de muchos gobiernos poderosos. Lo han firmado 121 países desde 1997, y ha reducido la probabilidad de que niños y otras víctimas inocentes puedan ser mutilados por las minas. Análogamente, una bien orquestada presión forzó a la comunidad internacional a condonar la deuda de algunos de los países más pobres. Incluso aunque la globalización presente facetas negativas, a menudo ofrece beneficios; la apertura del mercado lácteo de Jamaica a las importaciones desde EE UU en 1992 pudo perjudicar a los productores locales pero también significó que los niños pobres pudieran consumir leche más barata. Las nuevas empresas extranjeras pueden dañar a las empresas públicas protegidas, pero también fomentan la introducción de nuevas tecnologías, el acceso a nuevos mercados y la creación de nuevas industrias.

La ayuda exterior, otro aspecto del mundo globalizado, aunque padece muchos defectos, a pesar de todo ha beneficiado a millones de personas, con frecuencia por vías que no han sido noticia: la guerrilla en Filipinas, cuando dejó las armas, tuvo puestos de trabajo gracias a proyectos financiados por el Banco Mundial; los proyectos de riego duplicaron sobradamente las rentas de los agricultores que accedieron así al agua; los proyectos educativos expandieron la alfabetización a las áreas rurales; en un puñado de países los proyectos contra el sida han contenido la expansión de esa letal enfermedad.

Quienes vilipendian la globalización olvidan a menudo sus ventajas, pero los partidarios de la misma han sido incluso más sesgados; para ellos la globalización (cuando está típicamente asociada a la aceptación del capitalismo triunfante de estilo norteamericano) es el progreso; los países en desarrollo la deben aceptar si quieren crecer y luchar eficazmente contra la pobreza. Sin embargo, para muchos en el mundo subdesarrollado la globalización no ha cumplido con sus promesas de beneficio económico.

La creciente división entre los poseedores y los desposeídos ha dejado a una masa creciente en el Tercer Mundo sumida en la más abyecta pobreza y viviendo con menos de un dólar por día. A pesar de los repetidos compromisos sobre la mitigación de la pobreza en la última década del siglo XX, el número de pobres ha aumentado en casi cien millones[1]. Esto sucedió al mismo tiempo que la renta mundial total aumentaba en promedio un 2,5 % anual.

En África, las ambiciosas aspiraciones que siguieron a la independencia colonial se han visto en buena parte frustradas. En vez de ello, el continente se precipita cada vez más a la miseria, las rentas caen y los niveles de vida descienden. Las laboriosamente conquistadas mejoras en la expectativa de vida de las décadas recientes han empezado a revertirse. Aunque el flagelo del sida está en el centro de este declive, la pobreza también mata. Incluso los países que abandonaron el socialismo africano y lograron establecer gobiernos razonablemente honrados, equilibrar sus presupuestos y contener la inflación han comprobado que simplemente no son capaces de atraer inversores privados; sin esta inversión no pueden conseguir un desarrollo sostenible.

La globalización no ha conseguido reducir la pobreza, pero tampoco garantizar la estabilidad. Las crisis en Asia y América Latina han amenazado las economías y la estabilidad de todos los países en desarrollo. Se extiende por el mundo el temor al contagio financiero y que el colapso de la moneda en un mercado emergente represente también la caída de otras. Durante un tiempo, en 1997 y 1998, la crisis asiática pareció cernirse sobre toda la economía mundial.

La globalización y la introducción de la economía de mercado no han producido los resultados prometidos en Rusia y en la mayoría de las demás economías en transición desde el comunismo hacia el mercado. Occidente aseguró a esos países que el nuevo sistema económico les brindaría una prosperidad sin precedentes. En vez de ello, generó una pobreza sin precedentes; en muchos aspectos, para el grueso de la población, la economía de

1. En 1990 había 2.718 millones de personas que vivían con menos de dos dólares diarios. En 1998 ese número de pobres era estimado en 2.801 millones (Banco Mundial, *Global Economic Prospects and the Developing Countries 2000*, Washington D. C., World Bank, 2000, pág. 29). Para más información véase *World Development Report* y *World Economic Indicators*, publicaciones anuales del Banco Mundial. Los datos sobre salud pueden encontrarse en UNAIDS/OMS, *Report on the HIV/Aids Epidemic 1998*.

mercado se ha revelado incluso peor de lo que habían predicho sus dirigentes comunistas. El contraste en la transición rusa, manejada por las instituciones económicas internacionales, y la china, manejada por los propios chinos, no puede ser más acusado. En 1990 el PIB chino era el 60 % del ruso, y a finales de la década la situación se había invertido; Rusia registró un aumento inédito de la pobreza y China un descenso inédito.

Los críticos de la globalización acusan a los países occidentales de hipócritas, con razón: forzaron a los pobres a eliminar las barreras comerciales, pero ellos mantuvieron las suyas e impidieron a los países subdesarrollados exportar productos agrícolas, privándolos de una angustiosamente necesaria renta vía exportaciones. EE UU fue, por supuesto, uno de los grandes culpables, y el asunto me tocó muy de cerca. Como presidente del Consejo de Asesores Económicos batallé duramente contra esta hipocresía, que no sólo daña a las naciones en desarrollo sino que cuesta a los estadounidenses, como consumidores por los altos precios y como contribuyentes por los costosos subsidios que deben financiar, miles de millones de dólares. Con demasiada asiduidad mis esfuerzos fueron vanos y prevalecieron los intereses particulares, comerciales y financieros; cuando me fui al Banco Mundial aprecié con toda claridad las consecuencias para los países en desarrollo.

Incluso cuando Occidente no fue hipócrita, marcó la agenda de la globalización, y se aseguró de acaparar una cuota desproporcionada de los beneficios a expensas del mundo subdesarrollado. No fue sólo que los países industrializados se negaron a abrir sus mercados a los bienes de los países en desarrollo –por ejemplo, mantuvieron sus cuotas frente a una multitud de bienes, desde los textiles hasta el azúcar–, aunque insistieron en que éstos abrieran los suyos a los bienes de las naciones opulentas; no fue sólo que los países industrializados continuaron subsidiando la agricultura y dificultando la competencia de los países pobres, aunque insistieron en que éstos suprimieran los subsidios a sus bienes industriales. Los «términos del intercambio» –los precios que los países desarrollados y menos desarrollados consiguen por las cosas que producen– después del último acuerdo comercial de 1995 (el octavo) revelan que el efecto neto fue reducir los precios que algunos de los países más pobres del mundo cobran con relación a lo que pagan por sus importaciones[1]. El resultado fue que algunas de las naciones más pobres de la Tierra empeoraron aún más su situación.

Los bancos occidentales se beneficiaron por la flexibilización de los controles sobre los mercados de capitales en América Latina y Asia, pero esas regiones sufrieron cuando los flujos de dinero *caliente* especulativo (dinero que entra y sale de un país, a menudo de la noche a la mañana, y que no suele ser más que una apuesta sobre si la moneda va a apreciarse o depreciarse) que se habían derramado sobre los países súbitamente tomaron la dirección opuesta. La abrupta salida de dinero dejó atrás divisas colapsadas y sistemas bancarios debilitados. La Ronda Uruguay también fortaleció los derechos de propiedad intelectual. Las compañías farmacéuticas norteamericanas y occidentales podían ahora impedir que los laboratorios indios o brasileños les «robaran» su propiedad intelectual. Pero esos laboratorios del mundo subdesarrollado hacían que medicamentos vitales fueran asequibles por los ciudadanos a una fracción del precio que cobraban las empresas occidentales. Hubo así dos caras en las decisiones adoptadas en la Ronda Uruguay. Los beneficios de las empresas farmacéuticas occidentales aumentarían, lo que según sus partidarios brindaría más incentivos para innovar, pero los correspondientes a las ventas en los países subdesarrollados eran pequeños, puesto que pocos podían pagar los medicamentos, con lo que el efecto incentivo sería en el mejor de los casos limitado. La otra cara fue que miles de personas resultaron de hecho condenadas a muerte, porque los gobiernos y los ciudadanos de los países subdesarrollados ya no podían pagar los elevados precios ahora impuestos. En el caso del sida la condena internacional fue tan firme que los laboratorios debieron retroceder y finalmente acordaron rebajar sus precios y vender los medicamentos

1. Este octavo acuerdo resultó de las negociaciones de la llamada Ronda Uruguay, abierta en Punta del Este, Uruguay, en 1986. Esta ronda concluyó en Marraquech el 15 de diciembre de 1993, cuando 117 países firmaron dicho acuerdo de liberalización comercial, que fue finalmente aprobado por EE UU y rubricado por el presidente Clinton el 8 de diciembre de 1994. La Organización Mundial del Comercio fue formalmente inaugurada el 1 de enero de 1995, y hasta julio se integraron en ella más de cien países. Una cláusula del acuerdo contemplaba la conversión del GATT en la OMC.

al coste a finales de 2001. Pero el problema subyacente –el hecho de que el régimen de propiedad intelectual establecido en la Ronda Uruguay no era equilibrado y reflejaba sobre todo los intereses y perspectivas de los productores y no de los usuarios, en los países desarrollados o en desarrollo– sigue en pie.

La globalización tuvo efectos negativos no sólo en la liberalización comercial sino en todos sus aspectos, incluso en los esfuerzos aparentemente bienintencionados. Cuando los proyectos agrícolas o de infraestructuras recomendados por Occidente, diseñados con el asesoramiento de consejeros occidentales y financiados por el Banco Mundial, fracasan, los pueblos pobres del mundo subdesarrollado deben amortizar los préstamos igualmente, salvo que se aplique alguna forma de condonación de la deuda.

Si los beneficios de la globalización han resultado en demasiadas ocasiones inferiores a lo que sus defensores reivindican, el precio pagado ha sido superior, porque el medio ambiente fue destruido, los procesos políticos corrompidos y el veloz ritmo de los cambios no dejó a los países un tiempo suficiente para la adaptación cultural. Las crisis que desembocaron en un paro masivo fueron a su vez seguidas de problemas de disolución social a largo plazo, desde la violencia urbana en América Latina hasta conflictos étnicos en otros lugares, como Indonesia.

Estos problemas no son precisamente nuevos, pero la reacción mundial cada vez más vehemente contra las políticas que conducen a la globalización constituye un cambio significativo. Durante décadas, Occidente ha hecho casi oídos sordos a los clamores de los pobres en África y los países subdesarrollados de otras partes del globo. Quienes trabajaban en las naciones en desarrollo sabían que algo no iba bien cuando asistían a la generalización de las crisis financieras y el aumento del número de pobres. Pero ellos no podían cambiar las reglas de juego o influir sobre las instituciones financieras internacionales que las dictaban. Quienes valoraban los procesos democráticos comprobaron que la «condicionalidad» –los requisitos que los prestamistas internacionales imponían a cambio de su cooperación– minaba la soberanía nacional. Pero hasta la llegada de las protestas cabían pocas esperanzas para el cambio y pocas salidas para las quejas. Algunos de los que protestaban cometieron excesos, otros defendían aún más barreras proteccionistas contra los países pobres, lo que habría agravado sus apuros. Pero a pesar de estos problemas, los sindicalistas, estudiantes, ecologistas –ciudadanos corrientes– que marcharon por las calles de Praga, Seattle, Washington y Génova, añadieron la urgencia de la reforma a la agenda del mundo desarrollado.

Los manifestantes conciben la globalización de manera muy diferente que el secretario del Tesoro de los EE UU, o los ministros de Hacienda y de Comercio de la mayoría de las naciones industrializadas. La disparidad de enfoques es tan acusada que uno se pregunta: ¿están los manifestantes y los políticos hablando de los mismos fenómenos, están observando los mismos datos, están las ideas de los poderosos tan nubladas por los intereses particulares y concretos?

¿Qué es este fenómeno de la globalización, objeto simultáneo de tanto vilipendio y tanta alabanza? Fundamentalmente, es la integración más estrecha de los países y los pueblos del mundo, producida por la enorme reducción de los costes de transporte y comunicación, y el desmantelamiento de las barreras artificiales a los flujos de bienes, servicios, capitales, conocimientos y (en menor grado) personas a través de las fronteras. La globalización ha sido acompañada por la creación de nuevas instituciones; en el campo de la sociedad civil internacional hay nuevos grupos como el Movimiento Jubileo, que pide la reducción de la deuda para los países más pobres, junto a organizaciones muy antiguas como la Cruz Roja Internacional. La globalización es enérgicamente impulsada por corporaciones internacionales que no sólo mueven el capital y los bienes a través de las fronteras sino también la tecnología. Asimismo, la globalización ha animado una renovada atención hacia veteranas instituciones internacionales intergubernamentales, como la ONU, que procuran mantener la paz; la Organización Internacional del Trabajo, fundada en 1919, que promueve en todo el mundo actividades bajo la consigna «trabajo digno»; y la Organización Mundial de la Salud, especialmente preocupada en la mejora de las condiciones sanitarias del mundo subdesarrollado.

Muchos, quizá la mayoría, de estos aspectos de la globalización han sido saludados en todas partes. Nadie desea que sus hijos mueran cuando hay conocimientos y medicinas disponibles en otros lugares del mundo. Son los más limitados aspectos económicos de la globalización los que han sido objeto de polémica, y las instituciones internacionales que han fijado las reglas y han establecido o propiciado medidas como la liberalización de los mercados de capitales (la eliminación de las normas y reglamentaciones de muchos países en desarrollo que apuntan a la estabilización de los flujos del dinero volátil que entra y sale del país).

Para comprender lo que falló es importante observar las tres instituciones principales que gobiernan la globalización: el FMI, el Banco Mundial y la OMC. Hay además una serie de otras entidades que desempeñan un papel en el sistema económico internacional: bancos regionales, hermanos pequeños del Banco Mundial, y numerosas organizaciones de la ONU, como el Programa de las Naciones Unidas para el Desarrollo, o la Conferencia de las Naciones Unidas para el Comercio y el Desarrollo (UNCTAD). La posición de estas organizaciones a menudo difiere marcadamente de la del FMI o el BM. La OIT, por ejemplo, está preocupada porque el FMI presta escasa atención a los derechos laborales, y el Banco de Desarrollo de Asia aboga por un «pluralismo competitivo» que brinde a los países en desarrollo enfoques alternativos sobre estrategias de desarrollo, incluyendo el «modelo asiático» –en el cual los Estados se apoyan en los mercados pero cumplen un papel activo en crear, modelar y guiar los mercados, incluyendo la promoción de nuevas tecnologías, y donde las empresas asumen una considerable responsabilidad en el bienestar social de sus empleados–, que dicho banco califica de claramente distinto del modelo norteamericano propiciado por las instituciones de Washington.

En este libro me ocupo especialmente del FMI y del BM, sobre todo porque han estado en el centro de las grandes cuestiones económicas durante las últimas dos décadas, como las crisis financieras y la transición de los países ex comunistas a la economía de mercado. El FMI y el BM se originaron en la Segunda Guerra Mundial como resultado de la Conferencia Monetaria y Financiera de las Naciones Unidas en Bretton Woods, New Hampshire, en julio de 1944, y fueron parte del esfuerzo concertado para reconstruir Europa tras la devastación de la guerra y para salvar al mundo de depresiones económicas futuras. El nombre verdadero del Banco Mundial –Banco Internacional para la Reconstrucción y el Desarrollo– refleja su misión original; la última parte, «Desarrollo», fue añadido posteriormente. En aquel entonces el grueso de los países del mundo subdesarrollado eran aún colonias y se consideraba que los magros esfuerzos del desarrollo económico podían o habrían de ser responsabilidad de sus amos europeos.

La más ardua tarea de asegurar la estabilidad económica global fue confiada al FMI. Los congregados en Bretton Woods tenían muy presente la depresión mundial de los años treinta. Hace casi tres cuartos de siglo, el capitalismo afrontó la crisis más severa de su historia. La Gran Depresión abarcó todo el planeta y registró incrementos inéditos del paro. En su peor momento, la cuarta parte de la población activa estadounidense estaba desempleada. El economista británico John Maynard Keynes, que después sería un participante clave en Bretton Woods, planteó una explicación simple y un conjunto correspondientemente sencillo de prescripciones: la falta de una suficiente demanda agregada daba cuenta de las recesiones económicas; las políticas estatales podían estimular la demanda agregada. En los casos en los que la política monetaria fuera ineficaz, los gobiernos podían recurrir a políticas fiscales, subiendo el gasto o recortando los impuestos. Aunque los modelos subyacentes al análisis de Keynes fueron posteriormente criticados y refinados, llevando a una comprensión más cabal sobre por qué las fuerzas del mercado no operan rápidamente para ajustar la economía hasta el pleno empleo, las lecciones fundamentales siguen siendo válidas.

Al Fondo Monetario Internacional se le encargó impedir una nueva depresión global. Lo conseguiría descargando presión internacional sobre los países que no cumplían con su responsabilidad para mantener la demanda agregada global y dejaban que sus economías se desplomaran. Si fuera necesario, suministraría liquidez en forma de préstamos a los países que padecieran una coyuntura desfavorable y fueran incapaces de estimular la demanda agregada con sus propios recursos.

En su concepción original, pues, el FMI se basó en el reconocimiento de que los mercados a menudo no funcionaban: podían dar lugar a un paro masivo y fallarían a la hora de aportar los fondos imprescindibles para que los países pudiesen recomponer sus economías. El FMI surgió de la creencia en la necesidad de una acción colectiva a nivel global para lograr la estabilidad económica, igual que la ONU surgió de la creencia en la necesidad de una acción colectiva a nivel global para lograr la estabilidad política. El FMI es una institución pública, establecida con dinero de los contribuyentes de todo el mundo. Es importante recordar esto, porque el Fondo no reporta directamente ni a los ciudadanos que lo pagan ni a aquellos cuyas vidas afecta. En vez de ello, informa a los ministros de Hacienda y a los bancos centrales de los gobiernos del mundo. Ellos ejercen su control a través de un complicado sistema de votación basado en buena medida en el poder económico de los países a finales de la Segunda Guerra Mundial. Desde entonces ha habido algunos ajustes menores, pero los que mandan son los grandes países desarrollados, y uno solo, Estados Unidos, ostenta un veto efectivo (en este sentido es similar a la ONU, donde un anacronismo histórico determina quién ejerce el veto –las potencias victoriosas de la Segunda Guerra Mundial–, pero al menos allí ese poder de veto es compartido entre cinco países).

El FMI ha cambiado profundamente a lo largo del tiempo. Fundado en la creencia de que los mercados funcionan muchas veces mal, ahora proclama la supremacía del mercado con fervor ideológico. Fundado en la creencia de que es necesaria una presión internacional sobre los países para que acometan políticas económicas expansivas –como subir el gasto, bajar los impuestos o reducir los tipos de interés para estimular la economía–, hoy el FMI típicamente aporta dinero sólo si los países emprenden políticas como recortar los déficit y aumentar los impuestos o los tipos de interés, lo que contrae la economía. Keynes se revolvería en su tumba si supiese lo que ha sucedido con su criatura.

El cambio más dramático de estas instituciones tuvo lugar en los años ochenta, la era en la que Ronald Reagan y Margaret Thatcher predicaron la ideología del libre mercado en Estados Unidos y el Reino Unido. El FMI y el Banco Mundial se convirtieron en nuevas instituciones misioneras, a través de las cuales esas ideas fueron impuestas sobre los reticentes países pobres que necesitaban con urgencia sus préstamos y subvenciones. Los ministros de Hacienda de los países pobres estaban dispuestos, si era menester, a convertirse para conseguir el dinero, aunque la vasta mayoría de los funcionarios estatales y, más importante, los pueblos de esos países con frecuencia, permanecieron escépticos. A comienzos de los ochenta hubo una purga en el Banco Mundial, en su servicio de estudios, que orientaba las ideas y la dirección del Banco. Hollis Chenery, uno de los más distinguidos economistas estadounidenses en el campo del desarrollo, un profesor de Harvard que había realizado contribuciones fundamentales a la investigación del desarrollo económico y otras áreas, y que había sido confidente y asesor de Robert McNamara, fue nombrado presidente del Banco Mundial en 1968. Afectado por la pobreza que había contemplado en el Tercer Mundo, McNamara reorientó los esfuerzos del BM hacia su eliminación, y Chenery congregó a un grupo de economistas de primera fila de todo el mundo para trabajar con él. Pero con el cambio de guardia en 1981 llegó un nuevo presidente, William Clausen, y una nueva economista jefe, Anne Krueger, una especialista en comercio internacional conocida por sus estudios sobre la «búsqueda de rentas» (cómo los intereses creados recurren a los aranceles y otras medidas proteccionistas para expandir sus rentas a expensas de otros). Chenery y su equipo se habían concentrado en cómo los mercados fracasaban en los países en desarrollo y en lo que los Estados podían hacer para mejorar los mercados y reducir la pobreza, pero para Krueger el Estado era el problema. La solución de los males de los países subdesarrollados era el mercado libre. Con el nuevo fervor ideológico, muchos de los notables economistas convocados por Chenery se fueron.

Aunque los objetivos de ambas instituciones seguían siendo distintos, en esta época sus actividades se entremezclaron de modo creciente. En los ochenta el Banco fue más allá de los préstamos para proyectos (como carreteras o embalses) y suministró apoyo en un sentido amplio, en forma de préstamos de ajuste estructural; pero sólo hacía esto con la aprobación del FMI, y con ella venían las condiciones que el FMI imponía al país. Se suponía que el FMI se concentraba en las crisis, pero los países en desarrollo siempre necesitaban ayuda, de modo que el FMI se convirtió en ingrediente permanente de la vida de buena parte del mundo subdesarrollado. La caída del Muro de Berlín abrió un nuevo terreno para el FMI: el manejo de la transición hacia la economía de mercado en la antigua Unión Soviética y los países europeos del bloque comunista. Más recientemente, cuando las crisis se agudizaron e incluso los abultados cofres del FMI resultaron insuficientes, el Banco Mundial fue requerido para que aportara decenas de miles de millones de dólares en ayuda de emergencia, pero esencialmente como un socio menor, conforme a los criterios de los programas dictados por el FMI. Regía en principio una división del trabajo. Se suponía que el FMI se limitaba a las cuestiones macroeconómicas del país en cuestión, a su déficit presupuestario, su política monetaria, su inflación, su déficit comercial, su deuda externa; y se suponía también que el BM se encargaba de las cuestiones estructurales: a qué asignaba el gobierno el gasto público, las instituciones financieras del país, su mercado laboral, sus políticas comerciales. Pero el FMI adoptó una posición imperialista: como casi cualquier problema estructural podía afectar a la evolución de la economía, y por ello el presupuesto o el déficit comercial, creyó que prácticamente todo caía bajo su campo de acción. A menudo se impacientaba con el Banco Mundial, donde incluso en los años donde la ideología del libre mercado reinó sin disputa había frecuentes controversias sobre las políticas que mejor encajarían con las condiciones del país. El FMI tenía las respuestas (básicamente eran las mismas para cualquier país), no veía la necesidad de ninguna discusión, y aunque el Banco Mundial debatía sobre lo que debía hacerse, a la hora de las recomendaciones se veía pisando en el vacío.

Ambas instituciones pudieron haber planteado a los países perspectivas alternativas sobre algunos de los desafíos del desarrollo y la transición, y al hacerlo pudieron haber fortalecido los procesos democráticos. Pero ambas fueron dirigidas por la voluntad colectiva del G-7 (los gobiernos de los siete países más industrializados)[1], y especialmente de sus ministros de Hacienda y secretarios del Tesoro, y con demasiada frecuencia lo último que deseaban era un vivo debate democrático sobre estrategias alternativas.

1. Estados Unidos, Japón, Alemania, Canadá, Italia, Francia y el Reino Unido. El G-7 se reúne actualmente de modo habitual con Rusia (el G-8). Estos siete países ya no son las siete economías más grandes del mundo. La integración en el G-7, como los miembros del Consejo de Seguridad de la ONU, es en parte un asunto históricamente accidental.

Medio siglo después de su fundación, está claro que el FMI no ha cumplido con su misión. No hizo lo que supuestamente debía hacer: aportar dinero a los países que atravesaran coyunturas desfavorables para permitirles acercarse nuevamente al pleno empleo. A pesar de que nuestra comprensión de los procesos económicos se ha incrementado enormemente durante los últimos cincuenta años, y a pesar de los esfuerzos del FMI durante el último cuarto de siglo, las crisis en el mundo han sido más frecuentes y (con la excepción de la Gran Depresión) más profundas. Según algunos registros, casi un centenar de países han entrado en crisis[1]; y lo que es peor, muchas de las políticas recomendadas por el FMI, en particular las prematuras liberalizaciones de los mercados de capitales, contribuyeron a la inestabilidad global. Y una vez que un país sufría una crisis, los fondos y programas del FMI no sólo no estabilizaban la situación sino que en muchos casos la empeoraban, especialmente para los pobres. El FMI incumplió su misión original de promover la estabilidad global; tampoco acertó en las nuevas misiones que emprendió, como la orientación de la transición de los países comunistas hacia la economía de mercado.

El acuerdo de Bretton Woods contemplaba una tercera organización económica internacional, una Organización Mundial de Comercio que gobernara las relaciones comerciales internacionales, una tarea parecida al gobierno por el FMI de las relaciones financieras internacionales. Las políticas comerciales del tipo «empobrecer al vecino» –por las cuales los países elevaban los aranceles para preservar sus propios mercados pero a expensas de los demás– fueron responsabilizadas por la extensión y profundidad de la Depresión. Se necesitaba una organización internacional no sólo para impedir la reaparición de una depresión sino para fomentar el libre flujo de bienes y servicios. Aunque el Acuerdo General sobre Aranceles y Comercio (GATT) consiguió recortar los aranceles considerablemente, era difícil arribar a un acuerdo definitivo; y sólo en 1995, medio siglo des-

1. Véase Gerard Caprio Jr., *et al.*, eds., *Preventing bank crises. Lessons from recent global bank failures. Proceedings of a conference co-sponsored by the Federal Reserve Bank of Chicago and the Economic Development Institute of the World Bank*, EDI Development Studies, Washington D. C., Banco Mundial, 1998.

pués del fin de la guerra y dos tercios de siglo después de la Gran Depresión, pudo nacer la Organización Mundial de Comercio. Pero la OMC es radicalmente distinta de las otras dos organizaciones: no fija las reglas sino que proporciona el foro donde las negociaciones comerciales tienen lugar, y garantiza que los acuerdos se cumplan.

Las ideas e intenciones subyacentes en la creación de las instituciones económicas internacionales eran buenas, pero gradualmente evolucionaron con los años y se convirtieron en algo muy diferente. La orientación keynesiana del FMI, que subrayaba los fallos del mercado y el papel del Estado en la creación de empleo, fue reemplazada por la sacralización del libre mercado en los ochenta, como parte del nuevo «Consenso de Washington» –entre el FMI, el BM y el Tesoro de EE UU sobre las políticas correctas para los países subdesarrollados– que marcó un enfoque completamente distinto del desarrollo económico y la estabilización.

Muchas de las ideas incorporadas al Consenso fueron desarrolladas como respuesta a los problemas de América Latina, donde los gobiernos habían perdido todo control presupuestario y las políticas monetarias conducido a inflaciones rampantes. El gran salto en el crecimiento registrado en algunos de los países de la región en las décadas siguientes a la Segunda Guerra Mundial no había tenido continuidad, supuestamente por la excesiva intervención estatal en la economía. Estas ideas, elaboradas para hacer frente a problemas específicos de América Latina, fueron después consideradas aplicables a países de todo el mundo. La liberalización de los mercados de capitales fue propiciada a pesar del hecho de que no existen pruebas de que estimule el crecimiento económico. En otros casos las políticas económicas derivadas del Consenso de Washington y aplicadas en las naciones subdesarrolladas no eran las apropiadas para países en los primeros estadios de desarrollo o las primeras fases de la transición.

Por citar sólo unos pocos ejemplos, la mayoría de los países industrializados –incluidos EE UU y Japón– edificaron sus economías mediante la protección sabia y selectiva de algunas de sus industrias, hasta que fueron lo suficientemente fuertes como para competir con compañías extranjeras. Es verdad que el proteccionismo generalizado a menudo no ha funcionado en los países que lo han aplicado, pero tampoco lo ha hecho una rápida liberalización comercial. Forzar a un país en desarrollo a abrirse a los productos importados que compiten con los elaborados por alguna de sus industrias, peligrosamente vulnerables a la competencia de buena parte de industrias más vigorosas en otros países, puede tener consecuencias desastrosas, sociales y económicas. Se han destruido empleos sistemáticamente –los agricultores pobres de los países subdesarrollados no podían competir con los bienes altamente subsidiados de Europa y Estados Unidos– antes de que los sectores industriales y agrícolas de los países pudieran fortalecerse y crear nuevos puestos de trabajo. Aún peor, la insistencia del FMI en que los países en desarrollo mantuvieran políticas monetarias estrictas llevaron a tipos de interés incompatibles con la creación de empleo incluso en las mejores circunstancias. Y como la liberalización comercial tuvo lugar antes del tendido de redes de seguridad, quienes perdieron su empleo se vieron arrastrados a la pobreza. Así, con demasiada frecuencia la liberalización no vino seguida del crecimiento prometido sino de más miseria. Incluso aquellos que conservaron sus puestos de trabajo fueron golpeados por una sensación de inseguridad en aumento.

Los controles de capital son otro ejemplo: los países europeos bloquearon el flujo de capitales hasta los años setenta. Alguien podría decir que no es justo insistir en que los países en desarrollo, con un sistema bancario que apenas funciona, se arriesguen a abrir sus mercados. Pero dejando a un lado tales nociones de justicia, es económicamente errado; el flujo de dinero caliente entrando y saliendo del país, que tantas veces sigue a la liberalización de los mercados de capitales, provoca estragos. Los países subdesarrollados pequeños son como minúsculos botes. La rápida liberalización de los mercados de capitales, del modo recomendado por el FMI, significó soltarlos a navegar en un mar embravecido, antes de que las grietas de sus cascos hayan sido reparadas, antes de que el capitán haya sido entrenado, antes de subir a bordo los chalecos salvavidas. Incluso en la mejor de las circunstancias había una alta probabilidad de que zozobraran al ser golpeados por una gran ola.

La aplicación de teorías económicas equivocadas no habría

representado un problema tan grave si el final primero d nialismo y después del comunismo no hubiese brindad y al BM la oportunidad de expandir en gran medida sus vos mandatos originales y ampliar vastamente su campo de ac ción. Hoy dichas instituciones son protagonistas dominantes en la economía mundial. No sólo los países que buscan su ayuda, sino también los que aspiran a obtener su «sello de aprobación» para lograr un mejor acceso a los mercados internacionales de capitales deben seguir sus instrucciones económicas, que reflejan sus ideologías y teorías sobre el mercado libre.

El resultado ha sido para muchas personas la pobreza y para muchos países el caos social y político. El FMI ha cometido errores en todas las áreas en las que ha incursionado: desarrollo, manejo de crisis y transición del comunismo al capitalismo. Los programas de ajuste estructural no aportaron un crecimiento sostenido ni siquiera a los países que, como Bolivia, se plegaron a sus rigores; en muchos países la austeridad excesiva ahogó el crecimiento; los programas económicos que tienen éxito requieren un cuidado extremo en su secuencia –el orden de las reformas– y ritmo. Si, por ejemplo, los mercados se abren a la competencia demasiado rápidamente, antes del establecimiento de instituciones financieras fuertes, entonces los empleos serán destruidos a más velocidad que la creación de nuevos puestos de trabajo. En muchos países, los errores en secuencia y ritmo condujeron a un paro creciente y una mayor pobreza[1]. Tras la crisis asiática de 1997 las políticas del FMI exacerbaron las convulsiones en Indonesia y Tailandia. Las reformas liberales en América Latina han tenido éxito en algunos casos –un ejemplo muy cita-

1. Se ha lanzado una multitud de críticas contra los programas de ajuste estructural, e incluso la evaluación de los programas por el propio Fondo ha notado sus numerosos defectos. Esta evaluación tiene tres partes: revisión interna por el personal del FMI (IMF Staff, *The ESAF at Ten Years: Economic Adjustment and Reform in Low-Income Countries*, Occasional Papers 156, 12 de febrero de 1998; evaluación externa a cargo de un experto independiente (K. Botchwey, *et al., Report by a Group of Independent Experts review: External Evaluation of the ESAF,* Washington D. C., FMI, 1998); y un informe del personal del FMI a la Junta de Directores del FMI con una condensación de los dos análisis (IMF Staff, *Distilling the Lessons from the ESAF Reviews,* Washington D. C., FMI, julio de 1998).

do en Chile–, pero buena parte del resto del continente aún debe recuperarse de la década perdida para el crecimiento que siguió a los así llamados exitosos rescates del FMI a comienzos de los años ochenta, y muchos sufren hoy tasas de paro persistentemente elevadas –las de Argentina, por ejemplo, son de dos dígitos desde 1995– aunque la inflación ha sido contenida. El colapso argentino en 2001 es uno de los más recientes fracasos de los últimos años. Dada la alta tasa de desempleo durante casi siete años, lo asombroso no es que los ciudadanos se amotinaran sino que sufrieran en silencio durante tanto tiempo. Incluso los países que han experimentado un moderado crecimiento han visto cómo los beneficios han sido acaparados por los ricos, y especialmente por los muy ricos –el 10 % más acaudalado–, mientras que la pobreza se ha mantenido y en algunos casos las rentas más bajas han llegado a caer.

En los problemas del FMI y las demás instituciones económicas internacionales subyace un problema de gobierno: quién decide qué hacen. Las instituciones están dominadas no sólo por los países industrializados más ricos sino también por los intereses comerciales y financieros de esos países, lo que naturalmente se refleja en las políticas de dichas entidades. La elección de sus presidentes simboliza esos problemas y con demasiada asiduidad ha contribuido a su disfunción. Aunque casi todas las actividades del FMI y el BM tienen lugar hoy en el mundo subdesarrollado (y ciertamente todos sus préstamos), estos organismos siempre están presididos por representantes de los países industrializados (por costumbre o acuerdo tácito el presidente del FMI siempre es europeo, y el del Banco Mundial siempre es norteamericano). Éstos son elegidos a puerta cerrada y jamás se ha considerado un requisito que el presidente posea alguna experiencia sobre el mundo en desarrollo. Las instituciones no son representativas de las naciones a las que sirven.

Los problemas también derivan de quien habla en nombre del país. En el FMI son los ministros de Hacienda y los gobernadores de los bancos centrales. En la OMC son los ministros de Comercio. Cada uno de estos ministros se alinea estrechamente con grupos particulares en sus propios países. Los ministros de comercio reflejan las inquietudes de la comunidad empresarial, tanto los exportadores que desean nuevos mercados abiertos para sus productos como los productores de bienes que compiten con las importaciones. Estos grupos, por supuesto, aspiran a mantener todas las barreras comerciales que puedan y conservar todos los subsidios cuya concesión hayan obtenido persuadiendo al Congreso (o sus parlamentos). El hecho de que las barreras comerciales eleven los precios pagados por los consumidores o que los subsidios impongan cargas a los contribuyentes es menos importante que los beneficios de los productores; y las cuestiones ecológicas o laborales son aún menos importantes, salvo como obstáculos que han de ser superados. Los ministros de Hacienda y los gobernadores de los bancos centrales suelen estar muy vinculados con la comunidad financiera; provienen de empresas financieras y, después de su etapa en el gobierno, allí regresan. Robert Rubin, el secretario del Tesoro durante buena parte del período descrito en este libro, venía del mayor banco de inversión, Goldman Sachs, y acabó en la empresa (Citigroup) que controla el mayor banco comercial: Citibank. El número dos del FMI durante este período, Stan Fischer, se marchó directamente del FMI al Citigroup. Estas personas ven naturalmente el mundo a través de los ojos de la comunidad financiera. Las decisiones de cualquier institución reflejan naturalmente las perspectivas e intereses de los que toman las decisiones; no sorprende, como veremos repetidamente en los capítulos siguientes, que las políticas de las instituciones económicas internacionales demasiado a menudo se ajusten en función de intereses comerciales y financieros de los países industrializados avanzados.

Para los campesinos de los países subdesarrollados que se afanan para pagar las deudas contraídas por sus países con el FMI, o el empresario afligido por los aumentos en el impuesto sobre el valor añadido, establecidos a instancias del FMI, el esquema actual del FMI es de tributación sin representación. En el sistema internacional de la globalización bajo la égida del FMI crece la desilusión a medida que los pobres en Indonesia, Marruecos o Papúa-Nueva Guinea ven reducirse los subsidios al combustible y los alimentos; y los de Tailandia comprueban que se extiende el sida como resultado de los recortes en gastos sanitarios impuestos por el FMI; y las familias en muchos países subdesarrollados, al tener que pagar por la educación de sus hijos bajo los llamados programas de recuperación de costes, adoptan la dolorosa decisión de no enviar a las niñas a la escuela.

Sin alternativas, sin vías para expresar su inquietud para instar a un cambio, la gente se alborota. Es evidente que las calles no son el sitio para discutir cuestiones, formular políticas o anudar compromisos. Pero las protestas han hecho que funcionarios y economistas en todo el mundo reflexionen sobre las alternativas a las políticas del Consenso de Washington en tanto que única y verdadera vía para el crecimiento y el desarrollo. Queda crecientemente claro no sólo para los ciudadanos corrientes sino también para los que elaboran políticas, y no sólo en los países en desarrollo sino también en los desarrollados, que la globalización tal como ha sido puesta en práctica no ha conseguido lo que sus partidarios prometieron que lograría... ni lo que puede ni debe lograr. En algunos casos ni siquiera ha generado crecimiento, y cuando lo ha hecho, no ha proporcionado beneficios a todos; el efecto neto de las políticas estipuladas por el Consenso de Washington ha sido favorecer a la minoría a expensas de la mayoría, a los ricos a expensas de los pobres. En muchos casos los valores e intereses comerciales han prevalecido sobre las preocupaciones acerca del medio ambiente, la democracia, los derechos humanos y la justicia social.

La globalización en sí misma no es buena ni mala. Tiene el poder de hacer un bien enorme, y para los países del Este asiático, que han adoptado la globalización bajo sus propias condiciones y a su propio ritmo, ha representado un beneficio gigantesco, a pesar del paso atrás de la crisis de 1997. Pero en buena parte del mundo no ha acarreado beneficios comparables. Y a muchos les parece cercana a un desastre sin paliativos.

La experiencia estadounidense en el siglo XIX constituye un buen paralelo de la globalización actual, y el contraste ilustra los éxitos del pasado y los fracasos del presente. Durante el siglo XIX, cuando los costes de transporte y comunicación cayeron y los mercados antes locales se expandieron, se formaron nuevas economías nacionales y con ellas llegaron empresas nacionales que hacían sus negocios en todo el país. Pero los mercados no se desarrollaron libremente por sí mismos: el Estado desempeñó un papel crucial y moldeó la evolución de la economía. El Gobierno de EE UU conquistó amplios grados de intervención económica cuando los tribunales interpretaron de modo lato la disposición constitucional que permite al Gobierno Federal regular el comercio interestatal. El Gobierno Federal empezó a regular el sistema financiero, fijó salarios mínimos y condiciones de trabajo y finalmente montó sistemas que se ocuparon del paro y el bienestar, y lidiaron con los problemas que plantea un sistema de mercado. El Gobierno Federal promovió también algunas industrias (la primera línea de telégrafo, por ejemplo, fue tendida por el Gobierno Federal entre Baltimore y Washington en 1842) e incentivó otras, como la agricultura, no sólo ayudando a establecer universidades que se encargaran de la investigación, sino aportando además servicios de divulgación para entrenar a los agricultores en las nuevas tecnologías. El Gobierno Federal cumplió un papel central no sólo en el fomento del crecimiento norteamericano. Aunque no emprendiera políticas activas de tipo redistributivo, al menos acometió programas cuyos beneficios fueron ampliamente compartidos, no sólo los que extendieron la educación y mejoraron la productividad agrícola, sino también las cesiones de tierras que garantizaron un mínimo de oportunidades para todos los estadounidenses.

En la actualidad, con la caída constante en los costes de transporte y comunicación, y la reducción de las barreras creadas por los seres humanos frente al flujo de bienes, servicios y capitales (aunque persisten barreras importantes al libre movimiento de trabajadores), tenemos un proceso de «globalización» análogo a los procesos anteriores en los que se formaron las economías nacionales. Por desgracia, carecemos de un Gobierno mundial, responsable ante los pueblos de todos los países, que supervise el proceso de globalización de modo comparable a cómo los gobiernos de EE UU y otras naciones guiaron el proceso de nacionalización. En vez de ello, tenemos un sistema que cabría denominar «Gobierno global sin Estado global», en el cual un puñado de instituciones –el Banco Mundial, el FMI, la OMC– y unos pocos participantes –los ministros de Finanzas, Economía y Comercio, estrechamente vinculados a algunos intereses financieros y comerciales– controlan el escenario, pero muchos de los afectados por sus decisiones no tienen casi voz. Ha llegado el momento de cambiar algunas de las reglas del orden económico internacional, de asignar menos énfasis a la ideología y de prestar más atención a lo que funciona, de repensar cómo se toman las decisiones a nivel internacional y en el interés de quién. El crecimiento tiene que tener lugar. Es crucial que el desarrollo exitoso que hemos visto en el este de Asia sea alcanzado en otros lugares, porque el coste de seguir con la inestabilidad global es muy grande. La globalización puede ser rediseñada, y cuando lo sea, cuando sea manejada adecuadamente, equitativamente, cuando todos los países tengan voz en las políticas que los afectan, es posible que ello contribuya a crear una nueva economía global en la cual el crecimiento resulte no sólo más sostenible sino que sus frutos se compartan de manera más justa.

Capítulo 2

Promesas rotas

En mi primer día como economista jefe y vicepresidente senior del Banco Mundial, el 13 de febrero de 1997, al entrar en su gigantesco, moderno y flamante edificio principal en la calle 19 de Washington D. C., lo que llamó mi atención antes que nada fue el lema de la institución: «Nuestro sueño es un mundo sin pobreza», en el centro del atrio, ante los trece pisos, se levanta una estatua de un joven que guía a un hombre ciego, en recuerdo de la erradicación de la ceguera de río *(onchocerciasis)*. Antes de que el BM, la OMS y otros unieran sus esfuerzos para combatir esta enfermedad, en África miles de personas quedaban ciegas por este mal evitable. Al otro lado de la calle se alza otro brillante monumento a la riqueza pública, el cuartel general del Fondo Monetario Internacional. La entrada de mármol, jalonada con abundante flora, sirve para recordar a los ministros de Hacienda de todo el mundo que el FMI representa los centros de riqueza y poder.

Ambas instituciones, que la opinión pública a menudo confunde, ofrecen marcados contrastes que signan las diferencias en sus culturas, estilos y objetivos: una está dedicada a la erradicación de la pobreza y la otra a preservar la estabilidad global. Ambas poseen equipos de economistas que se desplazan en misiones de tres semanas, pero el BM se ha asegurado de que una fracción sustancial de su personal viva permanentemente en el país al que se pretende asistir, mientras que el FMI generalmente tiene un solo «representante residente», cuyos poderes son limitados. Por lo general, los programas son dictados desde Washington y perfilados por breves misiones durante las cuales sus funcionarios escudriñan cifras en los ministerios de Hacienda y los bancos centrales, y se relajan en hoteles de cinco estrellas de las capitales. En esta diferencia hay algo que trasciende lo simbólico: uno no puede conocer y amar un país si no se va al campo. No se debe ver el paro como sólo una estadística, un «conteo de cuerpos» económico, víctimas accidentales en la lucha contra la inflación o para garantizar que los bancos occidentales cobren. Los parados son personas, con familias, cuyas vidas resultan afectadas –a veces devastadas– por las políticas económicas que unos extraños recomiendan y, en el caso del FMI, efectivamente imponen. La guerra moderna de alta tecnología está diseñada para suprimir el contacto físico: arrojar bombas desde 50.000 pies logra que uno no «sienta» lo que hace. La administración económica moderna es similar: desde un hotel de lujo, uno puede forzar insensiblemente políticas sobre las cuales uno pensaría dos veces si conociera a las personas cuya vida va a destruir.

Las estadísticas confirman lo que aquellos que viajan fuera de las capitales contemplan en los pueblos de África, Nepal, Mindanao o Etiopía; la brecha entre los pobres y los ricos ha aumentado e incluso el número de los que viven en la pobreza absoluta –con menos de un dólar por día– ha subido. Incluso allí donde ha desaparecido la ceguera de río subsiste la pobreza, a pesar de todas las buenas intenciones y promesas formuladas por las naciones desarrolladas a las subdesarrolladas, muchas de las cuales fueron colonias de las primeras.

Los esquemas mentales no cambian de la noche a la mañana, y esto es verdad tanto en los países desarrollados como en los subdesarrollados. La obtención de la libertad por los países en desarrollo (generalmente tras una escasa preparación para la autonomía) no modificó la actitud de sus antiguas metrópolis, que siguieron pensando que sabían más. Persistió la mentalidad colonial, la «carga del hombre blanco» y la presunción de que sabían lo que era mejor para los países en desarrollo. Estados Unidos, que llegó a dominar la escena económica global, tenía mucho menos de legado colonial, pero las credenciales de EE UU también estaban manchadas, no por su «destino manifiesto» expansionista sino por la guerra fría, durante la cual los principios democráticos fueron negociados o desdeñados en la contienda omnicomprensiva contra el comunismo.

La noche antes de empezar en el Banco celebré mi última conferencia de prensa como presidente del Consejo de Asesores

Económicos del Presidente. Con la economía local tan bien controlada pensé que los mayores desafíos para un economista estaban en el problema creciente de la pobreza mundial. ¿Qué hacer por los 1.200 millones de personas que viven con menos de un dólar diario, o los 2.800 millones que viven con menos de 2 dólares diarios, más del 45 % de la población mundial? ¿Qué podía hacer yo para concretar el sueño de un mundo sin pobreza? ¿Cómo podría abordar el sueño más modesto de un mundo con menos pobreza? Concebí una labor triple: pensar las estrategias más eficaces para promover el crecimiento y reducir la pobreza; trabajar con los gobiernos de los países en desarrollo para aplicar dichas estrategias y hacer todo lo que pudiese en los países desarrollados a favor de los intereses e inquietudes del mundo subdesarrollado, presionando para que abrieran sus mercados o prestaran una asistencia efectiva mayor. Sabía que la tarea era ardua pero jamás imaginé que uno de los mayores obstáculos que afrontan los países en desarrollo se debía a seres humanos y estaba justo al otro lado de la calle, en mi institución «hermana», el FMI. Suponía que no todos en las instituciones financieras internacionales o en los Estados que las sostienen estarían comprometidos con el objetivo de eliminar la pobreza, pero pensé que habría un debate abierto sobre las estrategias, que en tantas áreas parecían estar fracasando y especialmente en lo que a los pobres atañe. En este aspecto me aguardaba una desilusión.

Etiopía y la lucha entre la política del poder y la pobreza

Tras cuatro años en Washington me había acostumbrado al extraño mundo de los burócratas y los políticos. Pero sólo cuando viajé a Etiopía, uno de los países más pobres del mundo, en marzo de 1997, apenas un mes después de llegar al Banco Mundial, pude sumergirme plenamente en el asombroso universo de la política y la aritmética del FMI. La renta per cápita de Etiopía era de 110 dólares por año, y el país había sufrido sequías y hambrunas sucesivas que habían acabado con la vida de dos millones de personas. Me encontré con el primer ministro Meles

Zenawi, que había encabezado durante diecisiete años una guerra de guerrillas contra el sangriento régimen marxista de Mengistu Haile Mariam. Las fuerzas de Meles ganaron en 1991 y entonces el Gobierno empezó la dura labor de reconstruir el país. Médico de profesión, Meles había estudiado formalmente economía porque sabía que sacar a su país de siglos de pobreza exigiría nada menos que una transformación económica, y demostró un conocimiento de la economía –y en verdad una creatividad– que lo habrían situado en el primer lugar de cualquiera de mis clases en la universidad. Su comprensión de los principios económicos fue más profunda –y su apreciación de las circunstancias de su país ciertamente mejor– que la de muchos de los burócratas económicos internacionales con los que hube de lidiar en los tres años siguientes.

Meles combinó tales atributos intelectuales con una integridad personal: nadie dudaba de su honradez y su Gobierno fue objeto de pocas acusaciones de corrupción. Sus adversarios políticos provenían de los viejos grupos dominantes en la capital, que habían perdido poder político con su arribo, y plantearon dudas acerca de su apego a los principios democráticos. Pero él no era un autócrata a la antigua usanza. Tanto él como su Gobierno estaban en líneas generales comprometidos con un proceso de descentralización, que acercara la Administración al pueblo y garantizara que el centro no perdiera el contacto con las regiones periféricas. La nueva Constitución incluso concedió a cada región el derecho a votar democráticamente su secesión, lo que aseguró que las elites políticas de la capital, cualesquiera que fuesen, no pudieran despreciar las preocupaciones de los ciudadanos corrientes en cualquier parte del país, y que ninguna de esas partes pudiera imponer su visión a las demás. El Gobierno cumplió su compromiso cuando Eritrea declaró la independencia en 1993 (los hechos –como la ocupación gubernamental de la Universidad de Addis Abeba en la primavera de 2000, y el encarcelamiento de algunos estudiantes y profesores– probaron la precariedad de los derechos democráticos fundamentales, en Etiopía y en otros lugares).

Cuando llegué en 1997 Meles libraba una acalorada disputa con el FMI, y el Fondo había suspendido su programa de préstamos. Los «resultados» macroeconómicos etíopes –en los cuales se suponía que el Fondo debía centrarse– eran inmejorables. No había inflación: de hecho los precios caían. La actividad había aumentado firmemente desde que logró echar a Mengistu[1]. Meles demostró que con políticas correctas hasta un pobre país africano puede lograr un crecimiento económico sostenido. Tras años de guerra y reconstrucción, la ayuda internacional estaba empezando a retornar al país. Meles, empero, tenía dificultades con el FMI. Lo que estaba en cuestión no era sólo 127 millones de dólares del FMI a través de su programa de Facilidad Ampliada de Ajuste Estructural (ESAF, un programa de préstamos a tipos muy subsidiados para ayudar a los países más pobres), sino también la financiación del Banco Mundial.

El FMI tiene un papel definido en la asistencia internacional. Se supone que analiza la situación macroeconómica de cada país receptor y asegura que el país está viviendo de acuerdo con sus posibilidades. Si tal no es el caso, inevitablemente aparecen los problemas. A corto plazo, un país puede vivir por encima de sus posibilidades endeudándose, pero la hora de la verdad eventualmente llega y estalla una crisis. Al FMI le preocupa particularmente la inflación. Los países cuyos gobiernos gastan más de lo que recaudan en forma de impuestos y ayuda exterior a menudo padecen inflación, especialmente si financian sus déficit con emisión monetaria. Existen por supuesto otras dimensiones de una buena política macroeconómica además de la inflación. El elemento «macro» se refiere al comportamiento *agregado*, a los niveles totales de crecimiento, paro e inflación, y un país puede tener una inflación baja pero ningún crecimiento y un desempleo elevado. Para la mayoría de los economistas, ese país tendría un esquema macroeconómico desastroso. Para la mayoría de los economistas la inflación no es tanto un fin en sí mismo sino un medio para un fin: como la inflación excesivamente elevada con frecuencia conduce a un crecimiento reducido, y éste a un paro elevado, la inflación es objetada. Pero el FMI parece a menudo confundir los medios con los fines y pierde de vista lo que en última instancia debe preocupar. Un país como Argentina puede

1. El régimen de Mengistu fue acusado de matar al menos a 200.000 personas según Human Rights Watch, y de forzar a unos 750.000 ciudadanos a convertirse en refugiados.

obtener un grado «A» aunque su desempleo sea de dos dígitos durante años ¡siempre que su presupuesto parezca equilibrado y su inflación bajo control!

Si un país no cumple con unos requisitos mínimos, el FMI suspende su ayuda; típicamente, cuando lo hace otros donantes hacen lo propio. Es razonable que el BM y el FMI no presten a países sin un buen esquema macro. Si el déficit es grande y la inflación elevada, existe el riesgo de que el dinero no se gaste bien. Los gobiernos que no son capaces de manejar su economía manejarán mal la ayuda exterior. Pero si los indicadores macroeconómicos –inflación y crecimiento– son sólidos, como lo eran en Etiopía, está claro que el esquema macro subyacente debe ser bueno. No sólo Etiopía gozaba de un cuadro macroeconómico satisfactorio sino que además el Banco Mundial tenía pruebas concluyentes de la competencia del Gobierno y su dedicación a los pobres. Etiopía habían planteado una estrategia de desarrollo rural, centrada en los pobres y particularmente en el 85 % de la población que vivía de la agricultura. Había recortado dramáticamente los gastos militares –algo notable en un Gobierno que había llegado al poder por medios militares– porque era consciente de que los fondos gastados en armas no podían ser asignados a luchar contra la pobreza. Era sin duda el tipo de Gobierno al que la comunidad internacional debía ayudar. Pero el FMI había suspendido su programa en Etiopía, a pesar de los buenos resultados macroeconómicos, alegando que estaba preocupado por la situación presupuestaria etíope.

El Gobierno contaba con dos fuentes de ingresos: los impuestos y la ayuda exterior. Un presupuesto está en equilibrio cuando sus ingresos igualan a sus gastos. Etiopía, como muchos países subdesarrollados, derivaba muchos ingresos de la ayuda internacional y al FMI le inquietaba el que esta ayuda pudiera agotarse, porque el país se hallaría entonces en dificultades. Por eso sostenía que la posición presupuestaria etíope sólo podría ser considerada sólida si los gastos se limitaban a los impuestos que recaudaba.

El problema evidente de la lógica del FMI es que supone que ningún país pobre podrá gastar el dinero que recibe como ayuda. Por ejemplo, si Suecia entrega dinero a Etiopía para construir escuelas, esa lógica dicta que el país deberá ingresar ese dinero en sus reservas (todos los países guardan, o deberían guardar, reservas en unas cuentas para cuando vengan las proverbiales vacas flacas; el oro es la reserva tradicional, aunque hoy ha sido reemplazado por divisas fuertes y activos denominados en divisas que rindan interés; la forma más común de acumular reservas es en Letras del Tesoro de EE UU). Pero los donantes no ayudan para eso. En Etiopía, los donantes, que operan independientemente y fuera del control del FMI, querían ver construir nuevas escuelas y hospitales, y lo mismo le sucedía a Etiopía. Meles planteó el asunto más enérgicamente: me dijo que no había batallado durante diecisiete años para que un burócrata internacional le advirtiera que no podía levantar escuelas y clínicas para su pueblo cuando había convencido a unos donantes de que las pagaran.

El enfoque del FMI no se fundaba en una antigua preocupación sobre la sostenibilidad de los proyectos. En ocasiones los países habían empleado los dólares de la ayuda para construir escuelas o clínicas. Cuando la ayuda se agotaba no había más dinero para mantenerlas. Los donantes habían reconocido este problema y lo habían incorporado a sus programas de asistencia en Etiopía y otros lugares. Pero lo que el FMI alegaba en el caso etíope iba más allá de esto. El Fondo afirmaba que la ayuda internacional era demasiado inestable. A mi juicio la postura del FMI no tenía sentido, y no sólo por sus absurdos corolarios. Yo sabía que la ayuda con frecuencia era mucho más estable que la recaudación tributaria, que puede variar acusadamente conforme a las condiciones económicas. De regreso a Washington, pedí a mis colaboradores que revisaran las estadísticas, y ellos me confirmaron que la asistencia internacional era más estable que los ingresos fiscales. Razonando como el FMI sobre las fuentes estables de ingresos, Etiopía y otros países en desarrollo debían haber computado la ayuda exterior en sus presupuestos, y no la recaudación impositiva. Y si ni la ayuda ni los impuestos habrían de figurar en el lado de los ingresos en los presupuestos, entonces todos los países serían considerados problemáticos.

Pero la argumentación del FMI era aún más endeble. Existen varias respuestas ante la inestabilidad de los ingresos, como apartar reservas adicionales y mantener la flexibilidad de los gastos. Si los ingresos, de cualquier fuente, descienden, y no hay reservas a las que recurrir, entonces el Gobierno debe prepararse para recortar los gastos. Pero para el tipo de ayuda que constituye el grueso de lo que recibe un país pobre como Etiopía, existe una flexibilidad automática: si el país no recibe el dinero para construir una nueva escuela, simplemente no la construye. Los funcionarios etíopes sabían lo que estaba en liza, eran conscientes de lo inquietante que podía acontecer si los ingresos fiscales o la ayuda exterior bajaban, y habían diseñado políticas para abordar tales contingencias. Lo que no podían comprender –y yo tampoco– era por qué el FMI no apreciaba la lógica de su posición. Mucho estaba en juego: escuelas y hospitales para algunas de las gentes más pobres de la Tierra. Además del desacuerdo sobre cómo tratar la ayuda exterior, me vi inmediatamente envuelto en otra disputa FMI-Etiopía sobre el pronto repago de los préstamos. Etiopía había liquidado un crédito de un banco norteamericano, utilizando parte de sus reservas. La transacción tenía pleno sentido económico. A pesar de la calidad de la garantía (un avión), Etiopía estaba pagando por ese préstamo un interés muy superior a lo que cobraba por sus reservas. Yo también les habría aconsejado reembolsar el préstamo, sobre todo porque si los fondos hubieran sido necesarios más tarde, el Gobierno presumiblemente podría haberlos conseguido sin dificultades empleando el avión como garantía. EE UU y el FMI objetaron al reembolso anticipado. No objetaron la estrategia sino el hecho de que Etiopía había actuado sin la aprobación del FMI. Pero ¿por qué debe un país soberano pedir permiso al FMI para cualquier cosa que haga? Uno podría haberlo entendido si la acción de Etiopía hubiera amenazado su capacidad de pagar lo que debía al FMI, pero era justo al revés: siendo una decisión financiera sensata, fortalecía la capacidad del país para pagar cuando le correspondiese.

Durante años, las palabras sagradas en las oficinas del FMI en la calle 19 de Washington habían sido responsabilidad y juicio conforme a resultados. Los resultados de Etiopía, en buena parte autodeterminados, debieron haber probado de modo convincente que era la dueña de su propio destino. Pero el FMI pensaba que los países a los que entregaba dinero estaban obligados a informar de todo lo que pudiese ser pertinente: no hacerlo justificaba la suspensión del programa, por razonables que fueran las medidas adoptadas. Para Etiopía esto olía a una nueva forma de colonialismo; para el FMI era simplemente el procedimiento operativo habitual.

Había otros puntos punzantes en las relaciones FMI-Etiopía, que tenían que ver con la liberalización de los mercados financieros etíopes. Unos buenos mercados de capitales son signos clave del capitalismo, pero en ningún aspecto la disparidad entre países desarrollados y subdesarrollados es más acusada que en sus mercados de capitales. Todo el sistema bancario etíope (medido por ejemplo por el volumen de sus activos) no llega al tamaño del de Bethesda, Maryland, un pequeño suburbio a las afueras de Washington, con una población de 55.277 personas. Y el FMI no sólo quería que Etiopía abriese sus mercados financieros a la competencia occidental sino que dividiese su mayor banco en diversas fracciones. En un mundo donde las megaentidades financieras estadounidenses como Citibank y Travelers, o Manufacturers Hanover y Chemical alegan que deben fusionarse para competir más eficazmente, un banco del tamaño del North East Bethesda National Bank no puede realmente competir con un gigante global como Citibank. Cuando las instituciones financieras globales entran en un país pueden aplastar a los competidores locales. Y aunque puedan arrebatar parte del negocio a los bancos locales en un país como Etiopía, serán mucho más atentos y generosos cuando presten a las grandes corporaciones multinacionales que cuando lo hagan a los pequeños empresarios y agricultores.

El FMI aspiraba a algo más que a abrir el sistema bancario a la competencia exterior. Deseaba «fortalecer» el sistema financiero creando un mercado de subastas para las Letras del Tesoro etíopes, una reforma que, por deseable que resulte en muchos países, estaba completamente fuera de sintonía con el estadio de desarrollo del país. También quería que Etiopía «liberalizase» su mercado financiero, es decir, que permitiese que los tipos de interés quedasen determinados libremente por las fuerzas del mercado, algo que EE UU y Europa occidental no hicieron hasta después de los años setenta, cuando sus mercados, con todo el aparato regulador necesario, estaban mucho más desarrollados. El FMI confundía fines con medios. Uno de los objetivos fundamentales de un buen sistema bancario es proporcionar crédito en condiciones aceptables a quienes los puedan amortizar. En un país ante todo rural, como Etiopía, es particularmente importante que los agricultores puedan obtener préstamos en términos razonables para comprar semillas y fertilizantes. La oferta de dicho crédito no es sencilla; incluso en EE UU, en etapas críticas de su desarrollo cuando la agricultura era más relevante, el Estado ocupó un papel protagónico en la concesión de préstamos. El sistema bancario etíope parecía bastante eficiente: la diferencia entre las tasas activas y pasivas era mucho menor que en otros países subdesarrollados que habían seguido los consejos del FMI. A pesar de todo el FMI no estaba satisfecho, simplemente porque creía que los tipos de interés debían ser determinados libremente por las fuerzas de los mercados internacionales, fueran dichos mercados competitivos o no. Para el Fondo un sistema financiero liberalizado era un fin en sí mismo. Su ingenua fe en los mercados le hacía confiar en que un sistema financiero liberalizado reduciría los tipos de interés de los préstamos y lograría así la disponibilidad de más fondos. El FMI estaba tan convencido de la corrección de su dogmática postura que no tenía interés en observar la realidad.

Etiopía se resistió a las demandas del FMI para que «abriese» su sistema bancario, y con razón. Había visto lo que les sucedió a alguno de sus vecinos del este de África cuando cedieron a las presiones del FMI. El FMI insistía en la «liberalización» de los mercados financieros porque pensaba que la competencia entre bancos rebajaría los tipos de interés. Pero los resultados fueron desastrosos: los bancos comerciales locales crecieron muy rápidamente en un momento en el cual la legislación y la supervisión bancaria eran inadecuadas, con un desenlace previsible: catorce quiebras en Kenia sólo en 1993 y 1994. Los tipos de interés finalmente aumentaron en vez de disminuir. El Gobierno etíope estaba comprensiblemente receloso. Se había comprometido a mejorar el nivel de vida de sus ciudadanos en el sector agrícola y temía que la liberalización tuviese un efecto devastador sobre la economía. Los agricultores que habían podido conseguir crédito antes se verían ahora imposibilitados de adquirir semillas o fertilizantes porque o bien no lo conseguirían o deberían pagar unos tipos de interés demasiado elevados. Se trataba de un país arruinado por unas sequías que habían producido hambrunas masivas. Sus dirigentes no querían empeorar las cosas. Los etíopes temían que las recomendaciones del FMI ocasionaran una caída en las rentas de los agricultores y exacerbaran una situación que ya era lúgubre.

Ante la resistencia etíope a ceder a sus demandas, el FMI sugirió que el Gobierno no se tomaba las reformas en serio y suspendió su programa. Por suerte, otros economistas en el Banco Mundial y yo mismo conseguimos persuadir a los gestores del Banco de que prestar más dinero a Etiopía tenía mucho sentido: el país lo necesitaba desesperadamente, su marco económico era excelente, y su Gobierno honrado y comprometido a resolver los apuros de sus pobres; los préstamos del Banco Mundial se triplicaron, aunque debieron pasar meses hasta que el FMI finalmente suavizara su postura. Para revertir la situación monté, con la ayuda y el apoyo valiosísimos de mis colegas, una decidida campaña de «*lobbying* intelectual». Mis colegas y yo organizamos en Washington conferencias para estimular tanto al BM como al FMI para que reconsideraran la liberalización del sector financiero en las naciones muy subdesarrolladas, y las consecuencias de imponer una austeridad presupuestaria innecesaria a países pobres muy dependientes de la ayuda exterior, como Etiopía. Intenté contactar con los más altos gestores del Fondo, tanto directamente como a través de colegas en el Banco Mundial, y los gestores del Banco que trabajaban en Etiopía realizaron esfuerzos análogos para convencer a sus contrapartes en el Fondo. Recurrí a todas mis influencias en la Administración de Clinton, incluyendo una charla con el representante norteamericano ante el Fondo. En suma, hice todo lo que pude para reiniciar el programa del FMI.

La ayuda fue restaurada y quiero pensar que mis desvelos ayudaron a Etiopía. Comprobé, empero, que en una burocracia internacional los cambios requieren mucho tiempo y esfuerzo, aunque se trabaje desde dentro. Esas organizaciones no son transparentes sino opacas, y no sólo sale muy poca información de dentro hacia fuera sino que quizá aún menos información penetra desde fuera hacia dentro de la organización. La opacidad también significa que la información asciende con dificultad desde la base de la organización hasta su cúpula.

El forcejeo sobre los préstamos a Etiopía me enseñó mucho

sobre cómo funciona el FMI. Era evidente que el FMI estaba equivocado acerca de la liberalización de los mercados financieros y la posición macroeconómica etíope, pero los economistas del FMI insistían en hacer las cosas a su manera. No buscaban consejo fuera ni escuchaban a otros, por informadores y desinteresados que pudieran ser. Los asuntos sustanciales se volvieron subsidiarios de las cuestiones de procedimiento. El que tuviera sentido o no que Etiopía pagara un préstamo era menos importante que el hecho de que no había consultado con el FMI. La liberalización del mercado financiero –cómo se podría hacer mejor en un país en el estadio de desarrollo de Etiopía– era un asunto de fondo y se pudo haber consultado a expertos. El hecho de que los expertos no fueran convocados para dirimir lo que sin duda era un asunto polémico revela el estilo del FMI, conforme al cual el Fondo se autoadjudica el papel de monopolista de las recomendaciones «sensatas». Incluso cabría haber remitido a expertos independientes las cuestiones como el reembolso de los préstamos –aunque propiamente no era un tema sobre el cual el FMI debía haber adoptado una posición, porque las medidas etíopes reforzaban y no debilitaban su capacidad de pagar lo que debía– para verificar si las medidas eran «razonables». Pero esto habría sido anatema en el FMI. Como tantas de sus decisiones eran urdidas a puerta cerrada –no había prácticamente debate público sobre los temas que hemos indicado– el FMI se exponía a las sospechas de que la política, los intereses creados u otras razones ocultas no vinculadas con el mandato y los objetivos expresos del FMI estaban influyendo sobre sus políticas institucionales y su conducta.

Incluso a una entidad de cierto tamaño como el FMI le resulta arduo conocer con detalle todas las economías del mundo. Algunos de los mejores economistas del FMI fueron designados para trabajar sobre EE UU, pero cuando yo presidí el Consejo de Asesores Económicos, a menudo pensé que la limitada comprensión de la economía norteamericana por parte del FMI le había llevado a formular recomendaciones incorrectas para EE UU. Por ejemplo, el FMI creía que la inflación empezaría a crecer en EE UU cuando el paro cayera por debajo del 6 %. En el Consejo, nuestros modelos sugerían que esto era un error, pero ellos no estaban excesivamente interesados en nuestra labor. Nosotros acertamos y el FMI se equivocó: el paro en EE UU se situó por debajo del 4 % y la inflación no aumentó. Basados en su deficiente análisis de la economía estadounidense, los economistas del FMI plantearon una prescripción inadecuada: elevar los tipos de interés. Por fortuna, la Reserva Federal no les hizo caso.

Al FMI la falta de conocimientos detallados le parece poco importante, puesto que tiende a adoptar el mismo enfoque ante cualquier circunstancia. Las dificultades de este enfoque se vuelven particularmente acusadas ante los desafíos de las economías en desarrollo y transición. La entidad no reivindica en verdad experiencia en la cuestión del desarrollo –como he señalado, su mandato fundacional es sostener la estabilidad económica global, no mitigar la pobreza en los países subdesarrollados– y sin embargo no titubea en presentar con entusiasmo argumentos triunfales sobre el asunto. Los temas del desarrollo son complicados, y en muchas facetas los países subdesarrollados presentan dificultades muy superiores a las de los países más desarrollados. Esto es así porque en las naciones en desarrollo los mercados a menudo no existen o, cuando lo hacen, a menudo funcionan mal. Abundan los problemas de información y las costumbres pueden afectar significativamente el comportamiento económico. Lamentablemente, con demasiada frecuencia la formación de los macroeconomistas no los prepara para los problemas con los que habrán de lidiar en los países subdesarrollados. En algunas universidades cuyos graduados el FMI contrata de modo habitual, las asignaturas centrales giran en torno a modelos en donde nunca existe el paro. Después de todo, en el modelo competitivo –que subyace al fundamentalismo del mercado del FMI– la demanda siempre iguala a la oferta. Si la demanda de trabajo es igual a la oferta nunca hay paro involuntario. Todo el que no trabaje evidentemente ha elegido no hacerlo. En esta interpretación, el desempleo de la Gran Depresión, cuando una de cada cuatro personas estaba sin trabajo, derivó de un súbito incremento en el deseo de ocio. Podrá interesar quizá a los psicólogos el porqué de esta alteración abrupta en el deseo de ocio, o por qué quienes lo disfrutaban parecían tan infelices, pero según el modelo estándar estas cuestiones trascienden el ámbito de la ciencia económica. Estos modelos acaso proporcionen algún entretenimiento a los académicos, pero son particularmente impropios para entender los aprietos de un país como Sudáfrica, que ha sufrido tasas de paro superiores al 25 % desde el desmantelamiento del *apartheid*.

Los economistas del FMI no podían, evidentemente, ignorar la existencia del paro. Dado que según el fundamentalismo del mercado –en el cual se supone que los mercados funcionan perfectamente y la demanda debe igualar a la oferta, sea de trabajo como de cualquier otro bien o factor– no puede haber desempleo, el problema no puede estar en los mercados. Debe provenir de otra parte: de sindicatos codiciosos y políticos que interfieren en la acción de los mercados libres demandando –y consiguiendo– salarios excesivamente altos. El corolario de política es obvio: si hay paro se deben reducir los salarios.

Pero incluso si la formación del macroeconomista típico del FMI hubiese sido más ajustada a las circunstancias de los países subdesarrollados, es improbable que una misión del FMI, en un viaje de tres semanas a Addis Abeba, la capital de Etiopía, o a la capital de cualquier otro país en desarrollo, pudiese realmente elaborar políticas apropiadas para ese país. Esas políticas mucho más probablemente serán diseñadas por economistas de primera fila, sumamente preparados, que ya están en el país, lo conocen en profundidad y trabajan cotidianamente en la solución de sus problemas. La gente de fuera sólo puede cumplir un papel de aportar las experiencias de otras naciones y ofrecer interpretaciones alternativas de las fuerzas económicas que están actuando. Pero el FMI no quería desempeñar un papel de mero asesor, compitiendo con otros que podrían también plantear sus ideas. Aspiraba a un papel más central en el diseño de la política. Y podía lograrlo porque su posición se basaba en una ideología –el fundamentalismo del mercado– que requería muy poca o ninguna consideración de las circunstancias concretas y los problemas inmediatos de un país. Los economistas del FMI podían desdeñar los efectos de sus políticas sobre el país a corto plazo, satisfechos con la creencia de que el país mejoraría a largo plazo; cualquier impacto adverso a corto sería sólo el dolor necesario como parte del proceso. Las enormes subidas de los tipos de interés podían desatar el hambre hoy, pero la eficiencia de los mercados exige mercados libres y eventualmente la eficiencia lleva al crecimiento y éste beneficia a todos. El sufrimiento y el dolor se volvieron parte del proceso de redención, y prueba de que el país iba por buen camino. Yo también creo que a veces el dolor es necesario, pero no es de por sí una virtud. Las políticas bien diseñadas pueden a menudo evitar mucho dolor, y algunas de las formas del dolor –por ejemplo, el corte tajante en los subsidios a la alimentación, que lleva a disturbios, violencia urbana y disolución del tejido social– son contraproducentes.

El FMI ha sido eficaz en persuadir a muchos de que sus políticas ideológicamente orientadas eran imprescindibles para que los países salgan adelante en el largo plazo. Los economistas siempre subrayan la importancia de la escasez, y el FMI suele decir que él es simplemente el mensajero de la escasez: los países no pueden vivir continuamente por encima de sus medios. Por supuesto, no se necesita una sofisticada institución financiera cuyos empleados sean doctores en economía para advertirle a un país que limite sus gastos a sus ingresos. Pero los programas de reforma del FMI van mucho más allá de meramente asegurar que los países vivan conforme a sus medios.

Hay alternativas a los programas del estilo de los del FMI, otros programas que pueden suponer un razonable grado de sacrificio, que no están basados en el fundamentalismo del mercado, y que han tenido resultados positivos. Un buen ejemplo, 3.700 kilómetros al sur de Etiopía, es Botsuana, pequeño país de 1,5 millones de habitantes que ha conseguido una democracia estable desde su independencia.

Cuando Botsuana accedió a la independencia plena en 1966 era un país desesperadamente pobre, como Etiopía y la mayoría de las demás naciones africanas, con una renta per cápita de 100 dólares por año. Era asimismo un país básicamente agrícola, le faltaba agua y sus infraestructuras eran rudimentarias. Y, sin embargo, Botsuana es un caso de éxito en el desarrollo. Aunque el país padece hoy los estragos del sida, su crecimiento medio entre 1961 y 1997 superó el 7,5 %.

A Botsuana le ayudó el hecho de ser un territorio rico en diamantes, pero también abundaban recursos en la República del Congo (antes Zaire), Nigeria y Sierra Leona; en esos países la riqueza derivada de dicha abundancia alimentó la corrupción y desembocó en elites privilegiadas que se enzarzaron en luchas intestinas para hacerse con la riqueza del país. El éxito de Botsuana provino de su habilidad para mantener un consenso político basado en un amplio sentido de unidad nacional. Ese consenso político, necesario para cualquier contrato social operativo entre gobernantes y gobernados, había sido cuidadosamente fraguado por la Administración, con la colaboración de asesores externos de una serie de instituciones públicas y fundaciones privadas, como la Fundación Ford. Los asesores ayudaron a Botsuana a trazar un programa para el futuro del país. Al revés del FMI, que trata básicamente con los ministerios de Hacienda y los bancos centrales, esos asesores explicaron abierta y sinceramente sus políticas mientras trabajaban junto a las autoridades para obtener apoyo popular para sus programas y políticas. Discutieron su plan con los altos funcionarios de Botsuana, con ministros y parlamentarios, en seminarios abiertos y en reuniones privadas.

Parte de la razón de este éxito estribó en que las personas más relevantes del Gobierno de Botsuana seleccionaron sus asesores con sumo cuidado. Cuando el FMI se ofreció a aportar un subgobernador para el Banco de Botsuana, no fue aceptado de inmediato sino que el gobernador voló a Washington para entrevistarlo. Finalmente hizo un trabajo espléndido. No hay éxito, como es natural, sin mancha: en otra ocasión el Banco de Botsuana dejó que el FMI le escogiera el director de estudios, y resultó un desastre.

Las diferencias en cómo las organizaciones enfocaban el desarrollo no sólo se reflejaron en el crecimiento. Aunque el FMI es detestado en casi todo el mundo subdesarrollado, la cálida relación entre los asesores y Botsuana quedó plasmada cuando el país entregó su más alta condecoración a Steve Lewis, que cuando fue asesor de Botsuana era profesor de economía del desarrollo en Williams (más tarde fue presidente del Carleton College).

Dicho consenso vital fue amenazado hace dos décadas cuando Botsuana cayó en una crisis económica. Una sequía puso en peligro la vida de muchas personas en el sector ganadero, y las dificultades en la industria de los diamantes presionaban sobre el presupuesto del país y su posición cambiaria. Botsuana estaba sufriendo exactamente el tipo de crisis de liquidez para cuya resolución había sido creado el FMI; una crisis que podía ser mitigada financiando un déficit que previniese la recesión y las privaciones. Sin embargo, y aunque tal pudiese haber sido la intención de Keynes cuando luchó por el establecimiento del FMI, la entidad no se concibe hoy a sí misma como una financiadora de déficit comprometida con el mantenimiento del pleno empleo. Más bien ha adoptado una postura prekeynesiana de austeridad fiscal ante una recesión, y entrega dinero sólo si el país prestatario se pliega a las ideas del FMI sobre las medidas económicas convenientes, que casi siempre comportan políticas contractivas que dan pie a recesiones o algo peor. Botsuana, reconociendo la volatilidad de sus dos sectores principales, la ganadería y los diamantes, había acumulado prudentemente unas reservas ante la eventualidad de una crisis de ese tipo. Vio que esas reservas se agotaban y comprendió que serían imprescindibles unas nuevas medidas. Botsuana se apretó el cinturón y armoniosamente pudo superar la crisis. Pero como se había desarrollado a lo largo de los años una amplia comprensión de las políticas económicas y del enfoque de elaboración de políticas basado en el consenso, la austeridad no ocasionó la clase de rupturas sociales tan frecuentes bajo los programas del FMI. Posiblemente, si el FMI hubiese hecho lo que debía –aportar financiación rápidamente a países con buenas políticas económicas en tiempos de crisis, sin buscar imponer condiciones– el país habría podido dejar atrás los problemas con menos penalidades (fue divertido cuando en 1981 a la misión del FMI le resultó arduo imponer nuevas condiciones, porque Botsuana ya había hecho la mayoría de las cosas en las que ellos habrían insistido). Desde entonces, Botsuana no ha pedido ayuda al FMI.

La colaboración de asesores externos –independientes de las instituciones financieras internacionales– había cumplido antes un papel en el éxito del país. A Botsuana no le habrían ido tan bien las cosas de haberse mantenido el contrato original que la unía al cártel diamantino de Sudáfrica. Poco después de la independencia en 1996 el cártel le pagó a Botsuana 20 millones de dólares para una concesión de diamantes en 1969, que le reportó beneficios de 60 millones por año. En otras palabras, el plazo de recuperación de la inversión fue de ¡cuatro meses! Un abogado brillante y dedicado, enviado al Gobierno de Botsuana desde el Banco Mundial, argumentó enérgicamente en pro de una renegociación del contrato a un precio mayor, ante la consternación de los intereses mineros. De Beers (el cártel diamantino sudafricano) intentó aludir a la codicia de Botsuana, y procuró presionar políticamente al Banco para detenerlo. Finalmente, consiguió que el Banco Mundial emitiera una carta donde especificaba que el abogado no hablaba en nombre del banco. Botsuana respondió: precisamente por eso le estamos escuchando. Al final, el descubrimiento de la segunda gran mina brindó a Botsuana la oportunidad para renegociar toda su vinculación. El nuevo acuerdo ha servido bien hasta hoy a los intereses de Botsuana, y ha mantenido al país y a De Beers en una buena relación.

Etiopía y Botsuana son emblemas de los desafíos a los que se enfrentan hoy los países más exitosos de África, países cuyos líderes se afanan en el bienestar de sus pueblos, con democracias frágiles y en algunos casos imperfectas, que intentan crear nuevas vidas para sus ciudadanos a partir del naufragio de una herencia colonial que los dejó sin instituciones ni recursos humanos. Ambos países son también símbolos de los contrastes que marcan el mundo subdesarrollado, contrastes entre éxito y fracaso, riqueza y pobreza, esperanza y realidad, entre lo que es y lo que pudo haber sido.

Percibí esos contrastes la primera vez que fui a Kenia, a finales de los años sesenta. Era un país rico y fértil, con parte de su tierra más valiosa aún en manos de los antiguos colonos. Cuando llegué, los funcionarios coloniales aún estaban allí: eran llamados asesores.

Fui contemplando la evolución del este de África en los años que siguieron, regresé en varias visitas después de mi designación como economista jefe del BM, y el contraste entre las aspiraciones de los sesenta y la realidad ulterior era notable. Cuando fui por primera vez se respiraba en el ambiente el espíritu de *uhura,* que en suahili significa libertad, y *ujama,* autoayuda. Cuando volví después, en los despachos oficiales había keniatas de fino lenguaje y buena formación, pero la economía se hundía desde hacía años. Algunos de los problemas –la corrupción aparentemente rampante– eran de cosecha propia keniata. Pero cabía al menos en parte achacar a los extranjeros los elevados tipos de interés, derivados de haber seguido los consejos del FMI, y otros problemas. Uganda había iniciado su transición quizá en mejor posición que cualquiera de los otros, siendo un país cafetero relativamente rico, pero carecía de administradores y líderes nativos bien formados. Los británicos sólo habían permitido que dos africanos ascendieran al nivel de sargentos mayores de su propio ejército. Uno de ellos, por desgracia, era un ugandés llamado Idi Amín, que llegó a ser el general Amín en el ejército de Uganda y derrocó al primer ministro Milton Obote en 1971 (Amín disfrutó de algún grado de confianza británica gracias al hecho de haber servido en los Reales Fusileros Africanos durante la Segunda Guerra Mundial, y en la lucha británica para ahogar la revuelta de los Mau Mau en Kenia). Amín transformó el país en un matadero; trescientas mil personas fueron asesinadas en tanto que opositoras al «Presidente Vitalicio»: así se autoproclamó Amín en 1976. El reinado del terror encabezado por un dictador psicópata sólo acabó en 1979 cuando fue derribado por exiliados ugandeses y fuerzas de la vecina Tanzania. Hoy el país está en vías de recuperación, dirigido por un carismático Yoweri Museveni que ha impuesto reformas profundas con gran éxito, reduciendo el analfabetismo y el sida. Es una persona tan interesante hablando de filosofía política como de estrategias de desarrollo.

Al FMI no le interesa especialmente escuchar las ideas de sus «países clientes» sobre asuntos tales como estrategias de desarrollo o austeridad fiscal. Con demasiada frecuencia el enfoque del Fondo hacia los países en desarrollo es similar al de un mandatario colonial. Una imagen vale más que mil palabras, y una foto de 1998, que recorrió el mundo, se ha grabado en las mentes de millones de personas, sobre todo en las antiguas colonias. El director ejecutivo del FMI, Michel Camdessus (el jefe del FMI es llamado director ejecutivo), un ex burócrata del Tesoro francés, de baja estatura y atildada vestimenta, de pasado socialista, está de pie con expresión severa y brazos cruzados junto a un sentado y humillado presidente de Indonesia. El desventurado mandatario está siendo efectivamente forzado a entregar la soberanía económica de su país al FMI a cambio de la ayuda que el país necesita. Al final, irónicamente, buena parte del dinero no fue a ayudar a Indonesia sino a rescatar a los acreedores privados de las «potencias coloniales» (oficialmente la «ceremonia» era la firma de una carta de acuerdo que es dictada por el

FMI, aunque a menudo se finge que la carta de intención se origina ¡en el Gobierno del país!).

Los defensores de Camdessus alegan que la foto no fue justa, que no sabía que la estaban tomando y que fue vista fuera de contexto. Ésa es precisamente la cuestión: en los tratos cotidianos, lejos de las cámaras y los periodistas, tal es precisamente la actitud que adoptan los burócratas del FMI, de su líder para abajo. A los súbditos de los países subdesarrollados la foto les planteó una pregunta incómoda: ¿habían cambiado realmente las cosas desde el final «oficial» del colonialismo hace medio siglo? Cuando vi la fotografía me vinieron a la mente imágenes de firmas análogas de «acuerdos». Me planteé lo parecida que resultaba esa escena a las de la «apertura de Japón» por la diplomacia de la cañonera del almirante Perry o el final de las guerras del opio o la rendición de los maharajás en la India.

La posición del FMI, como la de su jefe, era clara: era la fuente de la sabiduría, el portador de una ortodoxia demasiado sutil como para que la percibiesen en el mundo subdesarrollado. El mensaje transmitido era siempre nítido: en el mejor de los casos había un miembro de una elite –un ministro de Hacienda o el gobernador de un banco central– con el cual el Fondo podía entablar un diálogo importante. Fuera de este círculo, no valía la pena ni intentar hablar.

Hace un cuarto de siglo algunos en los países subdesarrollados podían con razón haber tratado con deferencia a los «expertos» del FMI. Pero así como ha habido un desplazamiento en el equilibrio del poder militar, el cambio ha sido aún más dramático en el equilibrio del poder intelectual. El mundo en desarrollo posee ahora sus propios economistas, muchos de ellos formados en los mejores centros académicos del mundo. Estos economistas ostentan la significativa ventaja de una vida de familiaridad con la política, las condiciones y las tendencias locales. El FMI, como tantas otras burocracias, ha intentado repetidamente extender lo que hace más allá de los límites de los objetivos que originalmente le habían sido asignados. A medida que la misión del FMI trascendió su campo básico de competencia en macroeconomía, e ingresó en cuestiones estructurales, como la privatización, los mercados de trabajo, las reformas de las pensiones, entre otras, y en áreas más amplias de las estrategias de desarrollo, el balance del poder intelectual se volvió aún más desequilibrado.

El FMI, por supuesto, aduce que nunca dicta sino que negocia las condiciones de cualquier préstamo con el país prestatario; pero se trata de negociaciones desiguales en las que todo el poder está en manos del FMI, básicamente porque muchos de los países que buscan su ayuda necesitan desesperadamente el dinero. Lo había visto claramente en Etiopía y los demás países subdesarrollados de los que me ocupé, y lo evoqué nuevamente en mi visita a Corea del Sur en diciembre de 1997, durante la crisis del Este asiático. Los economistas coreanos sabían que las políticas recomendadas para su país por el FMI serían desastrosas. Después incluso el FMI admitió que impuso un rigor fiscal excesivo, pero antes eran pocos los economistas (fuera del FMI) que pensaban que tenía sentido[1]. Y sin embargo los funcionarios de Corea callaron. Me preguntaba el porqué de su silencio, pero no obtuve una respuesta de los funcionarios del Gobierno hasta una siguiente visita dos años más tarde, cuando la economía coreana ya se había recuperado. Dada la experiencia pasada, la respuesta no me sorprendió: los funcionarios coreanos, a regañadientes, me explicaron que temían disentir abiertamente. El FMI no sólo podía haber interrumpido su propia financiación: también podía haber utilizado su intimidante púlpito para desanimar las inversiones privadas, transmitiendo a las entidades financieras del sector privado sus dudas sobre la economía coreana. El país, pues, no tenía elección. Incluso una crítica implícita de Corea al programa del FMI podría haber tenido un efecto calamitoso: habría sugerido al FMI que el Gobierno no comprendía cabalmente «la economía del FMI», que tenía reservas y que probablemente no llevaría a cabo el programa (el FMI recurre a una expresión especial para describir tales situaciones: el país está *off track* o despistado; existe sólo un camino «correcto» y cualquier desviación indica un inminente descarrilamiento). Un anuncio público por parte del FMI de una ruptura

1. T. Lane, A. Ghosh, J. Hamann, S. Phillips, M. Schulze-Ghattas y T. Tsikata, «IMF-Supported programs in Indonesia, Korea, and Thailand: a preliminary assessment», Occasional Papers 178, Fondo Monetario Internacional, enero de 1999.

de las negociaciones, o incluso un retraso de las mismas, enviaría una señal sumamente negativa a los mercados. En el mejor de los casos, esta señal llevaría a una subida de los tipos de interés, y en el peor a una interrupción completa de la financiación privada. Algo más grave para algunos de los países más pobres, que en cualquier caso tienen poco acceso a fondos privados, es que otros donantes (el Banco Mundial, la Unión Europea y muchos otros países) facilitan financiación sólo con la aprobación del FMI. Las iniciativas recientes para condonar la deuda han conferido de hecho aún más poder al FMI, porque si el FMI no aprueba la política económica del país, no hay condonación. Esto otorga al FMI una influencia enorme, y el FMI lo sabe.

La desproporción del poder entre el FMI y los países «clientes» inevitablemente genera tensiones entre ambos, y la conducta del FMI en las negociaciones exacerba una ya difícil situación. Al dictar los términos de los acuerdos, el FMI de hecho ahoga cualquier discusión con el gobierno cliente –por no hablar del país en general– sobre políticas económicas alternativas. En momentos de crisis, el FMI defiende su postura afirmando que no hubo tiempo suficiente, pero su comportamiento es muy diferente dentro de la crisis que fuera de ella. La visión del FMI es simple: las preguntas, particularmente si son planteadas abiertamente y en voz alta, serían interpretadas como desafíos a una ortodoxia inviolable. De ser admitidas, podrían incluso minar la autoridad y credibilidad de quien las formula. Las autoridades de los gobiernos lo sabían y obedecían: podían discrepar en privado, pero no en público. La posibilidad de modificar las posiciones del Fondo era endeble, y mucho mayor era la de molestar a sus dirigentes y lograr que endurecieran su actitud en otros campos. Si se irritaba o enfadaba, el FMI podía retrasar sus préstamos, una perspectiva inquietante para un país que estaba en crisis. Pero el hecho de que los funcionarios del Gobierno parecían secundar las recomendaciones del FMI no significaba que estuvieran de acuerdo. Y el FMI lo sabía.

Basta una lectura superficial de los acuerdos característicos entre el FMI y los países en desarrollo para observar la falta de confianza entre el Fondo y los receptores. El personal del FMI vigilaba la evolución no sólo de los indicadores relevantes de una sana macroadministración –inflación, crecimiento y paro–

sino de variables intermedias –como la oferta monetaria–, a menudo sólo débilmente conectadas con las variables que en última instancia importaban. A los países se les marcaban objetivos estrictos, lo que podían conseguir en treinta, sesenta, noventa días. En algunos casos los acuerdos establecían qué leyes debía aprobar el Parlamento del país para cumplir con los requisitos u «objetivos» del FMI, y en qué plazo.

Tales objetivos reciben el nombre de «condiciones», y la «condicionalidad» es un asunto vivamente debatido en el mundo subdesarrollado. Cada documento de préstamo especifica naturalmente unas condiciones básicas. Como mínimo un acuerdo de préstamo afirma que éste es concedido a condición de que será reembolsado, normalmente con un calendario de pagos adjunto. Muchos préstamos imponen condiciones diseñadas para incrementar la probabilidad de su liquidación. La «condicionalidad» se refiere a condiciones más rigurosas, que a menudo convierten el préstamo en una herramienta de política. Por ejemplo, si el FMI desea que una nación liberalice sus mercados financieros, puede devolver el préstamo a plazos, y los subsiguientes abonos están subordinados a pasos verificables hacia la liberalización. Personalmente, creo que la condicionalidad, al menos en la forma y extensión en que la ha utilizado el FMI, es una mala idea: no hay pruebas de que lleve a una mejor política económica, y tiene efectos políticos adversos porque los países se resienten si se les imponen condiciones. Algunos defienden la condicionalidad arguyendo que cualquier banquero fija condiciones a los prestatarios para aumentar la probabilidad de que los créditos sean devueltos. Pero la condicionalidad del FMI y el BM era muy diferente. En algunos casos llegó incluso a reducir la probabilidad del pago. Por ejemplo, las condiciones que pueden debilitar la economía a corto plazo, sean cuales fueren sus méritos a largo, corren el riesgo de exacerbar la caída y así dificultar más que el país pague los créditos a corto plazo al FMI. La eliminación de barreras comerciales, monopolios y distorsiones fiscales pueden propiciar el crecimiento a largo plazo, pero las perturbaciones de la economía, cuando se esfuerza en ajustarse, pueden meramente profundizar la recesión. Aunque las condicionalidades no podrían justificarse en términos de la responsabilidad fiduciaria del Fondo, quizá podrían serlo en términos de lo que la entidad podría haber percibido que era su responsabilidad moral, su obligación de hacer todo lo posible para fortalecer las economías de los países que le habían pedido ayuda. Pero el peligro radicaba en que, por bienintencionadas que fueran, la miríada de condiciones –en algunos casos más de cien, cada una con su propio y rígido calendario– recortaba la capacidad del país para enfrentarse con los problemas más importantes y urgentes.

Las condiciones trascendían la economía e invadían áreas que correspondían realmente a la política. Por ejemplo, en el caso de Corea los préstamos llevaron consigo un cambio en los estatutos del banco central, que lo hiciera más independiente del proceso político, aunque son escasas las pruebas de que los países con bancos centrales independientes crecen más rápido[1] padecen menores o más suaves fluctuaciones. Hay una sensación generalizada de que el Banco Central Europeo, que es independiente, acentuó la desaceleración económica de Europa en 2001 porque actuó igual que un niño y reaccionó de modo displicente ante las naturales preocupaciones políticas por el aumento del paro: sólo para demostrar que era independiente rehusó bajar los tipos de interés, y nadie pudo evitarlo. Los problemas surgieron en parte porque el mandato del BCE lo concentra en la inflación, una política que el FMI ha propiciado en todo el mundo, pero que puede sofocar el crecimiento y exacerbar la recesión. En medio de la crisis coreana, se le dijo al banco central que fuera más independiente y se centrara exclusivamente en la inflación, a pesar de que Corea no había tenido ningún problema inflacionario y no había razón para pensar que una incorrecta política monetaria guardara relación alguna con la crisis. El FMI simplemente aprovechó la oportunidad que le brindaba la crisis para hacer cumplir su agenda política. En Seúl le pregunté al equipo del FMI por qué estaban haciendo eso, y su res-

1. Existe una gran controversia sobre si los bancos centrales deben ser más independientes o no. Alguna evidencia (basada en regresiones entre países) indica que las tasas de inflación pueden ser menores, pero hay poca evidencia de que mejoran las variables reales, como el crecimiento o el paro. No pretendo resolver aquí esta polémica sino subrayar que, dada la controversia, no se debe imponer a un país una visión particular.

puesta fue chocante (aunque para entonces no debía haberme sorprendido): «Siempre insistimos en que los países tengan un banco central independiente concentrado en la inflación». Éste era un tema sobre el que tenía fuertes convicciones. Cuando fui el jefe de los asesores económicos del presidente, bloqueamos un intento de la senadora Connie Mack, de Florida, para cambiar el estatuto del Banco de la Reserva Federal de EE UU, con objeto de enfocarlo exclusivamente hacia la inflación. El mandato de la Fed, el banco central estadounidense, lo dirige no sólo a la inflación sino también al empleo y el crecimiento. El presidente se opuso al cambio y nosotros sabíamos que el pueblo norteamericano creía que la Fed ya se preocupaba demasiado de la inflación. El presidente aclaró que éste era un asunto en el que estaba dispuesto a dar la batalla y, una vez que lo comprendieron, los partidarios de la propuesta renunciaron a ella. Pero aquí estaba el FMI –en parte bajo el influjo del Tesoro americano– imponiendo a Corea una condición política que la mayoría de los estadounidenses había considerado inaceptable en su país.

A veces, las condiciones apenas parecían algo más que una simple demostración de fuerza: en el acuerdo de préstamo de 1997 a Corea, el FMI insistió en retrasar la fecha de apertura de los mercados coreanos a ciertos productos japoneses, aunque esto en modo alguno ayudaba a Corea a resolver los problemas de la crisis. Para algunos, estas acciones representaban el «aprovechar la oportunidad», utilizar la crisis para presionar en pro de cambios que el FMI y el BM llevaban mucho tiempo recomendando; pero para otros eran puros actos de supremacía política que extraían una concesión de valor limitado, y que sólo demostraban quién mandaba allí.

La condicionalidad generó resentimiento pero no desarrollo. Los estudios del Banco Mundial y otros demostraron no sólo que la condicionalidad no garantizaba que el dinero se gastaba bien y que los países crecían más rápidamente, sino que parecía no funcionar en absoluto. Las buenas políticas no se pueden comprar.

Varias razones explican el fracaso de la condicionalidad. La más simple tiene que ver con una noción básica de los economistas: la fungibilidad. El dinero que entra con un objetivo libera otro dinero para otro objetivo; el impacto neto puede no guardar relación alguna con el objetivo pretendido. Incluso si se imponen condiciones que aseguran que un préstamo en concreto se utiliza bien, ese préstamo libera recursos en otro lugar, que pueden usarse bien o no. En un país puede haber dos proyectos de carreteras, uno para facilitar que el presidente llegue a su residencia de verano, y otro para permitir que un gran grupo de agricultores pueda llevar sus bienes hasta un puerto. El país puede tener fondos para uno solo de estos proyectos. El Banco puede insistir en que el dinero vaya al proyecto que incrementa la renta de los campesinos pobres, pero al suministrar la financiación, permite que el gobierno realice el otro proyecto.

Hubo otras razones por las cuales la condicionalidad del Fondo no promovió el crecimiento económico. En algunos casos, las condiciones eran erróneas: la liberalización del mercado financiero en Corea y la austeridad fiscal en el Este asiático ejercieron allí un impacto adverso. En otros casos, el modo en que fue impuesta la condicionalidad la volvió políticamente insostenible, y sería abandonada al llegar un nuevo gobierno. Tales condiciones eran consideradas una intrusión en la soberanía del país por parte de una nueva potencia colonial. Las políticas no superaban las vicisitudes del proceso político.

Había una cierta ironía en la posición del FMI. Pretendía que estaba por encima de la política, pero era claro que su programa de préstamos tenía en parte una orientación política. El FMI insistió en la corrupción en Kenia, e interrumpió su relativamente modesto programa de préstamos en esencia por la corrupción que allí observó. Y sin embargo mantuvo un flujo de dinero, de miles de millones de dólares, a Rusia e Indonesia. Parecía como si el Fondo pasara por alto el latrocinio en gran escala pero se pusiera estricto con minúsculos robos. No es que debiera haber sido más amable con Kenia, porque el robo era efectivamente abultado con relación al tamaño de la economía: debió haber sido más severo con Rusia. No se trata sólo de una cuestión de equidad o coherencia; el mundo es un sitio injusto, y nadie realmente esperaba que el FMI tratase a una potencia nuclear igual que a un pobre país africano de poca relevancia estratégica. El asunto era más sencillo: las decisiones sobre los préstamos eran políticas, y los juicios políticos entraban a menudo en los consejos del FMI. El FMI propiciaba las privatizaciones en parte porque creía que cuando el Estado administraba empresas no podía aislarse de las presiones políticas. La noción misma de que uno puede separar economía y política, o una comprensión amplia de la sociedad, ilustraba la estrechez de miras: si las políticas impuestas por los prestamistas desatan alborotos, como ha ocurrido en un país tras otro, las condiciones económicas empeoran, el capital huye y las empresas recelan antes de invertir más dinero. Tales políticas no sirven ni para el desarrollo ni para la estabilidad económica.

Las quejas contra la imposición de las condiciones del FMI trascendían lo que esas condiciones eran y cómo se imponían, y se dirigían también hacia la forma en que eran deducidas. El procedimiento habitual del FMI antes de visitar un país cliente es redactar primero un borrador de informe. Dicha visita simplemente sirve para ajustar el informe y sus recomendaciones, y corregir algunas equivocaciones notorias. En la práctica, el borrador de informe a menudo es un estereotipo, algo con párrafos enteros recortados del informe sobre un país e insertados en un informe sobre otro. Los procesadores de texto facilitan esta labor. Una historia quizá apócrifa dice que en una ocasión el procesador de texto no fue bien empleado para «buscar y reemplazar», de modo tal que el nombre del país cuyo informe había sido copiado prácticamente en su totalidad se dejó en un documento que circuló. Es difícil saber si esto sucedió sólo una vez, debido a la premura del tiempo, pero el fallo confirmó en las mentes de muchos la imagen de unos informes de «talla única».

Incluso los países que no piden dinero prestado al FMI pueden verse afectados por sus ideas, porque éste impone sus enfoques en todo el mundo no sólo mediante la condicionalidad. El FMI realiza una reunión anual con todos los países del mundo. Estas reuniones, llamadas «Artículo 4» por el artículo de sus estatutos que las autoriza, supuestamente pretenden asegurar que cada país cumple con los artículos del acuerdo por el que fue establecido el FMI (fundamentalmente garantizar la convertibilidad de las divisas para objetivos comerciales). La llegada de las misiones ha afectado este informe igual que los demás aspectos de la actividad del FMI: las reuniones reales acerca del Artículo 4 son una parte reducida del proceso de vigilancia total. El informe es en verdad la clasificación de la economía nacional a cargo del FMI.

Los países pequeños con frecuencia debían atender a las evaluaciones del Artículo 4, pero EE UU y otros países con economías desarrolladas las pasaban básicamente por alto. Por ejemplo, el FMI sufría de paranoia inflacionaria, incluso cuando en EE UU la inflación era la más baja en décadas. Su prescripción era predecible: subir los tipos de interés para desacelerar la economía. El FMI simplemente no se daba cuenta de los cambios que estaban teniendo lugar y que habían sucedido en la década anterior en la economía norteamericana, que le permitieron disfrutar de un crecimiento mayor, un paro menor y una inflación baja, todo al mismo tiempo. De haber seguido el consejo del FMI, EE UU no habría experimentado la expansión económica de los años noventa; una expansión que no sólo produjo una prosperidad sin precedentes sino que además permitió convertir un enorme déficit fiscal en un abultado superávit. El menor desempleo también tuvo profundas consecuencias sociales, asunto al que el FMI prestaba poca atención en cualquier país. Millones de trabajadores que habían sido excluidos de la fuerza laboral se incorporaron a ella, lo que redujo la pobreza y el papel del estado del bienestar a un ritmo inédito. Esto se tradujo a su vez en una menor tasa de criminalidad. Todos los norteamericanos se vieron beneficiados. El menor paro, a su vez, animó a los individuos a asumir riesgos, a aceptar empleos sin seguridad, y esa predisposición al riesgo demostró ser un ingrediente esencial en el éxito de EE UU en la «nueva economía».

Estados Unidos no hizo caso al FMI. Ni la Administración de Clinton ni la Reserva Federal le prestaron mucha atención. Estados Unidos podía hacerlo impunemente puesto que no necesitaba la ayuda del FMI ni de ningún otro donante, y sabíamos que el mercado le prestaría casi tan poca atención como hicimos nosotros. El mercado no nos castigaría por desdeñar sus consejos ni nos premiaría por seguirlos. Pero los países pobres de la Tierra no tienen tanta suerte: si no hacen caso al Fondo pueden correr riesgos.

Hay al menos dos razones por las cuales el FMI debería consultar en profundidad en el país cuando realiza sus análisis y diseña sus programas. Las personas del país probablemente sepan más acerca de su economía que los funcionarios del FMI, algo que pude comprobar claramente incluso en el caso de Estados

Unidos. Y para que los programas puedan ser llevados a cabo de modo eficaz y sostenible debe existir un compromiso del país con el programa, fundado en un amplio consenso. La única forma de arribar a dicho consenso es mediante el debate, el tipo de discusión abierta que el FMI había rehuido en el pasado. Para ser justos con el FMI, en medio de una crisis rara vez hay tiempo para un debate franco y para las amplias consultas indispensables para construir un consenso. Pero el FMI había estado en los países africanos durante años. Si se trata de una crisis, es una crisis permanente. Hay tiempo para consultas y para edificar un consenso, y en algunos casos, como en Ghana, el Banco Mundial (cuando era economista jefe mi predecesor, Michael Bruno) lo consiguió, y ésos se contaron entre los casos de mayor éxito en la estabilización macroeconómica.

Cuando estuve en el Banco Mundial había una convicción creciente acerca de la importancia de la participación: las políticas y los programas no debían ser impuestos a los países sino que su éxito exigía que fueran «asumidos» por ellos, el consenso era esencial, las políticas y estrategias de desarrollo debían adaptarse a la situación del país, debía pasarse de la «condicionalidad» a la «selectividad», retribuir con más fondos a los países que habían demostrado que usaban el dinero bien, confiar en que seguirían haciéndolo, y aportarles fuertes incentivos. Esto se reflejó en la nueva retórica del Banco, vigorosamente articulada por su presidente, James D. Wolfensohn: «El país debe ocupar el asiento del conductor». Aun así, muchos críticos alegan que el proceso no ha ido lo suficientemente lejos y que el Banco sigue esperando controlar las cosas. Les preocupa que el país esté en el asiento del conductor de un coche con control dual, en el cual los mandos respondan realmente al instructor. Estos cambios en actitudes y procedimientos operativos serán necesariamente lentos, y marcharán a ritmos distintos en los diferentes países. Pero en estos asuntos media una gran brecha entre el Banco y el FMI, tanto en actitudes como en procedimientos.

Por más que quisiera, el FMI, al menos en su retórica pública, no puede desdeñar totalmente las demandas generalizadas de los países pobres para participar más en la formulación de las estrategias de desarrollo y para que se preste una atención mayor a la pobreza. Como resultado, tanto el FMI como el Banco

Mundial acordaron realizar evaluaciones «participativas» de la pobreza en las cuales los países clientes se sumaban a las dos entidades para medir la extensión del problema como un primer paso. En potencia, éste era un cambio dramático de filosofía, pero el FMI no parecía ser plenamente consciente de su importancia, como lo ilustra la siguiente anécdota. Reconociendo que el BM supuestamente se estaba adelantando en proyectos de pobreza, justo antes de la partida de una primera y teóricamente consultiva misión del FMI a un determinado país cliente, el FMI envió un imperioso mensaje al Banco pidiendo que un borrador del informe sobre la evaluación «participativa» de la pobreza del país cliente fuese remitido a sus oficinas centrales «cuanto antes». Algunos de nosotros bromeamos con la confusión del FMI. Creía que el gran cambio filosófico estribaba en que en las misiones conjuntas BM-FMI el Banco podía participar en la elaboración de lo que se escribía. ¡La idea de que los ciudadanos en el país prestatario pudieran participar también era demasiado! Estas historias serían divertidas si no fueran profundamente preocupantes.

Incluso si las evaluaciones participativas de la pobreza no son llevadas adelante a la perfección, son un paso en la dirección correcta. Incluso si permanece una brecha entre la retórica y la realidad, es importante el reconocimiento de que las personas en los países subdesarrollados deben tener más voz en sus programas. Pero si la brecha persiste durante demasiado tiempo y sigue siendo demasiado amplia, habrá una sensación de decepción. En algunos lugares ya se plantean dudas, y cada vez más. Aunque las evaluaciones participativas de la pobreza han generado mucha más discusión pública, y más participación, que antes, en muchos países las expectativas de participación y apertura no se han concretado plenamente, y el descontento crece.

En EE UU y otras democracias exitosas los ciudadanos conciben a la transparencia, la apertura, el saber lo que hace el Gobierno como algo esencial de la responsabilidad gubernamental. Los ciudadanos consideran eso como derechos, no favores concedidos por las autoridades. La Ley sobre Libertad de Información se ha convertido en parte relevante de la democracia norteamericana. En contraste, en el estilo de acción del FMI, los ciudadanos (un fastidio porque demasiado a menudo se resisten a apoyar los acuerdos, y más a compartir las percepciones sobre lo que es una buena política económica) no sólo fueron marginados de las discusiones de los acuerdos, sino que ni siquiera fueron informados sobre su contenido. La cultura prevaleciente de secretismo era tan intensa que el FMI mantenía buena parte de las negociaciones y algunos de los acuerdos en secreto incluso para los miembros del Banco Mundial en las misiones conjuntas. El personal del FMI informaba sólo sobre la base de «necesita saber». La lista de los «necesita saber» se limitaba al jefe de la misión del FMI, un puñado de personas en el cuartel general del FMI en Washington, y otro puñado en el Gobierno del país cliente. Mis colegas en el BM frecuentemente se quejaban de que incluso los que participaban en una misión debían acudir al Gobierno del país para que les «filtraran» lo que estaba pasando. En algunas ocasiones me encontré con directores ejecutivos (como se llaman los representantes que las naciones nombran conjuntamente para el FMI y el BM) que no sabían nada.

Un episodio reciente muestra hasta dónde pueden llegar las consecuencias de la falta de transparencia. Es un hecho ampliamente reconocido que los países en desarrollo tienen poca voz en las instituciones económicas internacionales. Pueden plantearse debates sobre si se trata sólo de un anacronismo histórico o una manifestación de *realpolitik*. Pero cabría esperar que la Administración estadounidense –incluido el Congreso de los EE UU– tuviese algo que decir, al menos en cómo vota su director ejecutivo, que representa a EE UU en el FMI y el BM. El Congreso aprobó y el presidente firmó en 2001 una ley que ordenaba a EE UU oponerse a las propuestas de cargar sumas para la escolarización elemental (una práctica que se desarrolla bajo la denominación aparentemente inocua de recuperación de costes). Pero el director ejecutivo de EE UU simplemente hizo caso omiso de la ley, y el secretismo de las instituciones hizo difícil que el Congreso pudiera enterarse de lo que estaba pasando. El asunto se descubrió gracias a una filtración, que escandalizó incluso a los congresistas acostumbrados a las maniobras burocráticas.

En la actualidad, a pesar de las repetidas discusiones sobre la apertura y la transparencia, el FMI aún no reconoce formalmente el básico «derecho a saber» de los ciudadanos: no existe una

Ley sobre Libertad de Información a la que pueda apelar un ciudadano norteamericano –o de cualquier otro país– para averiguar qué hace esta entidad internacional pública.

Quiero ser claro: todas estas críticas contra el FMI no significan que el dinero y el tiempo del FMI se desperdicien siempre. A veces el dinero ha ido a parar a gobiernos que aplican buenas políticas económicas, aunque no necesariamente porque el FMI las haya recomendado. A veces el dinero ha mejorado las cosas. La condicionalidad en ocasiones ha desplazado el debate interior del país hacia vías que desembocaron en mejores políticas. Los rígidos calendarios que imponía el fondo brotaron en parte de múltiples experiencias en las que los gobiernos prometían hacer ciertas reformas pero, una vez que conseguían el dinero, no las hacían; a veces los calendarios estrictos ayudaron a forzar el ritmo de los cambios. Pero con demasiada frecuencia la condicionalidad no aseguró que el dinero se gastaba bien ni que ocurriesen cambios políticos significativos, profundos y perdurables. La condicionalidad fue a veces incluso contraproducente, porque las políticas no se ajustaban al país o porque el modo en que fueron impuestas despertó la hostilidad hacia el proceso de reformas. A veces el programa del FMI dejó al país tan pobre como antes pero más endeudado y con una elite dirigente aún más opulenta.

Las instituciones internacionales han eludido los controles directos que cabe esperar de las entidades públicas en las democracias modernas. Ha llegado el momento de «calificar» la acción de las instituciones económicas internacionales y observar esos programas y lo bien, o mal, que promovieron el crecimiento y redujeron la pobreza.

CAPÍTULO 3

¿Libertad de elegir?

La austeridad fiscal, la privatización y la liberalización de los mercados fueron los tres pilares aconsejados por el Consenso de Washington durante los años ochenta y noventa. Las políticas del consenso de Washington fueron diseñadas para responder a problemas muy reales de América Latina, y tenían mucho sentido. En los años ochenta los gobiernos de dichos países habían tenido a menudo grandes déficit. Las pérdidas en las ineficientes empresas públicas contribuyeron a dichos déficit. Aisladas de la competencia gracias a medidas proteccionistas, las empresas privadas ineficientes forzaron a los consumidores a pagar precios elevados. La política monetaria laxa hizo que la inflación se descontrolara. Los países no pueden mantener déficit abultados y el crecimiento sostenido no es posible con hiperinflación. Se necesita algún grado de disciplina fiscal. La mayoría de los países mejorarían si los gobiernos se concentraran más en proveer servicios públicos esenciales que en administrar empresas que funcionarían mejor en el sector privado, y por eso la privatización a menudo es correcta. Cuando la liberalización comercial –la reducción de aranceles y la eliminación de otras trabas proteccionistas– se hace bien y al ritmo adecuado, de modo que se creen nuevos empleos a medida que se destruyen los empleos ineficientes, se pueden lograr significativas ganancias de eficiencia.

El problema radicó en que muchas de esas políticas se transformaron en fines en sí mismas, más que en medios para un crecimiento equitativo y sostenible. Así, las políticas fueron llevadas demasiado lejos y demasiado rápido, y excluyeron otras políticas que eran necesarias.

Los resultados han sido muy diferentes de los buscados. La austeridad fiscal exagerada, bajo circunstancias inadecuadas, puede inducir recesiones, y los altos tipos de interés ahogar a los empresarios incipientes. El FMI propició enérgicamente la privatización y la liberalización, a un ritmo que a menudo impuso costes apreciables sobre países que no estaban en condiciones de afrontarlos.

Privatización

Los Estados de muchos países en desarrollo –y desarrollados– demasiado a menudo invierten mucha energía en hacer lo que no deberían hacer. Esto los distrae de sus labores más inmediatas. El problema no es tanto que la Administración sea demasiado grande como que no hace lo que debe. A los Estados, en líneas generales, no les corresponde manejar empresas siderúrgicas y suelen hacerlo fatal (aunque las empresas siderúrgicas más eficientes del mundo son las fundadas y gestionadas por los Estados de Corea y Taiwan, son la excepción). Lo normal es que las empresas privadas competitivas realicen esa tarea más eficazmente. Éste es el argumento a favor de la privatización: la conversión de empresas públicas en privadas. Sin embargo, existen importantes precondiciones que deben ser satisfechas antes de que la privatización pueda contribuir al crecimiento económico. Y el modo en que se privatice cuenta mucho.

Por desgracia, el FMI y el BM han abordado los problemas con una perspectiva estrechamente ideológica: la privatización debía ser concretada rápidamente. En la clasificación de los países que emprendían la transición del comunismo al mercado, los que privatizaban más deprisa obtenían las mejores calificaciones. Como consecuencia, la privatización muchas veces no logró los beneficios augurados. Las dificultades derivadas de esos fracasos han suscitado antipatía hacia la idea misma de la privatización.

En 1998 visité unos pueblos pobres de Marruecos para observar el impacto que los proyectos del Banco Mundial y las Organizaciones No Gubernamentales (ONG) ejercían sobre las vidas de la gente. Comprobé, por ejemplo, que los proyectos de riego comunitario elevaban muchísimo la productividad agrícola. Un proyecto, sin embargo, había fracasado. Una ONG había instruido concienzudamente a los habitantes de un pueblo en la cría de gallinas, actividad que las mujeres podían llevar a cabo sin descuidar sus labores más tradicionales. Originalmente, las mujeres compraban los polluelos de siete días a una empresa pública. Pero cuando visité el pueblo el proyecto había fracasado. Departí con los pobladores y con funcionarios oficiales sobre lo que había fallado y la respuesta fue sencilla: el FMI le había dicho al Gobierno que no debía participar en el negocio de distribución de pollos, y entonces dejaron de venderlos. Simplemente se supuso que el sector privado inmediatamente llenaría el vacío. Un proveedor privado, en efecto, llegó para suministrar polluelos a la gente. La tasa de mortalidad de los pollos en las primeras dos semanas es elevada, y la empresa privada no estaba dispuesta a garantizar la oferta. Los pobladores no podían asumir el riesgo de comprar pollos que murieran en un porcentaje abultado. Y así fue como una industria naciente, destinada a cambiar las vidas de esos pobres campesinos, desapareció.

El supuesto subyacente a este fracaso es algo con lo que me topé en repetidas ocasiones: el FMI se limitaba a dar por sentado que los mercados surgen rápidamente para satisfacer cualquier necesidad, cuando en realidad muchas actividades estatales surgen porque los mercados no son capaces de proveer servicios esenciales. Los ejemplos abundan. Fuera de Estados Unidos a menudo este punto parece obvio. Cuando muchos países europeos crearon sus sistemas de seguridad social y sus sistemas de seguro de paro e incapacidad laboral, no había mercados privados de anualidades que funcionaran bien, no había empresas privadas que ofrecieran seguros ante esos riesgos tan importantes en la vida de las personas. Incluso cuando, mucho después, EE UU creó su sistema de seguridad social, en las profundidades de la Gran Depresión y como parte del New Deal, los mercados privados de anualidades no funcionaban bien; incluso hoy día no es posible conseguir anualidades que nos protejan contra la inflación. También en EE UU, uno de los motivos por los que se creó la Asociación Nacional Federal de Hipotecas (Fannie Mae) fue que el mercado privado no facilitaba hipotecas en condiciones razonables a las familias de rentas medias y bajas. En los países subdesarrollados estos problemas son aún más graves; eliminar las empresas públicas puede dejar un profundo vacío e incluso si el sector privado finalmente hace su aparición, puede mediar un enorme sufrimiento.

En Costa de Marfil la compañía telefónica fue privatizada, como es habitual, antes de establecer un marco regulatorio adecuado o un entorno competitivo. La empresa francesa que compró los activos estatales persuadió al Gobierno para que le concediera un monopolio, no sólo sobre los servicios telefónicos existentes sino también sobre los nuevos servicios celulares. La empresa privada subió tanto las tarifas que, por ejemplo, los estudiantes universitarios no podían acceder a Internet, algo esencial para impedir que la ya acusada desigualdad en el acceso digital entre ricos y pobres se acentúe aún más.

El FMI arguye que es muy importante privatizar a marchas forzadas; más tarde será el momento de ocuparse de la competencia y la regulación. Pero el peligro estriba en que una vez generado un grupo de interés éste cuenta con el incentivo, y el dinero, para mantener su posición monopólica, paralizar las regulaciones y la competencia y distorsionar el proceso político. Existe una razón natural por la cual el FMI ha estado menos preocupado por la competencia y la regulación de lo que podría haberlo estado. La privatización de un monopolio no regulado puede aportar más dinero al Estado, y el FMI enfatiza más los temas macroeconómicos, como el tamaño del déficit público, que los estructurales, como la eficiencia y competitividad de la industria. Fueran o no los monopolios privatizados más eficientes que los estatales a la hora de producir, a menudo resultaron más eficientes a la hora de explotar su posición dominante: el resultado fue que los consumidores sufrieron.

La privatización, asimismo, no sólo se implantó a expensas de los consumidores, sino también de los trabajadores. El impacto sobre el empleo ha sido quizá el argumento principal a favor y en contra de la privatización; sus partidarios sostenían que sólo la privatización permitía despedir a los trabajadores improductivos, y sus detractores replicaban que los recortes de plantillas tuvieron lugar sin ponderar los costes sociales. En realidad, hay buena parte de verdad en ambos puntos de vista. La privatización con frecuencia hace pasar a las empresas públicas de los números rojos a los negros, gracias a la reducción de las plantillas. Se supone, empero, que los economistas deben prestar atención a la eficiencia global. Hay costes sociales relacionados con el paro que las empresas privadas simplemente no toman en cuenta. Si la protección del empleo es mínima, los empresarios pueden despedir trabajadores con un coste bajo o nulo, abonando, en el mejor de los casos, una pequeña indemnización. La privatización ha sido objeto de abundantes críticas porque, al revés de las llamadas inversiones *Greenfield* –cuando se invierte en empresas nuevas, en vez de dejar que inversores privados compren empresas ya existentes–, más que crear nuevos puestos de trabajo, la privatización a menudo los destruye.

En los países industrializados el daño de los despidos es reconocido y en parte mitigado por la red de seguridad de las prestaciones por desempleo. En los países menos desarrollados, los trabajadores parados generalmente no se convierten en una carga pública porque rara vez cuentan con esquemas de seguro de paro. Pero a pesar de todo pueden generarse grandes costes sociales manifestados, en las peores formas, en violencia urbana, más delincuencia y perturbaciones sociales y políticas. Incluso en ausencia de estos males, el paro suscita costes elevados, como la angustia generalizada incluso entre los trabajadores que han conseguido mantener sus empleos, una sensación extendida de alienación, cargas financieras adicionales sobre miembros de la familia que retienen sus puestos de trabajo, y la retirada de niños del colegio para que contribuyan al sostén familiar. Esta clase de costes sociales perduran mucho tiempo después de la pérdida inmediata del empleo. Las empresas locales pueden quizá estar en sintonía con el contexto social[1] y ser renuentes a despedir trabajadores si saben que no hay empleos alternativos disponibles. Los propietarios extranjeros, por otro lado, pueden sentirse más comprometidos con sus accionistas, con la maximización del valor de la acción mediante la reducción de costes, y sentirse menos obligados con lo que definirán como «plantillas infladas».

Es importante reestructurar las empresas públicas, y con frecuencia la privatización es un modo eficaz de lograrlo. Pero des-

1. Vi esto con toda claridad en Corea; los propietarios privados mostraban una aguda conciencia social ante el despido de sus trabajadores; pensaban que existía un contrato social, que no querían anular, incluso si ello tenía como consecuencia que perdieran dinero.

plazar gente desde empleos poco productivos en empresas públicas al paro no incrementa la renta nacional del país, y ciertamente no aumenta el bienestar de los trabajadores. La moraleja es sencilla y volveré sobre ella repetidamente: la privatización debe ser parte de un programa más amplio, que implique la creación de empleo a la vez que la destrucción del mismo provocado a menudo por las privatizaciones. Las políticas macroeconómicas, como los bajos tipos de interés, que ayudan a crear empleo, deben ser puestas en práctica. El tiempo (y la secuencia) es todo. No se trata de asuntos pragmáticos de «implementación», sino de asuntos de principios.

Quizá la más grave preocupación con la privatización, tal como ha sido aplicada muchas veces, es la corrupción. La retórica del fundamentalismo del mercado afirma que la privatización reducirá lo que los economistas denominan la «búsqueda de rentas» por parte de los funcionarios, que o bien se quedan con parte de los beneficios de las empresas públicas o conceden contratos y empleos a sus amigos. Pero, al contrario de lo que supuestamente iba a lograr, la privatización ha empeorado las cosas tanto que en muchos países se la denomina irónicamente «sobornización». Si una Administración es corrupta, hay escasas evidencias de que las privatizaciones resolverán el problema. Después de todo, el mismo Gobierno corrupto que manejó mal la empresa es el que va a gestionar la privatización. En un país tras otro, los funcionarios se han percatado de que las privatizaciones significan que ya no tienen por qué limitarse a la apropiación anual de los beneficios. Si venden una empresa pública por debajo del precio de mercado, pueden conseguir una parte significativa del valor del activo, en vez de dejarlo para administraciones subsiguientes. De hecho, pueden robar hoy buena parte de lo que se apropiarían los políticos en el futuro. De modo muy poco sorprendente, se manipula el proceso de privatización para maximizar la suma de lo que los ministros del Gobierno podían embolsarse, y no la suma que podía aportar el Tesoro público, y mucho menos la eficiencia general de la economía. Como veremos, Rusia representa un caso paradigmático devastador del precio de la «privatización a toda costa».

Ingenuamente, los partidarios de la privatización se convencieron de que se podían dejar de lado estas costas porque los libros de texto parecían dictaminar que una vez definidos claramente los derechos de propiedad, los nuevos propietarios lograrían que los activos fueran manejados de forma eficiente. Así, la situación mejoraría a largo plazo, aunque fuera horrible a corto plazo. No percibieron que sin las adecuadas estructuras legales e instituciones del mercado, los nuevos propietarios podrán tener un incentivo para deshacer los activos más que para utilizarlos como bases para expandir la industria. Como resultado, en Rusia y en muchos otros países, la privatización no constituyó una palanca del crecimiento tan eficaz como podría haberlo sido. De hecho, algunas veces fue asociada con la decadencia y demostró ser una fuerza poderosa para minar la confianza en las instituciones democráticas y del mercado.

Liberalización

La liberalización –supresión de interferencias públicas en los mercados financieros y de capitales, y de las barreras al comercio– tiene muchas dimensiones. Actualmente, hasta el propio FMI admite que insistió en ella excesivamente, y que la liberalización de los mercados de capitales y financieros contribuyó a las crisis financieras globales de los años noventa y puede ser devastadora en un pequeño país emergente.

El único aspecto de la liberalización que goza de amplio respaldo –al menos entre las elites de las naciones industrializadas adelantadas– es la liberalización comercial. Pero una mirada atenta al modo en que se ha aplicado en muchos países subdesarrollados ilustra por qué es tan a menudo objeto de tantas resistencias, como lo revelaron las protestas en Seattle, Praga y Washington D. C.

Se supone que la liberalización comercial expande la renta de un país porque desplaza los recursos de empleos menos productivos a más productivos; como dirían los economistas, por medio de la ventaja comparativa. Pero trasladar recursos de asignaciones poco productivas hasta una productividad nula no enriquece un país, y esto es algo que sucedió demasiadas veces bajo los programas del FMI. Destruir empleos es sencillo y tal es a menudo el impacto inmediato de la liberalización comercial, cuando las industrias ineficientes cierran ante el empuje de la competencia internacional. La ideología del FMI argumentaba que se crearían nuevos y más productivos empleos a medida que fueran eliminados los viejos e ineficientes empleos creados tras las murallas proteccionistas. Pero esto sencillamente no es verdad; pocos economistas han creído en la creación instantánea de puestos de trabajo, al menos desde la Gran Depresión. La creación de nuevas empresas y empleos requiere capital y espíritu emprendedor, y en los países en desarrollo suelen escasear el segundo, debido a la falta de educación, y el primero, debido a la ausencia de financiación bancaria. En muchos países el FMI empeoró las cosas porque sus programas de austeridad desembocaron con frecuencia en tipos de interés tan altos –a veces superiores al 20 %, a veces al 50 %, y en algunas ocasiones incluso al 100 %–, que la creación de empleos y empresas habría sido imposible incluso en un ambiente económico propicio como el de Estados Unidos. Simplemente, el capital imprescindible para el crecimiento resultaba prohibitivamente caro.

Los países en desarrollo de más éxito, los del Este asiático, se abrieron al mundo de manera lenta y gradual. Estos países aprovecharon la globalización para expandir sus exportaciones, y como consecuencia crecieron más rápidamente. Pero desmantelaron sus barreras proteccionistas cuidadosa y sistemáticamente, bajándolas sólo cuando se creaban los nuevos empleos. Se aseguraron de que había capital disponible para la creación de nuevos empleos y empresas; y hasta adoptaron un protagonismo empresarial promoviendo nuevas empresas. China está ahora desmantelando sus barreras comerciales, veinte años después de haber iniciado su marcha hacia el mercado, un período durante el cual creció a gran velocidad.

La gente de EE UU y los países industrializados avanzados debieron de entender estos problemas con facilidad. En las dos últimas campañas presidenciales de EE UU, el candidato Pat Buchanan explotó las preocupaciones de los trabajadores norteamericanos ante la pérdida de puestos de trabajo por culpa de la liberalización comercial. Los ecos de Buchanan resonaban en un país casi con pleno empleo (en 1999 la tasa de paro había caído por debajo del 4 %), con un buen sistema de seguro de paro y una variedad de ayudas para que los trabajadores se muevan de un empleo a otro. El hecho de que incluso durante la expansión de los noventa pudiera existir esa ansiedad entre los trabajadores estadounidenses sobre la amenaza planteada por el comercio liberalizado a sus empleos debió de suscitar una mayor comprensión ante la zozobra de los trabajadores en los países pobres subdesarrollados, que viven en el límite de la subsistencia, a menudo con dos dólares al día o menos, sin red de seguridad en forma de ahorros y mucho menos seguro de desempleo, y en una economía con un paro del 20 % o más.

El hecho de que la liberalización comercial demasiado a menudo incumple sus promesas –y en realidad conduce sencillamente a más paro– es lo que provoca que se le opongan enérgicamente. Pero la hipocresía de quienes propician la liberalización comercial –y el modo en que lo han hecho– indudablemente ha reforzado la hostilidad hacia dicha liberalización. Occidente animó la liberalización comercial de los productos que exportaba, pero a la vez siguió protegiendo los sectores en los que la competencia de los países en desarrollo podía amenazar su economía. Ésta fue una de las bases de la oposición a la nueva ronda de negociaciones comerciales que supuestamente iba a ser inaugurada en Seattle: las rondas anteriores habían protegido los intereses de los países industrializados –o, más precisamente, intereses particulares dentro de esos países– sin ventajas equivalentes para las naciones menos desarrolladas. Los críticos señalaron, con razón, que las rondas previas habían atenuado las barreras comerciales frente a bienes industriales, desde automóviles hasta maquinaria, exportados por los países más industrializados. Al mismo tiempo, los negociadores de estos países mantuvieron los subsidios a los productos agrícolas y cerraron los mercados de estos bienes y los textiles, en los que los países subdesarrollados tienen una ventaja comparativa.

En la más reciente Ronda Uruguay se introdujo el tema del comercio de servicios. Finalmente, los mercados se abrieron sobre todo para los servicios exportados por los países avanzados –servicios financieros y tecnología de la información– pero no para los servicios marítimos y de construcción, en los cuales los países subdesarrollados podían conseguir una pequeña ventaja. Estados Unidos se jactó de los beneficios cosechados, pero los países en desarrollo no obtuvieron una cuota proporcional. Un cálculo del Banco Mundial mostró que la renta del África subsahariana, la región más pobre del mundo, cayó más de un 2 % merced al acuerdo comercial. Hubo otros ejemplos de desigualdades que ocuparon cada vez más el discurso del mundo subdesarrollado, aunque rara vez aparecieron en la prensa de las naciones más desarrolladas. Países como Bolivia no sólo eliminaron sus barreras comerciales hasta un punto tal que eran menores que las de EE UU, sino que también cooperaron con EE UU prácticamente erradicando el cultivo de la coca, la base de la cocaína, aunque este cultivo brindaba a los agricultores pobres una renta superior a cualquier alternativa. La respuesta de EE UU fue seguir con sus mercados cerrados a los otros productos, como el azúcar, que los campesinos bolivianos podrían haber producido para exportar si el mercado norteamericano se hubiese abierto.

A los países en desarrollo les irrita especialmente este doble rasero, porque las hipocresías y desigualdades cuentan con una larga historia. En el siglo XIX las potencias occidentales –muchas de las cuales se habían desarrollado gracias a políticas proteccionistas– habían impuesto tratados comerciales injustos. Acaso el más ultrajante fue el de la Guerra del Opio, cuando el Reino Unido y Francia se confabularon contra la débil China y, junto con Rusia y EE UU, la forzaron, por el Tratado de Tientsin de 1858, no sólo a realizar concesiones comerciales y territoriales, para garantizar que exportaría los bienes que Occidente deseaba a precios bajos, sino también a abrir sus mercados al opio, lo que llevó a la adicción a millones de chinos (cabría denominar a esto un enfoque casi diabólico de la «balanza comercial»). Hoy no se fuerza la apertura de los mercados emergentes con la amenaza del uso de la fuerza militar sino a través del poder económico, a través de la amenaza de sanciones o de la retirada de la ayuda en momentos de crisis. Aunque la Organización Mundial de Comercio era el foro donde se negociaban los acuerdos comerciales internacionales, los negociadores estadounidenses y el FMI a menudo insistieron en ir más allá y acelerar el ritmo de la liberalización comercial. El FMI insiste en este ritmo acelerado de la liberalización como condición de su ayuda, y los países ante una crisis no tenían más elección que acceder a sus demandas.

Cuando EE UU actúa unilateralmente y no lo hace al amparo del FMI las cosas son aún peores. El Representante de Comercio de EE UU, el Departamento de Comercio, a menudo aguijoneado por intereses creados norteamericanos, acusa a un país extranjero; se sucede entonces un proceso de revisión –que sólo involucra al Gobierno estadounidense– y una decisión adoptada por EE UU, y a continuación se imponen sanciones al país ofensor. Estados Unidos aparece como fiscal, juez y jurado. El proceso es casi judicial, pero las cartas están marcadas: tanto las reglas como los jueces favorecen un veredicto de culpabilidad. Cuando este arsenal se emplea contra otros países industrializados, Europa y Japón, ellos cuentan con recursos para defenderse, pero en el caso de los países subdesarrollados, incluso los grandes como la India o China, la lucha no es justa. La mala voluntad resultante es desproporcionadamente mayor que cualquier ganancia posible para EE UU. El proceso mismo contribuye poco a reforzar la confianza en un sistema comercial internacional equitativo.

La retórica que esgrime EE UU para plantear su posición alimenta la imagen de una superpotencia dispuesta a utilizar su influencia para promover sus intereses particulares. Cuando Mickey Kantor fue el representante comercial de EE UU durante la primera Administración de Clinton, pretendió obligar a China a que abriese sus mercados más rápidamente. Las negociaciones de la Ronda Uruguay de 1994, en las que cumplió un papel relevante, establecieron la OMC y fijaron las reglas básicas de sus miembros. El acuerdo previó acertadamente un período de ajuste más prolongado para los países en desarrollo. El Banco Mundial, y cualquier economista, trata a China, con una renta per cápita de 450 dólares, no sólo como un país subdesarrollado sino también como un país en desarrollo con una renta baja. Pero Kantor es un negociador duro. Insistió en que se trataba de un país desarrollado y por tanto debía acometer una transición rápida.

Kantor tenía poder porque China necesitaba la aprobación norteamericana para integrarse en la OMC. El acuerdo EE UU-China, que finalmente llevó a la admisión de China en la OMC en noviembre de 2001, ilustra dos aspectos de la contradictoria posición estadounidense. Mientras EE UU prolongaba la negociación con su irrazonable insistencia en que China era realmente un país desarrollado, la propia China empezaba un proceso de ajuste. En efecto, sin quererlo, EE UU le dio a China el tiempo extra que necesitaba. Pero el acuerdo mismo ejemplifica los dobles raseros y las desigualdades que aquí están presentes. Irónicamente, mientras EE UU insistía en que China se ajustara velozmente, como si fuera un país desarrollado –y como China había utilizado acertadamente el extendido tiempo de negociación, fue capaz de acceder a dichas demandas–, EE UU también exigió ser tratado como si fuera un país «menos desarrollado» y que se le concedieran no sólo los diez años de ajuste para rebajar sus barreras contra las importaciones de textiles, que habían formado parte de las negociaciones de 1994, sino que se le otorgaran cuatro años más.

Lo que resulta especialmente inquietante es cómo los intereses creados pueden socavar tanto la credibilidad de EE UU como los intereses nacionales en sentido amplio. Esto se vio nítidamente en abril de 1999, cuando el primer ministro chino Zhu Rongji viajó a EE UU, en parte para completar las negociaciones para la admisión de China en la Organización Mundial de Comercio, algo que habría sido esencial no sólo para el régimen comercial mundial –¿cómo excluir a uno de los países más grandes?– sino también para las reformas de mercado de la propia China. Además de la oposición del representante comercial de EE UU y del Departamento de Estado, el Tesoro norteamericano insistió en una cláusula para la liberalización con más premura de los mercados financieros chinos. Con razón, China estaba preocupada: precisamente esa liberalización había conducido a las crisis financieras en los países vecinos del este de Asia, con acusados costes. China se había mantenido al margen gracias a sus sabias políticas.

Esta petición estadounidense para liberalizar los mercados financieros chinos no habría contribuido a garantizar la estabilidad económica global. Su objetivo era servir a los estrechos intereses de la comunidad financiera norteamericana, que el Tesoro enérgicamente representa. Wall Street creía acertadamente que China representaba un vasto mercado potencial para sus servicios financieros, y era importante entrar y establecer una posición fuerte antes que otros. ¡Qué falta de visión! Era patente que China al final se abriría. Acelerar el proceso un año o dos era poco importante, aunque Wall Street temía que su ventaja competitiva pudiera desaparecer en la medida en que las entidades financieras europeas y de otros lugares superaran las ventajas de corto plazo de sus competidores de Wall Street. Pero el coste potencial era enorme. Poco después de la crisis financiera asiática, era imposible que China cediera a las demandas del Tesoro. Para China era fundamental mantener la estabilidad: no podía arriesgarse a adoptar políticas que habían demostrado ser tan desestabilizadoras en otros países. Zhu Rongji debió regresar a China sin un acuerdo firmado. Quienes se oponían a las reformas argumentaron que Occidente procuraba debilitar a China, y jamás firmaría un acuerdo justo. Un buen final de las negociaciones habría contribuido a consolidar la posición de los reformadores en el Gobierno chino y a fortalecer el movimiento reformista. En cambio, Zhu Rongji y el movimiento reformista que defendía quedaron desacreditados, y su poder e influencia debilitados. Por fortuna, el daño fue sólo temporal, pero de todos modos el Tesoro norteamericano había demostrado lo mucho que estaba dispuesto a arriesgar para conseguir sus objetivos.

Aunque se promovió una agenda comercial injusta, al menos un amplio cuerpo de teoría y práctica indicaba que la liberalización del comercio, aplicada apropiadamente, sería algo bueno. El argumento en pro de la liberalización del mercado financiero era más problemático. Muchos países tienen regulaciones financieras que no sirven más que para obstruir el flujo de capitales: tales regulaciones debían ser eliminadas. Pero todos los países regulan sus mercados financieros, y un celo excesivo en la desregulación ha provocado problemas gigantescos en los mercados de capitales incluso en los países desarrollados de todo el mundo. Por citar sólo un ejemplo, el bochornoso desastre de las Savings & Loans en EE UU, aunque fue un factor clave para precipitar la recesión de 1991 y costó a los contribuyentes estadounidenses más de 200.000 millones de dólares, fue en porcentaje del PIB uno de los rescates menos onerosos derivados de la desregulación, igual que la recesión fue una de las más suaves en comparación con las padecidas por otras economías ante crisis similares.

Mientras que los países industrializados más adelantados, con sus complejas instituciones, aprendían las duras lecciones de la desregulación financiera, el FMI llevaba este mensaje reagan-thatcheriano a los países en desarrollo, particularmente mal pertrechados para hacer frente a lo que, en las mejores circunstancias, había resultado ser una labor ardua y plagada de riesgos. Las naciones industriales más avanzadas no habían intentado liberalizar sus mercados de capitales hasta bastante tarde en su desarrollo –las europeas esperaron hasta los años setenta para suprimir los controles en sus mercados de capitales–; los países en desarrollo habían sido estimulados a hacerlo a marchas forzadas.

Las consecuencias –la recesión económica– de las crisis bancarias desencadenadas por la desregulación de los mercados de capitales, dolorosas para los países desarrollados, fueron mucho más graves para los subdesarrollados. Los países pobres carecen de red de seguridad para mitigar el impacto de la recesión. Asimismo, la competencia limitada en los mercados financieros significaba que la liberalización no siempre acarreaba el beneficio prometido de unos tipos de interés más bajos. En vez de ellos, los agricultores comprobaban en ocasiones que debían pagar tipos más altos, lo que dificultaba sus compras de semillas y fertilizantes necesarios para alcanzar a duras penas la subsistencia.

Si la prematura y mal manejada liberalización comercial fue perjudicial para los países subdesarrollados, en muchos sentidos la liberalización del mercado de capitales fue incluso peor. Esta liberalización lleva consigo eliminar las regulaciones que pretenden controlar el flujo de dinero caliente hacia –y desde– los países, contratos y préstamos a corto plazo que habitualmente no son más que apuestas sobre los tipos de cambio. Este dinero especulativo no puede utilizarse para construir fábricas o crear empleos –las empresas no acometen inversiones a largo plazo con unos fondos que pueden ser retirados en un abrir y cerrar de ojos– y en realidad el riesgo que dicho dinero caliente implica hace que resulte menos atractivo realizar inversiones a largo plazo en un país subdesarrollado. Los efectos adversos sobre el crecimiento son aún más intensos. Para manejar los riesgos vinculados con esos volátiles flujos de capitales, se suele aconsejar a los países que aparten de sus reservas una suma igual a sus préstamos a corto plazo denominados en divisas. Con objeto de apreciar lo que esto implica supongamos que una empresa en un pequeño país subdesarrollado acepta un crédito a corto plazo de un banco norteamericano por 100 millones de dólares a un interés del 18 %. Una política prudente por parte del país requeriría aumentar las reservas en 100 millones. Las reservas generalmente se tienen en Letras del Tesoro de EE UU, que pagan un 4 %. La verdad es que el país simultáneamente pide prestado a EE UU a un 18 %, y le presta a EE UU a un 4 %. El país en su conjunto no tiene más recursos disponibles para invertir. Los bancos estadounidenses cosechan un jugoso beneficio y EE UU globalmente gana 14 millones de dólares anuales en intereses. Lo difícil es ver cómo esto permite al país en desarrollo crecer más rápidamente. Así expuesto, el asunto no tiene sentido. Hay un problema adicional: un desajuste de incentivos. Con la liberalización de los mercados de capitales los que deciden pedir fondos a corto plazo a los bancos norteamericanos son las empresas del sector privado del país, pero el que debe ajustar sus reservas para preservar una posición prudente es el Estado.

Cuando el FMI defendía la liberalización de los mercados de capitales recurría a un razonamiento simplista: los mercados libres son más eficientes, la mayor eficiencia se traduce en mayor crecimiento. Pasó por alto argumentos como el que acabamos de plantear, y presentó otras consideraciones aparentemente acertadas como, por ejemplo, que sin la liberalización los países no podrían atraer capital extranjero y en especial inversión directa. Los economistas del Fondo jamás reivindicaron ser grandes teóricos; alegaban que su pericia derivaba de su experiencia global y su control de los datos. Llamativamente, ni siquiera los datos avalaban las conclusiones del FMI. China, que recibió la mayor suma de inversión extranjera, no siguió las prescripciones occidentales (salvo la macroestabilidad): prudentemente, impidió la plena liberalización de los mercados de capitales. Los estudios estadísticos más amplios confirmaron que, utilizando las propias definiciones de liberalización del FMI, no generaba más crecimiento e inversión.

Mientras que China demostraba que la liberalización del mercado de capitales no era necesaria para atraer fondos, el hecho fue que, dada la elevada tasa de ahorro en el Este asiático (entre 30 y 40 % del PIB, en vez del 18 % en EE UU y 17-30 %

en Europa), la región apenas necesitaba dinero adicional: ya afrontaba un acuciante desafío para invertir bien su flujo de ahorros.

Los partidarios de la liberalización esgrimieron otro argumento, que resulta particularmente ridículo a la luz de la crisis financiera global desatada en 1997: que la liberalización fomentaría la estabilidad al diversificar las fuentes de financiamiento. La idea era que en tiempos de recesión, los países podrían acudir a los extranjeros para cubrir la deficiencia en los fondos nacionales. Los economistas del FMI jamás pretendieron ser grandes retóricos, pero supuestamente eran personas prácticas, versadas en el mundo real. Seguramente sabrían que los banqueros prefieren prestar a quienes no necesitan su dinero; seguramente habrían visto cómo, cuando los países tienen dificultades, los prestamistas extranjeros sacan su dinero, exacerbando el desplome económico. Observaremos con más detalles por qué la liberalización, en especial cuando es acometida prematuramente, antes del establecimiento de instituciones financieras, incrementó la inestabilidad, pero un hecho es claro: la inestabilidad no sólo conspira contra el crecimiento económico, sino que los costes de la inestabilidad son desproporcionadamente soportados por los más pobres.

El papel de la inversión extranjera

La inversión extranjera no es uno de los tres pilares del Consenso de Washington, pero es una parte clave de la nueva globalización. Según el Consenso de Washington, el crecimiento tiene lugar merced a la liberalización, «destrabar» los mercados. Se supone que la privatización, la liberalización y la macroestabilidad generan un clima que atrae la inversión, incluyendo la extranjera. Esta inversión produce crecimiento. Las empresas extranjeras aportan conocimientos técnicos y acceso a los mercados exteriores, y abren nuevas posibilidades para el empleo. Dichas empresas cuentan también con acceso a fuentes de financiación, especialmente importantes en los países subdesarrollados con instituciones financieras locales débiles. La inversión extranjera directa ha cumplido un papel importante en muchos

–pero no todos– casos de éxito en el desarrollo en países como Singapur y Malaisia e incluso China.

Dicho esto, hay aspectos negativos reales. Cuando llegan las empresas extranjeras a menudo destruyen a los competidores locales, frustrando las ambiciones de pequeños empresarios que aspiraban a animar la industria nacional. Hay muchos ejemplos de esto. Los fabricantes de refrescos en todo el mundo han sido arrollados por la irrupción en sus mercados de la Coca-Cola y la Pepsi. Los fabricantes locales de helados han visto que no pueden competir con los productos de Unilever.

Una forma de pensar sobre esto es recordar la controversia entre las cadenas de grandes almacenes y las tiendas. Cuando Wal Mart se instala en una comunidad, son frecuentes las protestas de las empresas locales, que temen –con razón– ser desplazadas. A los tenderos les preocupa no ser capaces de competir con Wal Mart, cuyo poder de compra es enorme. A la gente que vive en los pueblos le preocupa lo que puede suceder con la personalidad de la comunidad si se acaba con todas las tiendas del lugar. Esas mismas inquietudes son mil veces más intensas en los países subdesarrollados. Tales alarmas son legítimas, aunque es menester recordar que si Wal Mart tiene éxito es porque suministra bienes a los consumidores a precios más bajos. El suministro más eficiente de bienes y servicios a los ciudadanos pobres de los países en desarrollo es sumamente importante, dado lo cerca que viven del nivel de subsistencia.

Pero los críticos plantearon varios puntos. En ausencia de leyes estrictas sobre la competencia –o de una aplicación efectiva de las mismas–, una vez que la empresa internacional expulsa a los competidores locales, emplea su poder monopólico para subir los precios. Los beneficios de los precios bajos fueron efímeros.

Parte de lo que está en juego es una cuestión de ritmo: los empresarios locales aducen que, si se les da tiempo, podrán adaptarse, responder a la competencia y producir bienes eficientemente, y que mantener las empresas nacionales es importante para fortalecer la comunidad, económica y socialmente. El problema, por supuesto, es que demasiado a menudo las políticas inicialmente presentadas como protección temporal frente a la competencia foránea se transforman en permanentes.

Muchas multinacionales han hecho menos de lo que podrían haber hecho para mejorar las condiciones de trabajo en los países subdesarrollados. Han entrado allí para acaparar oportunidades de beneficio a toda prisa. Sólo gradualmente han aceptado las lecciones aprendidas demasiado lentamente en sus países de origen. Conceder mejores condiciones laborales puede fomentar la productividad y reducir los costes generales, o al menos no aumentarlos excesivamente.

Otro campo donde las empresas extranjeras han abrumado a las nacionales es la banca. Los grandes bancos norteamericanos pueden brindar a los depositantes más seguridad que los pequeños bancos locales (salvo que el Estado organice un seguro para los depósitos). El Gobierno de EE UU ha insistido en la apertura de los mercados financieros en los países en desarrollo. Las ventajas son claras: una mayor competencia puede dar lugar a mejores servicios. La fuerza de los bancos extranjeros puede propiciar la estabilidad financiera. Pero la amenaza que la banca extranjera representa para la local es real. Hubo un amplio debate en EE UU sobre el mismo tema. La banca nacional fue objeto de resistencias (hasta que la Administración de Clinton, bajo la influencia de Wall Street, revirtió la posición tradicional del Partido Demócrata), por miedo a que los fondos fluyeran hacia los grandes centros monetarios, como Nueva York, dejando a las zonas distantes sin los fondos que necesitaban. Argentina demuestra los riesgos que conlleva la banca extranjera. En ese país, antes del colapso de 2001, la banca nacional había llegado a ser dominada por bancos extranjeros, y aunque éstos proveen fácilmente de fondos a las multinacionales, y también a las grandes empresas del país, las pequeñas y medianas se quedaron sin capital. Los criterios –y las bases de información– de los bancos internacionales estriban en prestar a sus clientes tradicionales. Puede que al final se expandan hacia otros nichos, o que surjan nuevas entidades financieras para cubrir esa brecha. Y la falta de crecimiento –al que contribuyó la falta de financiación– fue clave en el colapso del país. En Argentina este problema era ampliamente reconocido; el Gobierno adoptó unas medidas tímidas para llenar la brecha del crédito. Pero la financiación pública no podía compensar el fallo del mercado.

La experiencia argentina ilustra algunas lecciones fundamentales. El FMI y el Banco Mundial han subrayado la importancia de la estabilidad bancaria. Es fácil crear bancos sólidos, bancos que no pierden dinero debido a malos préstamos: simplemente hay que exigirles que inviertan en Letras del Tesoro norteamericano. El desafío no es crear bancos solventes sino crear bancos solventes que provean crédito para crecer. Argentina ha demostrado que no hacerlo puede de por sí dar lugar a macroinestabilidad. Debido a la falta de crecimiento ha acumulado crecientes déficit fiscales, y como el FMI ha forzado recortes en el gasto y subidas en los impuestos, se puso en marcha un círculo vicioso descendente de recesión económica y agitación social.

Bolivia es otro ejemplo de cómo los bancos extranjeros contribuyeron a la inestabilidad macroeconómica. En 2001 un banco extranjero muy importante en la economía boliviana decidió, dados los mayores riesgos globales, contener sus préstamos. El cambio súbito en la oferta de crédito empujó a la economía hacia la recesión aún más de lo que ya estaban logrando la caída en los precios de los productos primarios y la desaceleración económica global.

La intrusión de los bancos extranjeros plantea más inquietudes. Los bancos nacionales son más sensibles a lo que suele denominarse *window guidance:* formas sutiles de influencia del banco central, por ejemplo, expandir el crédito cuando la economía necesita un estímulo, y contraerlo cuando aparecen signos de recalentamiento. Es mucho menos probable que los bancos extranjeros respondan a tales señales. Análogamente, es más probable que los bancos nacionales reaccionen ante la presión para abordar deficiencias básicas en el sistema crediticio –grupos desatendidos inmerecidamente, como las minorías y las regiones menos favorecidas–. En EE UU, con uno de los mercados de crédito más desarrollados, dichas deficiencias fueron consideradas tan relevantes que llevaron a la aprobación en 1977 de la Ley de Reinversión Comunitaria, CRA, que impuso exigencias a los bancos para que prestaran a esos grupos y regiones. La CRA ha sido una vía importante, aunque controvertida, para alcanzar cruciales metas sociales.

El financiero no es el único campo en el que la inversión extranjera directa ha sido una ambigua bendición. En algunos casos, los nuevos inversores persuadieron (muchas veces con sobornos) a los gobiernos para que les concedieran privilegios especiales, como protección arancelaria. En muchos casos los gobiernos norteamericano, francés o de otros países industrializados avanzados presionaron, reforzando la noción de los países en desarrollo de que era perfectamente correcto que las autoridades intervinieran en el sector privado y presumiblemente cobraran de él. En algunos casos, el papel del Estado parecía relativamente inocuo (aunque no necesariamente incorruptible). Cuando el Secretario de Comercio de EE UU, Ron Brown, viajaba al exterior, lo acompañaban empresarios estadounidenses que buscaban contactar con esos mercados emergentes y entrar en ellos. Presumiblemente, las posibilidades de conseguir un asiento en el avión aumentaban si uno realizaba contribuciones significativas a la campaña.

En otros casos, se pedía que un gobierno contrapesase la influencia de otro. En Costa de Marfil, mientras Francia apoyaba las intenciones de Telecom de excluir la competencia de una empresa de telefonía celular independiente (norteamericana), EE UU presionó a favor de la firma americana. Pero en muchos casos, los gobiernos fueron más allá de lo que era razonable. En Argentina, los franceses presionaron para modificar las condiciones de la concesión de una empresa de aguas (Aguas Argentinas), después de que la sociedad matriz gala (Suez Lyonnaise) que había firmado los acuerdos comprobó que eran menos rentables de lo que había pensado.

Quizá lo más preocupante fue el papel desempeñado por los gobiernos, incluido el estadounidense, al forzar a las naciones a cumplir compromisos que eran sumamente injustos para los países en desarrollo y demasiadas veces llevaban la firma de autoridades corruptas. En Indonesia, en la reunión de los líderes de la APEC (Cooperación Económica Asia-Pacífico) en Yakarta en 1994, el presidente Clinton animó a las empresas norteamericanas a invertir en Indonesia. Muchas lo hicieron, y a menudo en condiciones sumamente favorables (con indicios de que la corrupción «engrasó las ruedas», en perjuicio del pueblo indonesio). Análogamente, el Banco Mundial estimuló acuerdos con el sector privado allí y en otros países, como Pakistán. Estos contratos incluían cláusulas por las que el Estado se comprometía a comprar grandes cantidades de electricidad a precios muy altos (las llamadas cláusulas de acuerdo firme de compra). El sector privado se llevaba los beneficios y el Estado asumía el riesgo. Ya de por sí eran una cosa mala. Pero cuando los gobiernos corruptos fueron derrocados (Mohamed Suharto en Indonesia en 1998, Nawaz Sharif en Pakistán en 1999), la Administración estadounidense presionó a los gobiernos ulteriores para que cumplieran los contratos y no suspendieran los pagos, o al menos que renegociaran los términos de los contratos. Hay una larga historia de contratos «injustos» cuyo cumplimiento fue forzado por las autoridades occidentales[1].

La lista de las legítimas reclamaciones contra la inversión extranjera directa tiene más aspectos. Dicha inversión a menudo sólo florece merced a privilegios especiales arrancados a los Estados. La economía convencional se centra en las distorsiones de incentivos a que dichos privilegios dan lugar, pero hay una faceta aún más insidiosa: esos privilegios con frecuencia son el resultado de la corrupción, del soborno a funcionarios del gobierno. La inversión extranjera directa sólo llega al precio de socavar los procesos democráticos. Esto es particularmente cierto en las inversiones en minería, petróleo y otros recursos naturales, donde los extranjeros tienen un incentivo real para obtener concesiones a precios bajos.

Además, dichas inversiones padecen otros efectos adversos, y a menudo no promueven el crecimiento. La renta generada por las concesiones en la minería puede ser cuantiosa, pero el desarrollo es una transformación de la sociedad. Una inversión en una mina –digamos, en una región remota de algún país– apenas colabora en la transformación del desarrollo, más allá de los recursos que genera. Puede contribuir a crear una economía dual, una economía con bolsas de riqueza. Pero una economía dual no es una economía desarrollada. De hecho, el flujo de recursos puede a veces bloquear el desarrollo, a través de un mecanismo denominado «la enfermedad holandesa». La entrada de capital lleva a una apreciación de la moneda, que abarata las importa-

1. Por poner sólo un ejemplo, véase P. Waldman, «How U. S. companies and Suharto's cycle electrified Indonesia», *Wall Street Journal*, 23 de diciembre de 1998.

ciones y encarece las exportaciones. El nombre proviene de la experiencia de Holanda tras el descubrimiento de gas en el mar del Norte. Las ventas de gas natural apreciaron la divisa holandesa y perjudicaron gravemente a las demás industrias exportadoras del país. Para Holanda el problema fue serio pero soluble; sin embargo, para los países en desarrollo puede ser especialmente arduo.

Peor aún, la disponibilidad de recursos puede alterar los incentivos; como vimos en el capítulo 2, más que asignar energía a crear riqueza, en muchos países bien dotados con recursos los esfuerzos se orientan a la apropiación de ingresos que los economistas llaman «rentas» vinculadas a los recursos naturales.

Las instituciones financieras internacionales tendieron a desdeñar los problemas que acabo de bosquejar. En cambio, la prescripción del FMI para crear empleo –cuando se ocupaba de este asunto– era sencilla: eliminar la intervención pública (en la forma de regulaciones opresivas), reducir impuestos, contener la inflación todo lo posible e invitar a entrar a empresarios extranjeros. En cierto sentido, incluso aquí la política reflejaba la mentalidad colonial descrita en el capítulo anterior: por descontado, los países en desarrollo debían depender de los extranjeros para conseguir empresarios. No importaba el éxito espectacular de Corea y Japón, en los que la inversión foránea no cumplió ningún papel. En muchos casos, como en Singapur, China y Malaisia, que frenaron los abusos de la inversión extranjera, esta inversión directa desempeñó un papel fundamental, pero no tanto por el capital (que en realidad, dada la elevada tasa de ahorro, no era necesario), y ni siquiera por la capacidad empresarial, sino por el acceso a mercados y nuevas tecnologías.

Secuencias y ritmos

De todos los desatinos del FMI, los que han sido objeto de más atención han sido los relativos a las secuencias y los ritmos, y su falta de sensibilidad ante los grandes contextos sociales: el forzar la liberalización antes de instalar redes de seguridad, antes de que hubiera un marco regulador adecuado, antes de que los países pudieran resistir las consecuencias adversas de los cambios súbitos en las impresiones del mercado que son parte esencial del capitalismo moderno; el forzar políticas que destruían empleos antes de sentar las bases para la creación de puestos de trabajo; el forzar la privatización antes de la existencia de marcos adecuados de competencia y regulación. Muchos de los errores en las secuencias reflejaron confusiones básicas tanto de los procesos económicos como políticos, confusiones particularmente asociadas con los seguidores del fundamentalismo del mercado. El FMI sostenía, por ejemplo, que una vez establecidos los derechos de propiedad, todo lo demás se seguiría de modo natural, incluyendo las instituciones civiles y las estructuras legales que hacen funcionar a las economías de mercado.

Tras la ideología del libre mercado hay un modelo, que suele ser atribuido a Adam Smith, según el cual las fuerzas del mercado –la motivación del beneficio– dirigen la economía hacia resultados eficientes *como si la llevara una mano invisible*. Uno de los grandes logros de la economía moderna es haber mostrado el sentido en que y las condiciones bajo las cuales la conclusión de Smith es correcta. Tales condiciones son sumamente restrictivas[1]. De hecho, los avances más recientes de la teoría económica –realizados irónicamente justo durante el período de seguimiento más inexorable de las políticas del Consenso de Washington– han probado que cuando la información es imperfecta y los mercados incompletos (es decir: siempre, y especialmente en los países en desarrollo), entonces la mano invisible funciona de modo muy deficiente. Lo significativo es que hay intervenciones estatales deseables que, en principio, pueden mejorar la eficiencia del

1. Adam Smith planteó la idea de que los mercados por sí mismos producen resultados eficientes en su clásico libro *La riqueza de las naciones*, escrito en 1776, el mismo año de la Declaración de la Independencia. La prueba matemática formal –que especifica las condiciones bajo las cuales era verdad– fue aportada por dos ganadores del premio Nobel, Gerard Debreu, de la Universidad de California en Berkeley (galardonado en 1983), y Kenneth Arrow (galardonado en 1982), de la Universidad de Stanford. La conclusión básica de que cuando la información es imperfecta o los mercados son incompletos el equilibrio competitivo no es (con restricción de Pareto) eficiente se debe a B. Greenwald y J. E. Stiglitz, «Externalities in economies with imperfect information and incomplete markets», *Quarterly Journal of Economics*, vol. 101, n.º 2, mayo de 1986, pp. 229-264.

mercado. Tales restricciones en las condiciones bajo las cuales los mercados operan eficientemente son importantes; muchas de las actividades fundamentales del Estado pueden ser entendidas como respuestas a los fallos del mercado que de ellas resultan. Hoy sabemos que si la información fuera perfecta los mercados financieros casi no tendrían un papel que cumplir –y muy pequeño sería el de la regulación del mercado financiero–. Si la competencia fuera automáticamente perfecta, no habría lugar para las autoridades antimonopolio.

Pero las políticas del Consenso de Washington se fundaban en un modelo simplista de la economía de mercado, el modelo de equilibrio competitivo, en el cual la mano invisible de Adam Smith opera y lo hace a la perfección. Como en este modelo el Estado no es necesario –o sea, los mercados «liberales», sin trabas, funcionan perfectamente– las políticas del Consenso de Washington son a veces denominadas «neoliberales» o «fundamentalismo del mercado», resurrección de las políticas de *laissez faire* que fueron populares en algunos círculos en el siglo XIX. Tras la Gran Depresión y el reconocimiento de otros fallos en el sistema de mercado, desde la desigualdad masiva hasta ciudades invivibles sumidas en la contaminación y la decadencia, esas políticas de libre mercado han sido ampliamente rechazadas en los países industrializados más avanzados, aunque sigue vivo el debate sobre cuál es el equilibrio apropiado entre el Estado y el mercado.

Incluso si la mano invisible de Smith fuese relevante para los países más industrializados, sus condiciones no son satisfechas en los países subdesarrollados. El sistema de mercado requiere derechos de propiedad claramente establecidos y tribunales que los garanticen, algo que a menudo no existe en los países en desarrollo. El sistema de mercado requiere competencia e información perfecta. Pero la competencia es limitada y la información está lejos de ser perfecta; y unos mercados competitivos que funcionen bien no pueden ser establecidos de la noche a la mañana. La teoría dice que una economía de mercado eficiente requiere que todos sus supuestos se cumplan. En algunos casos, las reformas en un sector, sin reformar otros, pueden de hecho empeorar las cosas. Éste es el problema de la secuencia. La ideología desprecia estos asuntos: aconseja simplemente moverse hacia una economía de mercado lo más rápido que se pueda. Pero la teoría y la historia económicas demuestran lo desastroso que puede ser desdeñar la secuencia.

Los errores descritos en la liberalización comercial y del mercado de capitales, y en la privatización, son errores de secuencia a gran escala. Los errores en pequeña escala apenas son noticia en los periódicos occidentales. Constituyen tragedias cotidianas de las políticas del FMI que afectan a los ya desesperados pobres del mundo subdesarrollado. Por ejemplo, muchos países tienen juntas de comercialización que compran productos a los agricultores y los comercializan local e internacionalmente. Son a menudo fuente de ineficiencia y corrupción, y los agricultores perciben sólo una fracción del precio final. Aunque tiene poco sentido que el Estado acometa esta actividad, si la abandona precipitadamente ello no significa que de modo automático surja un sector privado vibrantemente competitivo.

Varios países de África occidental suprimieron las juntas de comercialización debido a las presiones ejercidas por el FMI y el Banco Mundial. En algunos casos eso pareció funcionar bien, pero en otros, cuando fue eliminada la junta de comercialización, se impuso un sistema de monopolios locales. El capital limitado restringía la entrada en este mercado. Pocos agricultores podían permitirse comprar un camión para llevar su producción al mercado. Dada la falta de bancos, tampoco podían endeudarse para conseguir los fondos necesarios. En algunos casos, la gente se las ingenió para conseguir camiones y transportar sus bienes, y el mercado al principio funcionó bien; pero después este lucrativo negocio se convirtió en origen de la mafia local. En cualquier circunstancia, los beneficios netos prometidos por el FMI y el BM no se concretaron. La recaudación fiscal disminuyó, los campesinos no mejoraron y sólo un puñado de empresarios locales (mafiosos y políticos) prosperaron notablemente.

Muchas juntas de comercialización también practican una política de precio uniforme: pagan el mismo precio a los campesinos independientemente del lugar donde estén. Aunque parece «justo», los economistas ponen objeciones a esta política porque efectivamente requiere que los agricultores cercanos a los mercados subsidien a los que están más lejos. En una competencia de mercado, los agricultores lejanos al lugar donde se venden los bienes cobran precios menores: soportan el coste de transporte de sus bienes hasta el mercado. El FMI forzó a un país africano a abandonar el precio uniforme antes de que contara con una adecuada red de carreteras. El precio cobrado en los lugares más aislados se derrumbó súbitamente, porque tenían que sufragar los costes del transporte. Como consecuencia, la renta en algunas de las regiones más pobres del país se hundió y las penalidades se extendieron. El sistema de precios del FMI pudo haber acarreado algunas ventajas en términos de más eficiencia, pero hay que comparar esas ventajas con los costes sociales. Una secuencia y unos ritmos apropiados habrían permitido cosechar ganancias de eficiencia sin tales costes.

Hay una crítica más fundamental al enfoque del consenso entre el FMI y Washington: no reconoce que el desarrollo requiere una transformación de la sociedad. Uganda comprendió esto cuando eliminó radicalmente el pago de todas las matrículas escolares, algo que los contables presupuestarios, que sólo se fijan en ingresos y costes, simplemente no podían entender. Parte de la liturgia de la economía del desarrollo actual es el énfasis en la educación primaria universal, incluidas las niñas. Incontables estudios han probado que los países que, como los del Este asiático, invierten en educación primaria, niñas incluidas, han mejorado. Pero en algunos países muy pobres, como los africanos, ha sido arduo conseguir una alta tasa de matriculación, sobre todo para las niñas. La razón es sencilla: las familias pobres apenas tienen lo suficiente como para sobrevivir, no ven que haya un beneficio directo en la educación de las hijas, y el sistema educativo ha sido orientado a fomentar las oportunidades mediante empleos en el sector urbano, considerados más adecuados para los hombres. La mayoría de los países, ante acuciantes restricciones presupuestarias, siguieron el Consenso de Washington y cobraron por las matrículas. Su razonamiento era que los estudios estadísticos indicaban que unos pagos moderados tenían un impacto reducido sobre la matriculación. Pero el presidente de Uganda, Museveni, no pensaba así. Sabía que tenía que crear una cultura en donde la expectativa fuera que todo el mundo asistiera a la escuela. Y sabía que no podría lograrlo si las matrículas se cobraban. De modo que hizo caso omiso del consejo de los expertos foráneos y sencillamente abolió los pagos. La matriculación subió muchísimo. Las familias vieron que las demás enviaban a todos los niños al colegio, y decidieron también ellas mandar a las niñas. Lo que los estudios estadísticos simplistas pasan por alto es el poder del cambio sistémico.

Si las estrategias del FMI se hubiesen limitado a fracasar a la hora de alcanzar todo el potencial del desarrollo, eso ya hubiese sido malo. Pero en muchos lugares los fracasos retrasaron la agenda del desarrollo al corroer innecesariamente el tejido social. Es inevitable que el proceso de desarrollo y los cambios rápidos representen enormes esfuerzos para la sociedad. Las autoridades tradicionales son desafiadas y las relaciones tradicionales revisadas. Por eso el desarrollo exitoso atiende con cuidado a la estabilidad social, una gran lección no sólo del caso de Botsuana, mencionado en el capítulo anterior, sino también del de Indonesia, que veremos en el próximo, donde el FMI insistió en abolir los subsidios a los alimentos y el queroseno (combustible empleado en la cocina de los pobres), cuando las políticas del FMI habían exacerbado la recesión del país, las rentas y salarios caían y el paro subía. Los disturbios subsiguientes dañaron el tejido social del país, agudizando la depresión. La abolición de los subsidios no sólo fue una mala política social: fue una mala política económica.

No se trató de los primeros desórdenes inspirados por el FMI y, de haber sido sus consejos seguidos con más generalidad, sin duda habría habido más. En 1995, durante mi estancia en Jordania en una reunión con el príncipe heredero y altos funcionarios del Gobierno, el FMI recomendó recortar los subsidios a los alimentos para mejorar el presupuesto del Estado. Casi lo logran, pero el rey Hussein intervino y lo impidió. Disfrutaba con su puesto, estaba haciendo un excelente trabajo y aspiraba a mantenerlo. En el muy volátil Oriente Próximo, unos disturbios por razones alimentarias bien podrían haber derribado al Gobierno y con él la frágil paz en la región. Comparados con la eventual magra mejoría presupuestaria, tales acontecimientos habrían sido mucho más perjudiciales para el objetivo de la prosperidad. La estrecha visión económica del FMI le imposibilitaba situar el problema en un contexto más amplio.

Los desórdenes son en realidad como la punta del iceberg: llaman la atención de todos hacia el hecho simple de que los marcos sociales y políticos no pueden ser pasados por alto. Pero había otros problemas. En los años ochenta América Latina necesitaba un mejor equilibrio en sus presupuestos y un mayor control de la inflación; la excesiva austeridad provocó un paro elevado, sin redes de seguridad adecuadas, lo que a su vez alimentó altos niveles de violencia urbana, un entorno que difícilmente fomenta la inversión. Los conflictos civiles en África han sido un factor relevante en el retraso de su agenda de desarrollo. Los estudios del Banco Mundial prueban que tales refriegas están sistemáticamente asociadas a factores económicos adversos, incluyendo el paro que puede ser producido por la austeridad excesiva. Puede que una inflación moderada no sea el ideal para crear un ámbito propicio para la inversión, pero la violencia y las contiendas civiles son peores.

Hoy día reconocemos que existe un «contrato social» que vincula a los ciudadanos entre sí y con su Estado. Cuando las políticas gubernamentales abrogan el contrato social, los ciudadanos pueden no cumplir sus «contratos» recíprocos, o con el gobierno. El mantenimiento del contrato social es particularmente importante, y difícil, ante los levantamientos sociales que a menudo acompañan la transformación del desarrollo. En los celosos cálculos de la macroeconomía del FMI con frecuencia no hay sitio para tales inquietudes.

Economía de la filtración

Una parte del contrato social contempla la «equidad»: que los pobres compartan las ganancias de la sociedad cuando crece y que los ricos compartan las penurias sociales en momentos de crisis. Las políticas del Consenso de Washington casi no prestaron atención a cuestiones de distribución o «equidad». Si eran presionados, muchos de sus partidarios replicarían que la mejor manera de ayudar a los pobres era conseguir que la economía creciera. Creían en la economía de la filtración que afirma que finalmente los beneficios del crecimiento se filtran y llegan incluso a los pobres. La economía de la filtración nunca fue mucho más que una creencia, un artículo de fe. Durante el siglo XIX el pauperismo pareció extenderse en Inglaterra, a pesar de que el país en su conjunto prosperó. El ejemplo reciente más dramático lo brindó EE UU en los años ochenta: la economía creció, pero quienes vivían en una escala inferior vieron cómo sus rentas reales descendían. La Administración de Clinton se opuso enérgicamente a la economía de la filtración: creían que eran imprescindibles los programas activos de ayuda a los pobres. Cuando dejé la Casa Blanca para ir al Banco Mundial, llevé conmigo el mismo escepticismo con respecto a la economía de la filtración: si no había funcionado en EE UU, ¿por qué iba a hacerlo en los países en desarrollo? Aunque es verdad que no se pueden lograr reducciones sostenidas de la pobreza sin un fuerte crecimiento económico, lo contrario no es cierto: el crecimiento no beneficia necesariamente a todos. No es verdad que «la marea alta levanta todos los barcos». A veces, una marea que sube velozmente, en especial cuando la acompaña una tormenta, arroja contra la orilla los barcos más débiles y los hace añicos.

A pesar de los obvios problemas que padece la economía de la filtración, ostenta un buen linaje intelectual. Un premio Nobel, Arthur Lewis, aseveró que la desigualdad era buena para el desarrollo y el crecimiento económico, porque los ricos ahorran más que los pobres, y la clave del crecimiento era la acumulación de capital. Otro premio Nobel, Simon Kuznets, sostuvo que en los estadios iniciales del desarrollo la desigualdad crecía, pero que esta tendencia se revertía después[1].

La historia de los últimos cincuenta años no ha confirmado esas teorías e hipótesis. Como veremos en el capítulo siguiente, los países del Este asiático –Corea del Sur, China, Taiwan, Japón– probaron que unos ahorros elevados no exigían una abultada desigualdad y que un crecimiento rápido podía ser alcanzado sin un incremento sustancial en la desigualdad. Como los gobiernos no creyeron que el crecimiento beneficiaría automáticamente a los pobres, y sí que una mayor igualdad promovería de hecho el crecimiento, los gobiernos de la región adoptaron medidas activas para asegurar que la marea alta del crecimiento

1. Véanse: W. A. Lewis, «Economic Development with unlimited supplies of labor», *Manchester School,* vol. 22, 1954, pp. 139-191, y S. Kuznets, «Economic growth and income inequality», *American Economic Review,* vol. 45, n.º 1, 1955, pp. 1-28.

reflotara a todos los barcos, que se redujeran las desigualdades salariales y que se extendieran algunas oportunidades educativas a todos los ciudadanos. Sus políticas llevaron a la estabilidad social y política, que a su vez favoreció un entorno económico donde florecieron los negocios. El recurso a nuevas reservas de talento aportó la energía y las capacidades humanas que contribuyeron al dinamismo de la región.

En otros lugares, en aquellos donde los gobiernos adoptaron las políticas del Consenso de Washington, los pobres se beneficiaron mucho menos del crecimiento. En América Latina el crecimiento no vino acompañado de una reducción de la desigualdad y ni siquiera de la pobreza. En algunos casos la pobreza de hecho aumentó, como lo prueban los barrios pobres que jaspean el paisaje urbano. El FMI se vanagloria del progreso latinoamericano en términos de reformas de mercado durante la pasada década (ahora no tanto, tras el colapso del mejor alumno, Argentina, y la recesión y el estancamiento que afligieron a muchos de los países «reformistas» durante el último lustro), pero habla poco sobre el número de los pobres.

Es evidente que el crecimiento por sí solo no siempre mejora el nivel de vida de la población de un país. No es sorprendente que la frase «filtración» haya salido del debate político aunque, con una ligera mutación, la idea pervive; llamo a esta nueva variante la «filtración plus». Sostiene que el crecimiento es necesario y casi suficiente para reducir la pobreza; lo que implica que la mejor estrategia es simplemente concentrarse en el crecimiento y abstenerse de mencionar asuntos como la educación y salud de las mujeres. Pero los partidarios de la «filtración plus» fracasaron a la hora de aplicar políticas que efectivamente abordaran el problema general de la pobreza y ni siquiera asuntos específicos como la educación femenina. En la práctica, los defensores de la «filtración plus» siguieron más o menos con las mismas políticas que antes, y con los mismos efectos adversos. Las abiertamente restrictivas «políticas de ajuste» forzaron en un país tras otro retrocesos en educación y salud: a consecuencia de ello, en Tailandia no sólo aumentó la prostitución sino que los gastos en el sida fueron recortados marcadamente, y lo que había sido uno de los programas de lucha contra el sida más exitosos del mundo padeció un serio revés.

Irónicamente, uno de los grandes partidarios de la «filtración» fue el Tesoro de EE UU bajo la Administración de Clinton. En la política local, esa Administración contuvo un amplio abanico de posiciones, desde los Nuevos Demócratas, que aspiraban a un papel más limitado del Estado, hasta los Viejos Demócratas, que buscaban más intervención pública. Pero la visión central, reflejada en el Informe Económico anual para el presidente (preparado por el Consejo de Asesores Económicos), se oponía vigorosamente a la economía de la filtración, y también de la filtración plus. Teníamos pues al Tesoro norteamericano recomendando en otros países políticas que, si las hubiese propiciado en EE UU, habrían merecido serias resistencias desde la propia Administración, y se habrían desechado con casi total seguridad. La razón de esta aparente contradicción era sencilla: el FMI y el Banco Mundial caían dentro del campo del Tesoro, y allí podían, con pocas excepciones, propugnar sus puntos de vista igual que los restantes Departamentos lo hacían en sus respectivos dominios.

Prioridades y estrategias

Es importante prestar atención no sólo a lo que el FMI incluye en su agenda sino también a lo que excluye. La fiscalidad, y sus efectos dañinos, está en la agenda; la reforma agraria, no. Hay dinero para rescatar bancos pero no para mejorar la educación y la salud, y menos aún para rescatar a los trabajadores que pierden sus empleos como resultado de la mala gestión macroeconómica del FMI.

Muchos de los capítulos que no figuraban en el Consenso de Washington habrían podido dar lugar tanto a un mayor crecimiento como a una mayor igualdad. La propia reforma agraria ilustra las opciones en liza en bastantes países. En numerosas naciones subdesarrolladas un puñado de ricos posee el grueso de la tierra. Una amplia mayoría de la población trabaja como agricultores arrendatarios y se queda con apenas la mitad de lo que produce o menos. A esto se denomina aparcería. El sistema de aparcería debilita los incentivos; cuando los campesinos pobres comparten equitativamente con los terratenientes, los efectos de esto equivalen a un impuesto del 50 % sobre los pobres. El FMI batalla contra los elevados tipos impositivos sobre los ricos y señala que destruyen los incentivos, pero no dice prácticamente nada sobre estos impuestos ocultos. La reforma agraria, adecuadamente implantada, que asegure que los trabajadores no sólo tengan tierra sino también acceso al crédito y a los servicios de extensión que les enseñen cómo utilizar nuevas semillas y técnicas de plantación, podría impulsar notablemente la producción. Pero la reforma agraria comporta un cambio fundamental en la estructura de la sociedad, no necesariamente del agrado de la elite que puebla los ministerios de Hacienda, con lo cual interactúan las instituciones financieras internacionales. Si dichas entidades estuvieran realmente preocupadas por el crecimiento y el alivio de la pobreza, prestarían mucha atención a este asunto; la reforma agraria precedió varios de los casos de desarrollo con éxito, como los de Corea y Taiwan.

Otro rubro descuidado fue la regulación del sector financiero. Cuando se centró en la crisis latinoamericana a comienzos de los ochenta, el FMI aseveraba que las crisis eran ocasionadas por las políticas fiscales imprudentes y por las políticas monetarias demasiado laxas. Pero en todo el mundo las crisis han revelado una tercera fuente de inestabilidad: una inadecuada regulación del sector financiero. Sin embargo, el FMI insistió en reducir las regulaciones, hasta que la crisis del Este asiático lo obligó a cambiar de rumbo. Si el FMI y el Consenso de Washington pusieron poco énfasis en la reforma agraria y la regulación del sector financiero, en muchos lugares el énfasis en la inflación fue exagerado. Por supuesto, en regiones como América Latina, donde la inflación había sido rampante, se trataba de algo que merecía atención. Pero al centrarse el FMI excesivamente en la inflación, llevó a altas tasas de interés y tipos de cambio, creando paro y no crecimiento. Los mercados financieros pudieron estar satisfechos con las reducidas cifras de inflación, pero los trabajadores –y los preocupados por el problema de la pobreza– no estaban contentos con el crecimiento débil y el paro elevado.

Por fortuna, la reducción de la pobreza se ha transformado en una prioridad creciente del desarrollo. Vimos antes que las estrategias de la «filtración» y de la «filtración plus» no han funcionado. A pesar de ello, es verdad que en promedio los países que más han crecido son los que más han reducido la pobreza, como China y el Este asiático demuestran ampliamente. También es verdad que la erradicación de la pobreza exige recursos, y sólo cabe obtener recursos mediante el crecimiento. Por tanto, la existencia de una correlación entre crecimiento y disminución de la pobreza no debería sorprender. Ahora bien, esta correlación no prueba que las estrategias de la filtración (o la filtración plus) constituyen la mejor vía para atacar la pobreza. Al contrario, las estadísticas indican que algunos países han crecido sin recortar la pobreza y que algunos países, para una misma tasa de crecimiento, han tenido a la hora de mitigar la pobreza mucho más éxito que otros. La cuestión no es estar a favor o en contra del crecimiento. En algunos sentidos el debate crecimiento/pobreza pareció absurdo; después de todo, casi todos confían en el crecimiento.

La cuestión tiene que ver con el impacto de políticas concretas. Algunas políticas promueven el crecimiento pero apenas ejercen efectos sobre la pobreza; algunas fomentan el crecimiento pero de hecho aumentan la pobreza; y algunas producen el crecimiento y reducen la pobreza al mismo tiempo. Estas últimas son denominadas estrategias de crecimiento pro pobres. A veces son políticas de ganancia para todos, como la reforma agraria o el mejor acceso a la educación de los pobres, que proponen más crecimiento y más igualdad. Pero en muchas otras ocasiones tienen aspectos negativos. La liberalización comercial puede a veces fomentar el crecimiento, pero al mismo tiempo, al menos a corto plazo, extenderá la pobreza –especialmente si se hace a gran velocidad– a medida que algunos trabajadores sean despedidos. Y a veces hay políticas de pérdida para todos, que no propician el crecimiento pero expanden significativamente la desigualdad. Un ejemplo de esto en muchos países ha sido la liberalización de los mercados de capitales. El debate crecimiento/pobreza versa sobre estrategias de desarrollo, estrategias que buscan políticas que contengan la pobreza y animen el crecimiento, y que descartan políticas que eleven la pobreza a cambio de un crecimiento modesto o nulo, y que, al ponderar situaciones con costes y beneficios, concedan un peso importante al impacto sobre los pobres.

Comprender las opciones requiere comprender las causas y la naturaleza de la pobreza. No es que los pobres sean perezosos: a menudo trabajan más esforzadamente y durante más tiempo que los más pudientes. Muchos son presa de una serie de círculos viciosos: la falta de comida produce enfermedad, lo que limita su capacidad de generar ingresos, lo que empeora aún más su salud. Como bastante hacen con sobrevivir, no pueden enviar a sus hijos al colegio, y sin educación los niños están condenados a una pobreza de por vida. La pobreza es un legado que pasa de una generación a la siguiente. Los campesinos pobres no pueden pagar los fertilizantes y las semillas de alto rendimiento que podrían incrementar su productividad.

Éste es sólo uno de los muchos círculos viciosos que acosan a los pobres. Partha Dasgupta, de la Universidad de Cambridge, ha subrayado otro. En los países pobres, como Nepal, los pobres no tienen más fuente de energía que los bosques cercanos; pero a medida que agotan los bosques para satisfacer las necesidades elementales de calefacción y cocina, el suelo se erosiona y con un medio ambiente que se degrada están condenados a vivir en una creciente pobreza.

Con la pobreza llega la sensación de impotencia. Para elaborar su Informe Mundial del Desarrollo 2000, el Banco Mundial entrevistó a miles de pobres en un ejercicio que fue llamado «Las voces de los pobres». Aparecen varios temas, no sorprendentes. Los pobres sienten que no tienen voz y que no controlan su propio destino; son golpeados por fuerzas que no pueden contener.

Y los pobres se sienten inseguros. No sólo son sus rentas inciertas –los cambios en las circunstancias económicas, que no manejan, pueden llevar a que caigan los salarios reales y que pierdan sus empleos, algo dramáticamente ilustrado por la crisis del Este asiático– sino que afrontan riesgos en su salud y continuas amenazas de violencia, a veces de otros pobres que tratan contra viento y marea de satisfacer las necesidades de sus familias, a veces de la policía y otras autoridades. Mientras que algunos en los países desarrollados se impacientan con las deficiencias de los seguros sanitarios, en los países subdesarrollados se vive sin seguro alguno, ni de paro ni de salud ni de pensión. La única red de seguridad viene proporcionada por la familia y la comunidad, y por eso es tan importante en el proceso de desarrollo procurar preservar estos vínculos.

Para aliviar la inseguridad –debida al capricho de un patrón explotador o al de un mercado cada vez más azotado por las tormentas internacionales– los trabajadores han batallado para conseguir más seguridad en el empleo. Pero aunque los trabajadores han luchado por «empleos decentes», el FMI lo ha hecho por lo que eufemísticamente denomina «flexibilidad del mercado laboral», que suena como poco más que hacer funcionar mejor al mercado de trabajo, pero en la práctica ha sido simplemente una expresión en clave que significa salarios más bajos y menor protección laboral.

No todas las facetas dañinas para los pobres de las políticas del Consenso de Washington eran previsibles, pero ahora ya aparecen claramente. Hemos visto cómo la liberalización comercial acompañada de altos tipos de interés es una receta prácticamente infalible para la destrucción de empleo y la creación de paro a expensas de los pobres. La liberalización del mercado financiero no acompañada de un marco regulatorio adecuado es una receta prácticamente infalible para la inestabilidad económica, y puede llevar a que los tipos de interés más elevados vuelvan más difícil que los campesinos pobres puedan comprar las semillas y los fertilizantes que les permitan salir del nivel de subsistencia. La privatización, sin políticas de competencia y vigilancia que impidan los abusos de los poderes monopólicos, puede terminar en que los precios al consumo sean más altos y no más bajos. La austeridad fiscal, perseguida ciegamente, en las circunstancias equivocadas, puede producir más paro y la ruptura del contrato social.

Si el FMI subestimó los riesgos que sus estrategias de desarrollo conllevaban para los pobres, también subestimó los costes sociales y políticos a largo plazo de medidas que devastaron las clases medias y sólo enriquecieron a un puñado de opulentos, y que sobrestimó los beneficios de sus políticas fundamentalistas del mercado. Las clases medias han sido tradicionalmente el grupo que ha insistido en el imperio de la ley, que ha propugnado la educación pública universal y que ha recomendado la creación de una red social de seguridad. Se trata de elementos esenciales de una economía sana, y la erosión de la clase media ha traído aparejada una erosión concomitante del respaldo a tan importantes reformas.

Además de subestimar los costes de sus programas, el FMI

sobrestimó las ventajas. Veamos el problema del paro. Para el FMI y los otros que creen que cuando los mercados funcionan normalmente la demanda siempre debe igualar a la oferta, el paro es un síntoma de una interferencia en el libre juego del mercado. Los salarios son demasiado elevados (por ejemplo, por el poder de los sindicatos). El remedio obvio ante el paro era reducir los salarios, dicha reducción expandiría la demanda de trabajo y más gente llenaría las plantillas laborales. La teoría económica moderna (en particular las teorías basadas en la información asimétrica y los contratos incompletos) ha explicado que incluso con mercados muy competitivos, incluidos los laborales, el paro puede persistir –y así el argumento según el cual el paro debe de originarse en los sindicatos o en los salarios mínimos legales es sencillamente falso–, pero existe además otra crítica a la estrategia de reducir los salarios. Los menores salarios pueden inducir a algunas empresas a contratar más trabajadores, pero el número de los nuevos contratados puede ser relativamente escaso y los apuros provocados por los menores salarios a todos los demás trabajadores pueden ser muy serios. Los empleadores y propietarios del capital pueden estar felices y ver cómo aumentan sus beneficios. ¡Ellos sí aplaudirán entusiastas el modelo fundamentalista de mercado del FMI y sus prescripciones políticas! Otro ejemplo de esta estrecha visión es el exigir a los ciudadanos de los países en desarrollo que paguen la enseñanza escolar. Los que abogaban por imponer dichos pagos argumentaban que habría un efecto insignificante en la matriculación, y que el Estado necesitaba urgentemente esos ingresos. La ironía estribaba en que el modelo simplista estimaba incorrectamente el impacto sobre el número de matriculados de la eliminación de los pagos de las matrículas; como no tenía en cuenta los efectos sistémicos de la política, no sólo pasaba por alto el impacto general sobre la sociedad sino que incluso fracasaba en los intentos más limitados de estimar con precisión las consecuencias en la matriculación escolar.

El FMI alentaba una visión demasiado optimista sobre los mercados y demasiado pesimista sobre el Estado, que si no era la raíz de todo mal, ciertamente formaba parte más del problema que de la solución. Pero la falta de preocupación acerca de los pobres no era sólo cuestión de opiniones sobre el mercado y el

Estado, opiniones según las cuales el mercado lo arreglaría todo y el Estado sólo empeoraría las cosas; era también cuestión de valores: lo comprometidos que debemos estar con los pobres y quién debería soportar qué riesgos.

Los resultados de las políticas promulgadas por el Consenso de Washington no han sido satisfactorios: en la mayoría de los países que abrazaron sus dogmas el desarrollo ha sido lento y allí donde sí ha habido crecimiento sus frutos no han sido repartidos equitativamente; las crisis han sido mal manejadas; la transición del comunismo a una economía de mercado ha sido (como veremos) frustrante. En los países en desarrollo hay preguntas de fondo. Quienes siguieron las recetas y soportaron la austeridad plantean: ¿cuándo veremos los frutos? En América Latina, tras una breve etapa de crecimiento a comienzos de los años noventa llegaron el estancamiento y la recesión. El crecimiento no fue sostenido; algunos dirán que no era sostenible. Y en la actualidad, los registros de crecimiento de la llamada era posreformas no son mejores, y en algunos países son mucho peores que el período anterior de la sustitución de importaciones de los años cincuenta y sesenta (cuando los países recurrieron a políticas proteccionistas para ayudar a que las industrias nacionales compitieran con las importaciones). El crecimiento de la región en los noventa, el 2,9 % como media anual después de las reformas, apenas superó la mitad del experimentado en los años sesenta: el 5,4 %. En perspectiva las estrategias de crecimiento de los años cincuenta y sesenta no fueron sostenidas (los críticos dirán que no eran sostenibles), pero la ligera subida a principios de los noventa tampoco se sostuvo (también los críticos dirán que era insostenible). De hecho, los críticos del Consenso de Washington subrayan que el crecimiento de los primeros años noventa fue apenas una recuperación que no contrarrestó la década perdida anterior, una década en la cual, tras la última gran crisis, el crecimiento se estancó. En toda la región los pueblos se preguntan: ¿fracasó la reforma, fracasó la globalización? La distinción acaso sea artificial: la globalización fue el centro de las reformas. Incluso en países que lograron un cierto crecimiento, como México, los beneficios fueron acaparados por el 30 % de la población y especialmente por el 10 % más rico. Los pobres apenas ganaron, y muchos están peor.

Las reformas del Consenso de Washington han expuesto a los países a riesgos mayores, y los riesgos han sido soportados desproporcionadamente por quienes eran menos capaces de asumirlos. Así como en muchos países la secuencia y el ritmo de las reformas ha provocado que la destrucción supere a la creación de empleo, la exposición al riesgo superó la capacidad de crear instituciones para asumirlo, incluyendo redes de seguridad efectivas.

Hubo, por supuesto, mensajes importantes en el Consenso de Washington, incluidas lecciones sobre prudencia fiscal y monetaria, lecciones que fueron aprendidas por los países que tuvieron éxito, pero que en su mayoría no tuvieron que aprenderlas del FMI.

En ocasiones, el FMI y el Banco Mundial han sido injustamente acusados por los mensajes que lanzan: a nadie le gusta que le adviertan que debe vivir conforme a los medios que tiene. Pero la crítica de las instituciones económicas internacionales es más profunda: había mucho de bueno en su agenda del desarrollo, pero incluso las reformas que son deseables a largo plazo tienen que ser aplicadas con precaución. Hoy está ampliamente aceptado que los ritmos y las secuencias no pueden ser desdeñados. Más importante aún: en el desarrollo hay más de lo que sugieren estas lecciones. Existen estrategias alternativas, estrategias que difieren no sólo en énfasis sino también en el plano político, por ejemplo: estrategias que incluyen la reforma agraria pero no incluyen la liberalización del mercado de capitales, que plantean políticas de competencia antes de la privatización, que aseguran que la creación de puestos de trabajo acompañe la liberalización comercial.

Tales alternativas recurrieron al mercado pero reconocieron que hay un papel relevante para el Estado; admitieron la importancia de reformar, pero con ritmo y secuencia. Vieron el cambio no sólo como una cuestión económica sino como parte de una evolución más amplia de la sociedad. Reconocieron que el éxito a largo plazo necesita que las reformas cuenten con un amplio respaldo, y para conseguirlo los beneficios tenían que ser ampliamente distribuidos.

Ya hemos destacado algunos de estos grandes logros; los éxitos limitados de África, por ejemplo en Uganda, Etiopía y Botsuana; y los mayores éxitos en el Este asiático, China incluida. En el capítulo 5 observaremos más de cerca algunos éxitos de la transición, como Polonia. Los éxitos muestran que el desarrollo y la transición son posibles; los éxitos en el desarrollo superan con mucho lo que casi cualquiera hubiese podido imaginar hace medio siglo. El hecho de que tantos de los casos de éxito hayan seguido estrategias marcadamente distintas de las del Consenso de Washington es significativo.

Cada tiempo y cada país son diferentes. ¿Habrían alcanzado otros países el mismo éxito si hubieran seguido la estrategia del Este asiático? ¿Valdrían las estrategias que funcionaron hace un cuarto de siglo en la economía global de hoy? Los economistas podrán disentir sobre las respuestas a estas preguntas, pero los países deben considerar las alternativas y, a través de procesos políticos democráticos, elegir por sí mismos. La tarea de las instituciones económicas internacionales debería ser –debería haber sido– aportar a los países los recursos para adoptar, por sí mismos, decisiones informadas, comprendiendo las consecuencias y riesgos de cada opción. La esencia de la libertad es el derecho a elegir y a aceptar la responsabilidad correspondiente.

CAPÍTULO 4

La crisis del Este asiático. De cómo las políticas del FMI llevaron al mundo al borde de un colapso global

Cuando el baht tailandés se hundió el 2 de julio de 1997 nadie sabía que inauguraba la crisis económica más grave desde la Gran Depresión; una crisis que se extendió desde Asia hasta Rusia y América Latina, y amenazó a todo el mundo. El baht había cotizado durante diez años a 25 por dólar, y de la noche a la mañana cayó un 25 %. La especulación en divisas se difundió y alcanzó a Malaisia, Corea, Filipinas e Indonesia; a finales de año lo que había empezado como un desastre cambiario amenazaba con llevarse por delante varios bancos de la región, mercados bursátiles e incluso economías enteras. Hoy la crisis ha quedado atrás pero países como Indonesia sentirán sus efectos durante años. Por desgracia, las políticas del FMI impuestas en esos momentos tumultuosos empeoraron la situación. Como el FMI fue fundado precisamente para prevenir y manejar crisis de ese tipo, el hecho de que fallara desde tantos puntos de vista llevó a un profundo replanteamiento de su papel, y muchas personas en EE UU y otros países reclamaron una revisión de muchas de sus políticas y hasta de la propia institución. En perspectiva, es evidente que las políticas del FMI no sólo exacerbaron la recesión sino que en parte fueron responsables de que comenzara: la liberalización financiera y de los mercados de capitales excesivamente rápida fue probablemente la causa más importante de la crisis, aunque también desempeñaron un papel en ella las políticas erradas de los propios países. Hoy en día el FMI reconoce algunos de sus errores, pero no todos –por ejemplo, admite lo peligrosa que puede resultar la liberalización excesivamente rápida de los mercados de capitales–; y el cambio en sus ideas llega tarde para aliviar a los países afligidos.

La crisis pilló desprevenidos a la mayoría de los observadores. No mucho antes el propio FMI había pronosticado un fuerte crecimiento. En las tres décadas precedentes no sólo el Este asiático había crecido más y había reducido la pobreza en mayor medida que ninguna otra región del mundo, desarrollada o en desarrollo, sino que también había sido más estable. Había esquivado las subidas y bajadas que signan a todas las economías de mercado. Su evolución fue tan impresionante que se habló del «milagro del Este asiático». De hecho, el FMI se mostraba tan confiado en la región que se dijo que nombró director de la zona a un funcionario leal como para concederle un puesto fácil previo a su jubilación. Cuando estalló la crisis me sorprendieron las enérgicas críticas del FMI y el Tesoro de EE UU a aquellos países; según el FMI las instituciones de las naciones asiáticas estaban podridas, sus gobiernos corrompidos y era imprescindible una reforma masiva. Los voceros críticos del FMI y el Tesoro no eran precisamente expertos en la región, y lo que afirmaban contradecía buena parte de lo que yo sabía acerca de ella. Durante tres décadas había viajado allí y estudiado el área. Me había pedido el Banco Mundial –el propio Lawrence Summers, cuando era vicepresidente de investigación– que participara en un gran estudio sobre el milagro del Este asiático y dirigiera un equipo que estudiaría los mercados financieros. Casi dos decenios antes, cuando los chinos empezaron su transición a una economía de mercado, me habían convocado para discutir su estrategia de desarrollo. En la Casa Blanca seguí participando de cerca; por ejemplo, encabecé el grupo que redactó el informe económico anual de la APEC (Cooperación Económica Asia-Pacífico, el grupo de países de la zona, cuyos encuentros anuales de jefes de Estado habían adquirido creciente relevancia a medida que el peso económico de la región fue aumentando). En el Consejo Nacional de Seguridad participé activamente durante los debates sobre China; cuando se agravaron las tensiones a propósito de la política de «contención» de la Administración, fui el miembro del Gabinete enviado a entrevistar al primer ministro chino Zhu Rongji para calmar las aguas. Fui uno de los pocos extranjeros invitados a reunirnos con los líderes del país en su retiro anual de agosto para discutir sus políticas.

Me preguntaba: si las instituciones de estos países están arruinadas ¿cómo pudieron funcionar tan bien durante tanto tiempo? La diferencia de enfoque entre lo que yo sabía acerca de la región y lo que alegaban el FMI y el Tesoro no encajaba, hasta que recordé el vehemente debate sobre el milagro del Este asiático. El FMI y el BM casi conscientemente habían esquivado el estudio de la región, aunque presumiblemente, dado su éxito, habría sido natural que lo analizaran para extraer lecciones y aplicarlas en otros lugares. Sólo por presión de los japoneses el Banco Mundial había emprendido el estudio del crecimiento económico en el este de Asia (el informe final fue titulado «El milagro del Este asiático»), y sólo cuando los japoneses ofrecieron pagarlo. La razón era obvia: los países habían tenido éxito no sólo a pesar del hecho de no haber seguido los dictados del Consenso de Washington, sino porque no lo habían hecho. Aunque las conclusiones de los expertos fueron atenuadas en el informe que finalmente fue publicado, el estudio del Banco Mundial sobre el Milagro de Asia establecía que el Estado había desempeñado unos papeles importantes. No se trató de los Estados mínimos, tan caros al Consenso de Washington.

En las instituciones financieras internacionales y también en el mundo académico había quien preguntaba: ¿hubo realmente un milagro? ¡«Todo» lo que el Este asiático había hecho era ahorrar mucho e invertir bien! Pero esta visión del «milagro» es equivocada. Ningún otro grupo de países en el mundo había conseguido ahorrar tales tasas y además invertir bien sus fondos. Las políticas gubernamentales cumplieron un papel trascendental al permitir a las naciones del Este asiático conseguir ambas cosas simultáneamente.

Cuando explotó la crisis casi parecía que muchos de los críticos de la región estaban contentos: sus ideas habían sido vindicadas. En una curiosa disyunción, eran renuentes a concederle a los gobiernos el crédito por los éxitos del cuarto de siglo anterior, pero estaban muy dispuestos a culpar a los gobiernos por los fracasos.

Llamarlo milagro o no, no es lo que importa: los aumentos en las rentas y las reducciones en la pobreza del Este asiático durante las últimas tres décadas no tienen precedentes. Ninguna persona que recorriese esos países podía dejar de maravillarse ante la transformación de su desarrollo y los cambios no sólo económicos sino también sociales, reflejados en cualquier estadística imaginable. Hace treinta años miles de carros unipersonales eran empujados agotadoramente a cambio de una miseria: en la actualidad, son apenas una atracción turística, la oportunidad de que los numerosos turistas que llegan a la región obtengan un recuerdo fotográfico. La combinación de altas tasas de ahorro, inversiones públicas en educación y política industrial dirigida por el Estado convirtió a la zona en una central de energía económica. Las tasas de crecimiento fueron fenomenales durante décadas y los niveles de vida subieron enormemente para decenas de millones de personas. Los beneficios del crecimiento fueron ampliamente compartidos. Hubo problemas en el modo en que se desarrollaron las economías de Asia, pero en líneas generales los gobiernos diseñaron una estrategia que funcionó[1], una estrategia que sólo compartía una faceta con las políticas del Consenso de Washington: la importancia de la macroestabilidad. Igual que en el Consenso de Washington, el comercio era importante, pero el énfasis estaba en la promoción de exportaciones y no en la supresión de los impedimentos a las importaciones. El comercio finalmente fue liberalizado, pero sólo de modo gradual, cuando se crearon nuevos empleos en las industrias exportadoras. Las políticas del Consenso de Washington subrayaban la liberalización apresurada de los mercados financieros y

1. Para conocer visiones diferentes véase Paul Krugman, «The Myth of Asia's Miracle: A Cautionary Fable», *Foreign Affairs,* noviembre de 1994; J. E. Stiglitz, «From Miracle to Crisis to Recovery: Lessons from Four Decades of East Asian Experience», en J. E. Stiglitz y S. Yusuf (eds.), *Rethinking the East Asian Miracle,* Washington, D. C. y Nueva York, Banco Mundial y Oxford University Press, 2001, pp. 509-526. Véase también Banco Mundial, *The East Asian Miracle: Economic Growth and Public Policy,* Nueva York, Oxford University Press, 1993; Alice Amsden, *The Rise of 'Athe Rest': Challenges to the West from Late-Industrialization Economies,* Nueva York, Oxford University Press, 2001; y Masahiko Aoki, Hyung-Ki Kim, Okuno Okuno-Fujiwara, y Masahjiro Okuno-Fujiwara (eds.), *The Role of Government in East Asian Economic Development: Comparative Institutional Analysis,* Nueva York, Oxford University Press, 1998. Para leer un relato extremadamente ameno de la crisis véase Paul Blustein, *The Chastening: Inside the Crisis that Rocked the Global Financial System and Humbled the IMF,* Nueva York, Public Affairs, 2001. Hay debates más técnicos, por ejemplo, en Morris Goldstein, *The Asian Financial Crisis: Causes, Cures, and Systemic Implications,* Washington D. C., International Institute for Economics, 1998; y Jason Furman y Joseph E. Stiglitz, *Brooking Papers on Economic Activity,* presentado en un Panel Brooking sobre Actividad Económica, Washington D. C., 3 de septiembre de 1998, vol. 2, pp. 1-114.

de capitales, pero los países del Este asiático liberalizaron gradualmente. Algunos de los que cosecharon mayores éxitos, como China, aún tienen un largo camino por recorrer. Las políticas del Consenso de Washington enfatizaron la privatización, pero los gobiernos nacionales y locales ayudaron a crear empresas eficientes que desempeñaron un papel crucial en el éxito de varios países. Según el Consenso de Washington, las políticas industriales, mediante las cuales los Estados procuran bosquejar la futura dirección de la economía, son un error. Pero los gobiernos del Este asiático las tomaron como una de sus principales responsabilidades. En particular, pensaron que si iban a cerrar la brecha de ingresos que los separaba de los países más desarrollados tendrían que cerrar la brecha del conocimiento y la tecnología, y para ello diseñaron políticas de educación e inversión. Las políticas del Consenso de Washington no atendieron a la desigualdad, pero los gobiernos del Este asiático trabajaron activamente para reducir la pobreza y limitar el crecimiento de la desigualdad, porque creían que esas políticas eran importantes para preservar la cohesión social, y que dicha cohesión social era necesaria para generar un clima favorable a la inversión y el crecimiento. En términos generales, las políticas del Consenso de Washington apuntaban a un papel minimalista del Estado, mientras que en el Este asiático los Estados ayudaron a perfilar y dirigir los mercados.

Cuando estalló la crisis su severidad no fue apreciada en Occidente. Interrogado sobre la ayuda a Tailandia, el presidente estadounidense Bill Clinton minusvaloró el colapso del baht como «sólo unas chispas en el camino» hacia la prosperidad económica[1]. La confianza e imperturbabilidad de Clinton eran compartidas por los líderes financieros del mundo congregados en septiembre de 1997 en Hong Kong para las reuniones anuales del FMI y el BM. Los funcionarios del FMI estaban tan seguros de sus consejos que incluso reclamaron un cambio en sus estatutos

1. Como su economía no resultó afectada, EE UU no ofreció asistencia alguna, en marcado contraste con el trato dispensado a México en su última crisis. Esto provocó un generalizado resentimiento en Tailandia. Especialmente después del intenso apoyo brindado a EE UU durante la Guerra de Vietnam, el país pensó que merecía un mejor trato.

para poder presionar más a los países desarrollados para que liberalizasen sus mercados de capitales. Entretanto, los líderes de las naciones asiáticas, y en particular los ministros de Hacienda con los que hablé, estaban aterrorizados. Ellos veían el dinero caliente que venía con los mercados de capital liberalizados como la fuente de sus problemas. Sabían que les aguardaban acuciantes problemas: la crisis causaría estragos en sus economías y sus sociedades, y temían que las políticas del FMI les impidieran adoptar las medidas que pensaban podían contener las crisis, al tiempo que las políticas que recomendarían empeorarían el impacto sobre sus economías. Se sentían incapaces de resistir. Sabían lo que podían y debían hacer para prevenir una crisis y minimizar el daño; pero también sabían que el FMI los condenaría si tomaban esas medidas y temían la resultante retirada del capital internacional. Finalmente, sólo Malaisia tuvo el valor de arriesgarse a la ira del FMI; y aunque las políticas del primer ministro Mahathir –procurar mantener bajos los tipos de interés y frenar el rápido flujo de dinero especulativo fuera del país– fueron atacadas desde todos los frentes, la recesión de Malaisia fue más breve y menos profunda que la de cualquiera de los demás países[1].

En la reunión de Hong Kong sugerí a los ministros de los países del Sureste asiático con los que me encontré que podían acordar algunas acciones concertadas; si todos imponían controles de capitales –para impedir el daño que causaría el dinero especulativo huyendo de sus países– de una manera coordinada, podrían resistir las presiones que sin duda serían lanzadas contra ellos por la comunidad financiera internacional, y podrían aislar sus economías de las turbulencias. Hablaron sobre la posibilidad de encontrarse más adelante ese mismo año para bosquejar un plan. Pero apenas regresaron de Hong Kong la crisis se extendió, primero a Indonesia y después, a comienzos de diciembre, a Corea del Sur. Entretanto, otros países en todo el mundo habían sido atacados por los especuladores en divisas

1. Véase E. Kaplan y D. Rodrik, «Did the Malaysian Capital Controls Work?», Documento de Trabano n.º 814, National Bureau of Economic Research, Cambridge, Mass., febrero de 2001 (este trabajo puede verse en el sitio web del profesor Rodrik: *http://ksghome.harvard.edu/~.drodrik.academic.ksg/papers.html*).

–de Brasil a Hong Kong– y resistieron, pero con grandes costes.

Estas crisis presentan dos patrones familiares. El primero viene ilustrado por Corea del Sur, un país con unos antecedentes impresionantes. Tras el naufragio de la guerra de Corea, el país formuló una estrategia de crecimiento que aumentó la renta per cápita ocho veces en treinta años, redujo la pobreza drásticamente, consiguió la alfabetización universal y avanzó mucho en el cierre de la brecha tecnológica con los países más avanzados. Al finalizar la guerra, era más pobre que la India; a comienzos de los años noventa había ingresado en la Organización para la Cooperación y el Desarrollo Económico (OCDE), el club de las naciones industrializadas más avanzadas. Corea llegó a ser uno de los productores de chips para ordenadores más importantes del mundo, y sus grandes corporaciones, Samsung, Daewoo y Hyundai, produjeron bienes conocidos en todo el planeta. En las primeras etapas de su transformación había controlado estrictamente sus mercados financieros, pero después, bajo presión de EE UU, había permitido de mala gana a sus empresas endeudarse en el exterior; lo hicieron y se expusieron a los caprichos del mercado internacional. A finales de 1997 corrieron rumores en Wall Street de que Corea tenía problemas, carecía de reservas y no iba a poder refinanciar los préstamos de pronto vencimiento con bancos occidentales. Estos rumores pueden volverse profecías autocumplidas. Los escuché en el Banco Mundial bastante antes de que saltaran a la prensa, y sabía lo que significaban. Rápidamente, los mismos bancos que poco tiempo antes ansiaban prestar dinero a las empresas coreanas decidieron no renovarles sus créditos. Cuando todos hicieron eso, su profecía se cumplió: Corea tuvo problemas.

El segundo fue ilustrado por Tailandia. Allí el culpable fue un ataque especulativo (combinado con un elevado endeudamiento de corto plazo). Los especuladores, cuando anticipan la devaluación de una moneda, procuran abandonarla y comprar dólares; si hay libre convertibilidad –esto es, la posibilidad de cambiar la moneda local por dólares o cualquier otra divisa–, ello se hace fácilmente. Pero a medida que los operadores venden una moneda, su valor cae, lo que confirma la profecía. Alternativamente, y de modo más habitual, el Gobierno intenta sostener su divisa. Vende dólares de sus reservas (el dinero que el país mantiene, a menudo en dólares, por motivos de precaución) y compra la moneda local para sostener su valor. Pero finalmente el Gobierno se queda sin divisas fuertes. Ya no hay más dólares para vender. La moneda se hunde. Los especuladores quedan satisfechos. Han apostado bien. Ahora pueden comprar otra vez la moneda local y cosechar un jugoso beneficio. La magnitud de los réditos puede ser enorme. Supongamos que el especulador Fred acude a un banco tailandés, pide prestados 24.000 millones de baht, que al cambio original pueden ser convertidos en 1.000 millones de dólares. Una semana más tarde el tipo de cambio cae de 24 a 40 bahts por dólar. Con 600 millones de dólares, convirtiéndolos a bahts, obtiene los 24.000 millones para cancelar el préstamo. Los 400 millones de dólares restantes son sus beneficios, una ganancia cuantiosa para una semana de trabajo y una inversión minúscula de su propio dinero. Confiado en que el tipo de cambio nunca se apreciaría (yendo, digamos, de 24 a 20 bahts por dólar), casi no había riesgo; en el peor de los casos, si el tipo de cambio permanece inmóvil, él pierde una semana de intereses. A medida que se acumulan las percepciones de una devaluación, las posibilidades de ganar dinero se tornan irresistibles y los especuladores de todo el planeta se apresuran a aprovecharse de la situación.

Si las crisis tenían patrones familiares, otro tanto sucedía con las respuestas del FMI: inyectó vastas sumas de dinero (el total de los paquetes de rescate, incluyendo el apoyo de los países del G-7, fue de 95.000 millones de dólares)[1] para que los países sostuvieran sus tipos de cambio. Pensó que si el mercado creía que había suficiente dinero en las arcas, entonces vería que no tenía sentido atacar las monedas, con lo que se restauraría la «confianza». El dinero sirvió también para otra cosa: permitió a los países entregar dólares a las empresas que se habían endeudado con los banqueros occidentales para devolver sus préstamos. Así, se trató en parte de un rescate tanto de los bancos internacionales como de los países; los prestamistas no tuvieron que afrontar todas las consecuencias de haber concedido malos préstamos. Y en los países, uno tras otro, donde se utilizó el dinero

1. Corea obtuvo 55.000 millones, Indonesia 33.000 millones y Tailandia 17.000 millones de dólares.

del FMI para sostener el tipo de cambio temporalmente a un nivel insostenible hubo otra consecuencia: los ricos del país aprovecharon la oportunidad para convertir su dinero en dólares a un tipo de cambio favorable y sacarlo al exterior. Como veremos en el capítulo siguiente, el ejemplo más egregio fue Rusia, después de que el FMI le prestara dinero en julio de 1998. Pero este fenómeno, al que a veces se otorga el nombre más neutral de «salida de capitales», también cumplió un papel clave en la crisis importante anterior, la de México en 1994-1995.

El FMI combinaba el dinero con condiciones, en un paquete que se suponía iba a rectificar los problemas causantes de la crisis. Se suponía que eran estos otros ingredientes, tanto como el dinero, lo que convencería a los mercados para que renovaran los préstamos y a los especuladores para que buscaran objetivos fáciles en otros lugares. Típicamente, los ingredientes incluían tipos de interés más elevados –en el caso del Este asiático, muchísimo más elevados–, recortes en el gasto público y subidas de impuestos. También incluían «reformas estructurales», es decir, cambios en la estructura de la economía que, según muchos creían, subyacían a las dificultades del país. En el caso del Este asiático, no sólo se impusieron condiciones de subir los tipos de interés y reducir el gasto, sino que se plantearon exigencias adicionales para cambios tanto políticos como económicos, reformas profundas, como una mayor apertura y transparencia y mejoría en las regulaciones del mercado financiero, y reformas menores, como la abolición del monopolio en el clavo de olor en Indonesia.

El FMI alegaba que la imposición de esas condiciones era lo más seguro. Aportaba miles de millones de dólares y tenía la responsabilidad de garantizar no sólo que fueran devueltos sino que los países hicieran lo «correcto» para restaurar su salud económica. Si los problemas estructurales habían sido la causa de la crisis macroeconómica, esos problemas debían ser abordados. La amplitud de las condiciones significaba que los países que aceptaban la ayuda renunciaban a una parte considerable de su soberanía económica. Algunas objeciones a los programas del FMI se basaban en esto, y en el consiguiente debilitamiento de la democracia; y algunas se basaban en el hecho de que las condiciones no restauraban la salud de las economías (y no estaban diseñadas para hacerlo). Pero, como vimos en el capítulo 2, algunas de las condiciones no tenían nada que ver con el problema en cuestión.

Los programas –con todas sus condiciones y todo su dinero– fracasaron. Supuestamente iban a impedir el derrumbe en los tipos de cambio, pero éstos continuaron cayendo sin que ni un pestañeo de los mercados reconociera que el FMI había «acudido al rescate». En cada caso, incómodo ante el fiasco de su supuesto remedio, el FMI acusaba al país de no haberse tomado en serio las reformas. En cada caso, anunciaba al mundo la existencia de problemas fundamentales que debían ser resueltos antes de que pudiera tener lugar una recuperación genuina. Esto era como gritar ¡fuego! en un teatro repleto: los inversores, más convencidos por su diagnóstico que por sus recetas, huyeron[1]. Más que restaurar la confianza que llevaría a una entrada de capitales al país, las críticas del FMI exacerbaban la estampida del capital hacia el exterior. Por esto, y por otras razones que analizaré de inmediato, la percepción en buena parte del mundo subdesarrollado, y que comparto, es que el propio FMI se ha transformado más en parte del problema de los países que de la solución. De hecho, en varios de los países en crisis, la gente corriente y muchos funcionarios y hombres de negocios siguen aludiendo a la tormenta económica y social que azotó sus naciones simplemente como «el FMI», del modo en que uno hablaría de «la plaga» o «la Gran Depresión». La historia se divide en un antes y un después del «FMI», de manera análoga a cómo los países devastados por un terremoto o algún otro desastre natural fechan los acontecimientos «antes» o «después» del terremoto.

A medida que la crisis avanzaba, el paro subía, el PIB se desplomaba, los bancos cerraban. La tasa de paro se multiplicó por cuatro en Corea, por tres en Tailandia, por diez en Indonesia. Casi el 15 % de los hombres empleados en 1997 en Indonesia había perdido sus empleos en agosto de 1998, y la devastación económica fue aún peor en las áreas urbanas de la isla

1. Véase J. Sachs, «The Wrong Medicine for Asia», *New York Times,* 3 de noviembre de 1997, y «To Stop the Money Panic: An interview with Jeffrey Sachs», *Asiaweek,* 13 de febrero de 1998.

principal, Java. En Corea del Sur, la pobreza urbana prácticamente se triplicó, y casi una cuarta parte de la población cayó en la pobreza; en Indonesia la pobreza se duplicó. En algunos países, como Tailandia, los desocupados de las ciudades podían regresar a sus hogares en el campo, pero ello aumentó los apuros de las personas del sector rural. El 1998 el PIB cayó un 13,1 % en Indonesia, un 6,7 % en Corea y un 10,8 % en Tailandia. Tres años después de la crisis, el PIB indonesio era aún un 7,5 % menor y el tailandés un 2,3 % menos de lo que había sido.

En algunos casos, por suerte, el desenlace fue menos desolador de lo previsto. Las comunidades en Tailandia trabajaron conjuntamente para asegurar que la educación de sus hijos no se viese interrumpida, y la gente contribuyó voluntariamente para ayudar a que los hijos de sus vecinos siguieran en la escuela. También se ocuparon de que todos tuvieran comida suficiente, y por eso la desnutrición no aumentó. En Indonesia, un programa del Banco Mundial pareció tener éxito en impedir los efectos adversos previstos sobre la educación. Los trabajadores pobres de las ciudades –que no estaban bien desde ningún punto de vista– fueron los más empobrecidos por la crisis. La erosión de la clase media, provocada por los tipos de interés usurarios que arrastraban a las pequeñas empresas a la quiebra, ejercerá los efectos más perdurables en la vida social, política y económica de la región.

La deteriorada situación de un país contagió a los vecinos, y la desaceleración en la región tuvo repercusiones globales: el crecimiento económico global se redujo y con él los precios de las materias primas. De Rusia a Nigeria, la mayor parte de los países emergentes que dependen de los recursos naturales afrontaron graves dificultades. A medida que los inversores que habían arriesgado su dinero en esos países fueron viendo hundirse su patrimonio, y sus banqueros exigían el reembolso de sus créditos, debieron recortar sus inversiones en otros mercados emergentes. Brasil, que ni depende del petróleo ni comerciaba con los países en crisis, con facetas económicas muy diferentes de las de esos países, se vio sumido en la crisis financiera global por el miedo generalizado de los inversores extranjeros y la reducción de sus préstamos. Finalmente, casi todos los mercados emergentes fueron afectados, incluso Argentina, tanto tiempo exhibida por el FMI como el niño modelo de la reforma, básicamente por su éxito en reducir la inflación.

De cómo las políticas del FMI y el Tesoro de EE UU condujeron a la crisis

Las perturbaciones coronaron media década de un triunfo global de la economía de mercado encabezado por EE UU tras el final de la Guerra Fría. En este período la atención internacional se centró en los nuevos mercados emergentes, del Este asiático a América Latina, y de Rusia a la India. Los inversores concibieron a estos países como paraísos de copiosos beneficios y aparentemente con pocos riesgos. En el breve lapso de siete años, el flujo de capital desde los países desarrollados a los subdesarrollados se multiplicó por siete, mientras que se mantuvieron los flujos públicos (ayuda exterior)[1].

Los banqueros internacionales y los políticos confiaban en que vivían el amanecer de una nueva era. El FMI y el Tesoro de EE UU creían, o al menos sostenían, que la plena liberalización de la cuenta de capital ayudaría al más veloz crecimiento de la región. Los países del Este asiático no necesitaban capital adicional, dada su elevada tasa de ahorro, pero a pesar de ello se insistió en la liberalización de la cuenta de capital a finales de los ochenta y comienzo de los noventa. Yo pienso que la liberalización de la cuenta de capital fue el factor individual más importante que condujo a la crisis. He llegado a esta conclusión observando con atención no sólo los acontecimientos en la región sino también lo que sucedió en las otras casi cien crisis económicas del último cuarto de siglo. Como las crisis económicas se han

1. En 1990, la inversión extranjera directa (en millones de dólares) fue de 24.130; en 1997 de 170.258 y en 1998 de 170.942; la inversión de cartera en 1990 (en millones de dólares) fue de 3.935 y pasó en 1997 a 79.128 y en 1998 a 55.225. La inversión vinculada al comercio y a la banca fue de 14.541 en 1990, 54.507 en 1997 y 41.534 en 1998. Los flujos totales de capital privado (en millones de dólares) fueron de 42.606 en 1990, 303.894 en 1997 y 267.700 en 1998.

vuelto más frecuentes (y profundas), existe una gran abundancia de datos que permiten analizar los factores causales de las crisis[1]. También ha quedado cada vez más claro que demasiado a menudo la liberalización de la cuenta de capital comporta riesgos sin beneficios. Incluso cuando los países tienen bancos sólidos, un mercado bursátil maduro y otras instituciones, que bastantes países asiáticos no tenían, los riesgos pueden ser enormes.

Probablemente ningún país hubiese podido resistir el cambio abrupto en la percepción de los inversores, un sentimiento que convirtió una inmensa entrada de capitales en una inmensa salida cuando los inversores, extranjeros y nacionales, colocaron sus fondos en otros lugares. Inevitablemente esa reversión debía precipitar una crisis, una recesión o algo peor. En el caso de Tailandia la reversión llegó al 7,9 % del PIB en 1997, al 12,3 % en 1998 y al 7 % en la primera mitad de 1999. En EE UU habría equivalido a una reversión media de los flujos de capital de 765.000 millones de dólares por año entre 1997 y 1999. Si la capacidad de los países en desarrollo para aguantar la reversión era débil, también lo era su capacidad para hacer frente a las consecuencias de un acusado cambio desfavorable en la coyuntura. Con sus notables logros económicos –ninguna recesión importante en tres décadas–, los países del Este asiático no habían implementado sistemas de seguro de paro. Pero incluso si lo hubieran pretendido, no les habría resultado fácil; el seguro de paro en las empresas rurales y en la agricultura está lejos de ser el adecuado incluso en EE UU, y se trata precisamente de los sectores dominantes en el mundo subdesarrollado.

La queja contra el FMI es, empero, más profunda: no se trata sólo de que fueron sus políticas las que condujeron a la crisis,

1. Sobre los factores involucrados en las crisis financieras y bancarias véanse, por ejemplo: D. Beim y C. Calomiris, *Emerging Financial Markets*, Nueva York, McGraw-Hill/Irwin, 2001; A. Demirguc-Kunt y E. Detriagache, *The Determinants of Banking Crises: Evidence from Developing and Developed Countries*, IMF Staff Papers, vol. 45, n.º 1, marzo de 1998; y G. Caprio y D. Klingebiel, «Episodes of Systemic and Borderline Financial Crises», *World Bank*, octubre de 1999; y World Bank Staff, «Global economic prospects and the developing countries 1998/99: Beyond financial crisis», Banco Mundial, febrero de 1999.

sino también que las impulsaron aun a sabiendas de que había escasas pruebas de que dichas políticas fomentaran el crecimiento, y abundantes pruebas de que imponían graves riesgos a los países en desarrollo.

Era algo verdaderamente irónico, si cabe utilizar un adjetivo tan suave: en octubre de 1997, al despuntar la crisis, el Fondo estaba recomendando la expansión precisamente de las políticas que subyacen a la creciente frecuencia de las crisis. Como académico, me escandalizó que el FMI y el Tesoro norteamericano insistieran en esta agenda con tanto vigor, dada la virtual ausencia de teoría y evidencia empírica que avalaran que era del interés económico de los países en desarrollo o de la estabilidad económica global –y la presencia de pruebas en contrario–. Cabría haber dicho que seguramente debería haber alguna base para su posición, más allá de servir al crudo interés propio de los mercados financieros, que veían la liberalización del mercado de capitales sólo como otra forma de acceso al mercado, a más mercados en los cuales ganar más dinero. Reconociendo que el este de Asia apenas necesitaba capital adicional, los partidarios de la liberalización de los mercados de capitales plantearon un argumento que incluso entonces pensé que no era convincente, pero que en perspectiva parece sumamente raro: ¡que fomentaría la estabilidad económica de los países! Ello se alcanzaría al permitir una mayor diversificación de las fuentes de financiamiento[1]. Es difícil creer que estos propagandistas no hubieran visto los datos que probaban que los flujos de capital son procíclicos. Es decir, los capitales salen del país en una recesión, precisamente cuando el país más los necesita, y afluyen durante una expansión, exacerbando las presiones inflacionarias. Justo cuando los países necesitaban los fondos del exterior, los banqueros reclamaban la devolución de su dinero.

La liberalización de los mercados de capitales sometió a los países en desarrollo a los caprichos racionales e irracionales de la comunidad inversora, a su exuberancia y pesimismo irracionales. Keynes era consciente de los cambios en los sentimientos,

1. M. Camdessus, «Capital account liberalization and the role of the Fund», Comentarios en el Seminario del FMI sobre Liberalización de las Cuentas de Capital, Washington D. C., 9 de marzo de 1998.

a menudo aparentemente irracionales. En *La teoría general del empleo, el interés y el dinero* (1936) se refirió a estas agudas y muchas veces inexplicables oscilaciones en los estados de ánimo y las llamó *animal spirits*. En ningún lugar fueron estos espíritus más patentes que en el este de Asia. Poco antes de la crisis los bonos tailandeses pagaban 0,85 puntos porcentuales más de interés que los bonos más seguros del mundo, es decir, eran considerados extremadamente seguros. Poco después, la prima de riesgo de los bonos tailandeses explotó.

Los defensores de la liberalización de los mercados de capitales plantearon un segundo argumento, apenas más creíble, y nuevamente sin pruebas. Sostuvieron que los controles en el mercado de capitales impedían la eficiencia económica, con lo cual los países crecerían mejor sin ellos. Tailandia es un buen ejemplo de la falsedad de este argumento. Antes de la liberalización, Tailandia establecía severas limitaciones a los préstamos de la banca para especulaciones inmobiliarias. Impuso esas limitaciones porque era un país pobre que quería crecer y creía que invertir el escaso capital del país en la industria generaría empleo y animaría el crecimiento. También sabía que en todo el mundo los créditos inmobiliarios especulativos son una gran fuente de inestabilidad económica. Este tipo de financiación alimenta burbujas (los precios que explotan en el fragor de los inversores para beneficiarse del aparente *boom* del sector); dichas burbujas siempre explotan, y cuando lo hacen la economía quiebra. El patrón es familiar, lo mismo en Bangkok que en Houston: suben los precios inmobiliarios, los bancos sienten que pueden prestar más con unas garantías que valen más; los inversores ven subir los precios y anhelan entrar en el juego antes de que sea demasiado tarde y los banqueros les facilitan el dinero para hacerlo. Los promotores inmobiliarios prevén rápidas ganancias si construyen nuevos edificios, hasta que se llega al exceso de capacidad. Los promotores no pueden arrendar su espacio construido, cesan en el pago de sus préstamos y la burbuja explota.

Pero el FMI adujo que las restricciones de la clase de las impuestas por Tailandia para prevenir una crisis interferían en la asignación eficiente de los recursos en el mercado. Si el mercado dice que hay que construir edificios de oficinas, la construcción debe ser la actividad más rentable. Si el mercado dice, como efectivamente lo hizo tras la liberalización, que hay que construir edificios de oficinas vacías, sea: según la lógica del FMI, el mercado debe saber más que nadie. Aunque Tailandia necesitaba desesperadamente inversión pública para consolidar sus infraestructuras y sus relativamente débiles sistemas educativos secundario y universitario, miles de millones fueron desperdiciados en el mercado inmobiliario. Los edificios siguen vacíos hoy, como testimonios de los riesgos que plantean la excesiva exuberancia de los mercados y los generalizados fallos del mercado que pueden surgir ante las inadecuadas regulaciones públicas de las entidades financieras[1].

El FMI, por supuesto, no estaba solo en su clamor en pro de la liberalización. El Tesoro norteamericano, que como accionista mayoritario del FMI y el único con poder de veto cumple un papel crucial en la determinación de las políticas del FMI, propiciaba independientemente la liberalización.

Yo estaba en el Consejo de Asesores Económicos del presidente Clinton cuando se planteó el debate sobre las relaciones comerciales con Corea del Sur. Las negociaciones incluían muchos asuntos menores –como la apertura de los mercados surcoreanos a las salchichas estadounidenses– y el importante tema de la liberalización de los mercados financieros y de capitales. Durante tres décadas Corea había registrado un notable crecimiento económico sin una inversión internacional significativa. El crecimiento se había basado en los propios ahorros del país, en sus propias empresas administradas por sus propios ciudadanos. No necesitaba el dinero occidental y había señalado una ruta alternativa para la importación de tecnología moderna y acceso a los mercados. Mientras que sus vecinos Singapur y Malaisia habían invitado a las empresas multinacionales, Corea del Sur había creado sus propias empresas. Gracias a buenos pro-

1. La desaceleración norteamericana de 2000-2001 también ha sido atribuida a la excesiva exuberancia del mercado, una sobreinversión en Internet y telecomunicaciones, en parte producida por una explosión de las cotizaciones bursátiles. Puede haber fluctuaciones acusadas en la economía incluso en ausencia de fallos en la gestión de las instituciones financieras y la política monetaria.

ductos y a una comercialización agresiva, las empresas surcoreanas habían vendido sus productos en todo el mundo. Corea del Sur aceptaba que el crecimiento continuado y la integración en los mercados globales requerirían alguna liberalización, o desregulación, en el modo en que administraba sus mercados financieros y de capitales. Corea del Sur también era consciente de los riesgos de una mala desregulación: había visto lo sucedido en EE UU cuando la desregulación desembocó en la catástrofe de las Savings & Loans. Como respuesta, Corea del Sur diseñó un camino hacia la liberalización, pero el camino era demasiado lento para Wall Street, que vislumbró oportunidades de beneficio y no quería esperar. Aunque la gente de Wall Street defiende los principios del mercado libre y un papel limitado para el Estado, no rehúyen la asistencia del Gobierno para que promueva su agenda. Y, como veremos, el Departamento del Tesoro respondió con energía.

En el Consejo de Asesores Económicos no estábamos convencidos de que la liberalización de Corea del Sur fuera un tema de interés nacional para EE UU, aunque obviamente promovería los intereses particulares de Wall Street. También nos preocupaba el efecto que podría ejercer sobre la estabilidad global. Redactamos un memorando, o «pieza para pensar», para exponer los problemas, abrir un debate y ayudar a centrar la atención sobre el asunto. Preparamos un conjunto de criterios para evaluar qué medidas de apertura de los mercados eran más vitales para los intereses nacionales de EE UU. Propusimos un esquema de priorización. Muchas formas de «acceso al mercado» representaban un escaso beneficio para EE UU. Aunque algunos grupos concretos podrían cosechar un abultado beneficio, el país en su conjunto ganaría poco. Sin priorización, latía el riesgo de lo que había ocurrido durante la anterior Administración de Bush: uno de los supuestamente grandes logros en la apertura de los mercados japoneses fue que Toys-«R»-Us podía vender juguetes chinos a los niños japoneses: bueno para los niños japoneses y los trabajadores chinos, pero de escaso beneficio para EE UU. Aunque cueste creer que una propuesta tan suave pueda levantar objeciones, así fue. Lawrence Summers, entonces subsecretario del Tesoro, se opuso al ejercicio con firmeza y alegó que esa priorización era innecesaria. La responsabilidad del Consejo

Económico Nacional (NEC) era coordinar la política económica, equilibrar el análisis del Consejo de Asesores Económicos con las presiones políticas reflejadas en las diversas agencias, y decidir qué temas se presentaban al presidente para su decisión final.

El NEC, liderado entonces por Robert Rubin, decidió que la importancia del asunto era insuficiente como para presentárselo al presidente. La auténtica razón de su oposición era totalmente transparente. Forzar la liberalización en Corea no crearía muchos empleos en EE UU ni probablemente incrementase significativamente el PIB norteamericano. Por tanto, ningún sistema de privatización* colocaría estas medidas en primer lugar en la agenda. Peor aún: ni siquiera estaba claro que EE UU en conjunto ganaría, mientras que sí estaba claro que Corea podría empeorar. El Tesoro norteamericano alegó que era importante para EE UU y que no provocaría inestabilidad, y prevaleció[1]. En último término, tales materias son competencia del Departamento del Tesoro, y habría sido inusual que su posición hubiese salido derrotada. El hecho de que los debates fuesen celebrados a puerta cerrada significó que no pudieron oírse otras voces; en caso contrario, de haber habido más transparencia en la toma de decisiones norteamericana, quizá el desenlace habría sido distinto. En cambio, ganó el Tesoro y perdieron EE UU, Corea y

* Así en el original, pero tiene más sentido «priorización» *(N. del T.)*.

1. El debate en torno a Corea era parte de un debate más amplio sobre la liberalización de los mercados de capitales y los rescates cuando las cosas van mal –como inevitablemente van–; un debate que tuvo lugar en el FMI y el Gobierno estadounidense casi completamente a puerta cerrada. Sucedió repetidamente, por ejemplo, cuando preparamos acuerdos comerciales regionales o las reuniones del G-7. En una ocasión (la crisis mexicana de 1995), cuando el Tesoro planteó el asunto de los rescates en el Congreso, y el Congreso rechazó la propuesta, el Tesoro regresó a sus cerrados cuarteles, concibió una forma de proceder con los rescates sin la aprobación del Congreso, y forzó a otros Gobiernos a participar (de un modo que engendró una acusada hostilidad en muchos sitios de Europa: la plena ramificación de las tácticas de presión del Tesoro de EE UU se lentamente en los años que siguieron, y las posiciones de EE UU en una variedad de circunstancias han sido sutilmente resistidas; por ejemplo, en la selección del jefe del FMI). Los asuntos son complicados, pero el Tesoro estadounidense casi parecía divertirse en su destreza para ser más listo que el Congreso.

la economía global. El Tesoro probablemente replicaría que la liberalización no era deficiente per se; el problema estribó en que la liberalización fue mal hecha. Pero tal era precisamente uno de los puntos planteados por el Consejo de Asesores Económicos: con toda probabilidad una liberalización rápida sería mal hecha.

La primera ronda de errores

Caben pocas dudas de que las políticas del FMI y el Tesoro propiciaron un entorno que alimentó la probabilidad de una crisis, al estimular –y en algunos casos insistir en– un ritmo de liberalización financiera y de los mercados de capitales injustificablemente veloz. Además, el FMI y el Tesoro cometieron sus mayores equivocaciones en su respuesta inicial a la crisis. Hoy existe un amplio consenso sobre los muchos errores que mencionaremos de inmediato, salvo en la crítica a la política monetaria del FMI.

De entrada, el FMI pareció diagnosticar mal el problema. Había manejado crisis en América Latina, provocadas por un gasto público desbocado y una política monetaria laxa que dieron lugar a enormes déficit y una elevada inflación; y aunque quizá no hubiera realizado una buena labor –la región atravesó por una década de estancamiento después de los llamados «exitosos» programas del FMI, e incluso los acreedores debieron finalmente absorber cuantiosas pérdidas–, al menos sus planes presentaban alguna coherencia. El Este asiático era vastamente diferente de América Latina; los Estados registraban superávit y la economía disfrutaba de una baja inflación, aunque las empresas estaban sumamente endeudadas.

El diagnóstico era relevante por dos razones. En primer lugar, en el entorno altamente inflacionario de América Latina, lo que se necesitaba era una disminución en el exceso de demanda. Dada la inminente recesión en el Este asiático, el problema no era el exceso sino la insuficiencia de la demanda. Enfriar la demanda sólo podía empeorar las cosas.

En segundo lugar, si el endeudamiento empresarial es bajo, los altos tipos de interés serán dolorosos pero podrán asimilarse.

Con un acusado grado de endeudamiento, la imposición de tipos de interés elevados, aunque sea por un período breve, equivale a firmar una sentencia de muerte para muchas empresas. Y para la economía.

Aunque las economías asiáticas padecían algunas debilidades que había que corregir, no estaban peor que muchos otros países, y sin duda no estaban tan mal como el FMI sugería. De hecho, la rápida recuperación de Corea y Malaisia mostró que en buena medida la fase negativa no fue diferente de las docenas de recesiones que han plagado las economías de mercado en los países industriales avanzados durante los doscientos años del capitalismo. Los países del Este asiático no sólo contaban con unos antecedentes de crecimiento impresionantes, como hemos visto, sino que habían sufrido en las tres décadas precedentes menos fases recesivas que ningún país industrial avanzado. Dos de los países habían registrado sólo un año de crecimiento negativo, y dos no habían pasado por ninguna recesión en treinta años. En estas y otras dimensiones había en el este de Asia más para elogiar que para condenar; y si la región era vulnerable, se trataba de una vulnerabilidad de nuevo cuño, en buena medida resultante de la liberalización de los capitales y las finanzas, algo de lo cual el propio FMI era parcialmente culpable.

Políticas contractivas «hooveritas»: una anomalía en el mundo moderno

Durante más de setenta años ha habido una receta estándar para cuando un país se enfrenta a una severa caída en la actividad económica. El Gobierno debe estimular la demanda agregada mediante políticas monetarias o fiscales: recortar impuestos, subir gastos o flexibilizar la política monetaria. Cuando presidí el Consejo de Asesores Económicos, mi objetivo principal era mantener la economía en pleno empleo y maximizar el crecimiento a largo plazo. En el Banco Mundial me acerqué a los problemas de los países del Este asiático con el mismo enfoque, y evalué las políticas para comprobar cuál sería más eficaz a corto y largo plazo. Las economías en crisis en la zona se veían claramente amenazadas con una fuerte recesión y necesitaban un estímulo. El FMI emprendió justo el camino contrario, con las precisas consecuencias que habría cabido predecir.

Al despuntar la crisis, el Este asiático estaba prácticamente en macroequilibrio, con reducidas presiones inflacionarias y presupuestos públicos en equilibrio o superávit. Esto tenía dos consecuencias obvias. Una: el colapso de los mercados cambiarios y bursátiles, la explosión de la burbuja inmobiliaria, con una caída en la inversión y el consumo, precipitarían una recesión. Dos: el colapso económico derivaría en un colapso recaudatorio, con la consiguiente brecha presupuestaria. Desde Herbert Hoover ningún economista responsable ha sostenido que haya que concentrarse en el déficit actual y no en el estructural, esto es, el déficit que se registraría si la economía operase en pleno empleo. Pero esto fue justamente lo que recomendó el FMI.

El FMI admite hoy día que la política fiscal que aconsejó fue excesivamente austera[1]. Las políticas agravaron la recesión mucho más de lo que habría sido necesario. Pero durante la crisis, Stanley Fischer, subdirector ejecutivo primero del FMI, defendió las políticas del FMI en el *Financial Times* y dijo que todo lo que el FMI pedía de los países era ¡que tuvieran un presupuesto equilibrado[2]! Durante sesenta años ningún economista respetable ha creído que una economía que va hacia una recesión debe tener un presupuesto equilibrado.

Yo tenía fuertes convicciones sobre el asunto del presupuesto

1. En el *Annual Report of the Executive Board for the Financial Year Ended April 30, 1998*, Washington D. C., p. 25, algunos directores del FMI dudaron de la necesidad de aplicar políticas fiscales estrictas durante la crisis asiática, porque esos países no registraban desequilibrios fiscales. Es interesante apuntar que el FMI, en un informe análogo para 2000 (p. 14), reconoció que una política fiscal expansiva subyacía a la recuperación de la crisis en Corea, Malaisia y Tailandia. Véase también T. Lane, A. Ghosh, J. Hamann, S. Phillips, M. Schulze-Ghattas y T. Tsikata, «IMF-Supported programs in Indonesia, Korea, and Thailand: a preliminary assessment», Occasional Papers 178, Fondo Monetario International, enero de 1999.

2. Stanley Fischer, «Comment & Analysis: IMF –the right stuff: Bailouts in Asia are designed to restore confidence and bolster the financial system». *Financial Times*, 16 de diciembre de 1997.

equilibrado. Cuando estaba en el Consejo de Asesores Económicos, una de nuestras grandes batallas se libró en torno a la enmienda de la Constitución para incluir el presupuesto equilibrado. Esta enmienda habría exigido al Gobierno federal que ajustara sus gastos a sus ingresos. Nosotros, y el Tesoro, nos oponíamos porque pensábamos que era una mala política económica. Ante una recesión habría sido más difícil recurrir a la política fiscal para ayudar a la recuperación de la economía. Cuando la economía entra en recesión, la recaudación fiscal cae, y la enmienda habría requerido al Gobierno que recortase los gastos (o aumentase los impuestos), lo que hubiese deprimido la economía aún más. Aprobar la enmienda habría equivalido a que el Gobierno abdicase de una de sus responsabilidades cruciales: mantener la economía en pleno empleo. A pesar del hecho de que la política fiscal expansiva era una de las pocas vías para salir de la recesión, y a pesar de la oposición de la Administración a la enmienda del presupuesto equilibrado, el Tesoro de EE UU y el FMI abogaron por algo parecido a una enmienda del presupuesto equilibrado para Tailandia, Corea y otros países del este de Asia.

Políticas de «empobrecerse a uno mismo»

De todos los errores cometidos por el FMI a medida que la crisis del Este asiático se iba extendiendo de un país a otro entre 1997 y 1998, uno de los más difíciles de escudriñar fue que el FMI no reconociera las importantes interacciones entre las políticas acometidas en los distintos países. Las políticas contractivas de un país no sólo deprimían la economía de ese país sino que ejercían efectos adversos sobre sus vecinos. Al insistir en recomendar políticas contractivas el FMI exacerbó el contagio, la extensión de la recesión de un país al siguiente. Cada país se debilitaba y reducía sus importaciones de sus vecinos, arrastrando a éstos hacia abajo.

Está generalmente aceptado que las políticas de «empobrecer al vecino» de los años treinta desempeñaron un papel importante en la generalización de la Gran Depresión. Cada país golpeado por la coyuntura desfavorable intentó animar su economía recortando las exportaciones* y desplazando así la demanda de los consumidores hacia sus propios productos. Un país recorta las exportaciones estableciendo aranceles y realizando devaluaciones competitivas de sus monedas, lo que abarata sus bienes y encarece los de otros países. Pero a medida que cada país recortaba sus importaciones, lo que hacía era «exportar» la recesión económica a sus vecinos. De ahí la expresión «empobrecer al vecino».

El FMI diseñó una estrategia cuyo efecto fue aún peor que las políticas de «empobrecer al vecino» que devastaron a los países del mundo durante la depresión de los años treinta. Conminó a los países que cuando afrontaran una desaceleración debían recortar su déficit comercial e incluso acumular un superávit. Esto podría tener lógica si el objetivo central de la política macroeconómica de un país fuera pagar a sus acreedores extranjeros. Si un país acumula moneda extranjera en un cofre, podrá pagar sus facturas, independientemente del coste para los que vivan en el país o en otros lugares. En la actualidad, al contrario que en los años treinta, se presiona mucho a los países para que no aumenten los aranceles u otras barreras comerciales para recortar las importaciones, incluso ante una recesión. El FMI también vituperó las devaluaciones. En realidad, todo el objetivo de los planes de rescate era impedir depreciaciones ulteriores de los tipos de cambio. Esto puede parecer extraño dada la aparente fe del FMI en los mercados: ¿por qué no dejar que el mecanismo del mercado determine el tipo de cambio, al igual que lo hace con los demás precios? Pero la coherencia intelectual jamás ha sido el sello de distinción del FMI, y siempre ha prevalecido su preocupada ofuscación sobre la inflación desatada por la devaluación. Descartados aranceles y devaluaciones, había sólo dos maneras de lograr un superávit comercial. Una era aumentar las exportaciones, pero esto no es fácil y no puede hacerse velozmente, en particular cuando las economías de los principales socios comerciales del país son débiles y el desorden de los mercados financieros del propio país impide que los exportadores consigan financiación para expandirse. La otra, reducir las im-

* Así en el original, pero en mi opinión debería hablarse de «importaciones» *(N. del T.)*.

portaciones –recortando rentas, es decir, induciendo una aguda recesión–. Por desgracia para los países, y para el mundo, esta última era la única opción. Y esto fue lo que sucedió en el Este asiático a finales de los años noventa: las políticas fiscales y monetarias contractivas, combinadas con políticas financieras erradas, produjeron frenazos económicos masivos, rebajando las rentas, lo que redujo las importaciones y dio lugar a voluminosos superávit comerciales, con los cuales los países obtuvieron los recursos para pagar a los acreedores foráneos.

Si el objetivo era expandir las reservas, la política fue un éxito. Pero ¡a qué coste para el pueblo del país y sus vecinos! De ahí el nombre de estas políticas: «empobrecerse a uno mismo». La consecuencia para los socios comerciales de cualquier país fue exactamente la misma que si se hubieran aplicado políticas de empobrecer al vecino. Las importaciones de cada país –lo que es lo mismo que decir las exportaciones de los otros países– fueron recortadas. Desde la perspectiva de los vecinos, a ellos no les importaba por qué caían las exportaciones; ellos sólo veían la consecuencia: sus ventas al exterior bajaban. Así la recesión fue exportada a toda la zona. Pero esta vez ni siquiera había la gracia salvadora de que la economía local se fortaleciese cuando la recesión era exportada. En vez de ello, la fase recesiva se difundió a todo el mundo. El crecimiento más lento en la región desencadenó un colapso en los precios de las mercancías, como el petróleo, y el colapso en esos precios causó estragos en las naciones productoras de petróleo, como Rusia.

Quizá haya sido éste el fracaso más triste del FMI, porque representó la mayor traición a toda su razón de ser. No se preocupó del contagio –contagio de un mercado de capitales a otro, transmitido por el temor de los inversores– aunque, como vimos en el apartado anterior, las políticas que había promovido habían convertido a los países en mucho más vulnerables a la volatilidad del sentimiento de los inversores. Un colapso en el tipo de cambio de Tailandia puede acentuar la preocupación de los inversores brasileños en los mercados brasileños. La palabra que zumbaba era confianza. Una falta de confianza en un país podía transformarse en una falta de confianza en los mercados emergentes. Pero en términos generales el papel del FMI como psicólogos del mercado dejó mucho que desear. Crear profundas recesiones con bancarrotas masivas y/o señalar problemas enraizados en la región de los mercados emergentes con mejores antecedentes son políticas que difícilmente restaurarán la confianza. E incluso si el FMI lo hubiera hecho mejor a la hora de restaurar la confianza, había cuestiones para plantear: al concentrarse en la protección de los inversores, se olvidó de los inversores de los países que supuestamente ayudaba; al concentrarse en las variables financieras, como el tipo de cambio, prácticamente olvidó el lado real de la economía. Perdió de vista su misión original.

Estrangular la economía con altos tipos de interés

El FMI acepta hoy día que las políticas fiscales (relacionadas con los niveles de los déficit públicos) que propició fueron excesivamente contractivas, pero no confiesa de plano los errores de política monetaria. Cuando el FMI llegó al Este asiático forzó a los países a subir los tipos de interés hasta lo que en términos convencionales sería considerado como unos niveles astronómicos. Recuerdo reuniones en las que el presidente Clinton se sentía frustrado porque el Banco de la Reserva Federal, dirigido por Alan Greenspan, un nombramiento de administraciones anteriores, estaba a punto de elevar los tipos de interés un cuarto o medio punto porcentual. Le preocupaba que ello destruyera «su» recuperación. Sentía que había sido elegido con un programa de «Es la economía, estúpido» y «Empleos, empleos, empleos», y no quería que la Reserva Federal perjudicara sus planes. Sabía que la Fed estaba inquieta por la inflación, pero pensaba que esos temores eran exagerados (una posición que yo compartía, y que los acontecimientos subsiguientes confirmaron). Le preocupaban los efectos adversos de las subidas de los tipos de interés sobre el paro y la recuperación económica apenas en curso. Y esto en un país con uno de los mejores ambientes empresariales del mundo. Pero en el Este asiático los burócratas del FMI, que eran aún menos responsables políticamente, forzaron unas subidas de los tipos de interés no diez sino cincuenta veces mayores, subidas de más de 25 puntos porcentuales. Si a Clinton le afectaban los efectos adversos de un alza de medio punto en una economía en la que nacía una recuperación, le habría dado un ataque de apoplejía ante el efecto que un alza de 25 puntos podría ejercer en una economía que se hundía en una recesión. Corea subió primero sus tipos de interés hasta el 25 %, pero le dijeron que para ser un país serio debía subirlos aún más. Indonesia elevó sus tipos en una acción preventiva antes de la crisis, pero le dijeron que ello no era suficiente. Los tipos nominales de interés explotaron.

El razonamiento que subyacía a estas políticas era simple, si no simplista. Al subir los tipos de interés un país se volvía más atractivo para que el capital fluyese hacia él. Las entradas de capital ayudaban a sostener el tipo de cambio a estabilizar así la moneda. Fin del argumento.

A primera vista parece lógico. Pero consideremos el ejemplo de Corea del Sur. Recordemos que en Corea del Sur la crisis se originó porque los bancos extranjeros se negaron a renovar sus préstamos de corto plazo. Rehusaron porque dudaban de la capacidad de pago de las empresas surcoreanas. El centro de la discusión era la bancarrota: el *default* o cesación de pagos. Pero en el modelo del FMI –como en los modelos del grueso de los libros de texto de macroeconomía escritos hace dos décadas– no hay lugar para tales quiebras. Y discutir de política monetaria y de finanzas sin bancarrotas es como representar *Hamlet* sin el Príncipe de Dinamarca. En el corazón del análisis macroeconómico debe figurar un análisis del efecto de un alza en los tipos de interés sobre las posibilidades de *default* y sobre el monto que los acreedores podrán recuperar en caso de cesación de pagos. Muchas empresas del Este asiático estaban sumamente endeudadas y tenían elevados coeficientes deuda-capital. El excesivo apalancamiento había sido reiteradamente mencionado, incluso por el FMI, como una de las debilidades de Corea del Sur. Las compañías muy apalancadas son particularmente sensibles a los incrementos en los tipos de interés, sobre todo a los niveles tan elevados como los exigidos por el FMI. A tipos muy altos, una empresa muy apalancada quiebra rápidamente, y si no quiebra se descapitaliza a gran velocidad, porque debe pagar abultadas sumas a sus acreedores.

El FMI reconocía que los problemas básicos del Este asiático radicaban en unas instituciones financieras débiles y unas empresas excesivamente apalancadas; sin embargo, presionó en pro de políticas de altos tipos de interés que de hecho exacerbaron esos problemas. Las consecuencias fueron precisamente las que cabría haber predicho: los elevados tipos de interés engrosaron el número de las empresas en apuros, lo que a su vez expandió el número de bancos que afrontaron préstamos impagados[1]. Esto debilitó aún más la posición de los bancos. Las mayores dificultades de los sectores empresarial y financiero agudizaron la fase recesiva que las políticas contractivas estaban induciendo mediante la reducción de la demanda agregada. El FMI había logrado una contracción simultánea de la demanda y la oferta agregadas.

Defendiendo sus políticas, el FMI arguyó que contribuirían a restaurar la confianza de los mercados en esos países. Pero es patente que las naciones en profunda recesión no inspiran confianza. Consideremos a un empresario de Yakarta que ha invertido todo su patrimonio en el Este asiático. Cuando la economía regional se hunde –dado que las políticas contractivas marcan y amplifican la recesión–, súbitamente comprende que su cartera no está suficientemente diversificada, y desplaza inversiones hacia el boyante mercado bursátil estadounidense. Los inversores locales, igual que los internacionales, no estaban interesados en arrojar dinero a una economía que caía en barrena. Los altos tipos de interés no atrajeron más capital. Aun al contrario, empeoraron la recesión y en realidad empujaron al capital fuera del país.

1. En todos estos años no he escuchado nunca por parte de ningún funcionario del Fondo una defensa coherente de la estrategia del FMI, de elevar los tipos de interés cuando las empresas están muy apalancadas. La única defensa que sí escuché provino de John Lipsky, economista jefe de Chase Securities, que se centró específicamente en las imperfecciones de los mercados de capitales. Observó que los empresarios locales típicamente mantenían grandes sumas de dinero en el extranjero, pero se endeudaban en el país. Los altos tipos de interés sobre los préstamos locales los «forzarían» a repatriar una parte de sus fondos extranjeros para liquidar los préstamos y evitar pagar intereses tan altos. Esta hipótesis no ha sido evaluada aún. En varios de los países en crisis los flujos netos de capital se movieron claramente en la dirección contraria. Muchos en el mundo de los negocios dieron por sentado que simplemente no podrían ser «forzados» a pagar los elevados tipos de interés, y que habría una renegociación. En efecto, los tipos de interés tan altos no eran creíbles.

El FMI presentó otra defensa de no mayor validez. Argumentó que si los tipos de interés no subían mucho, el tipo de cambio colapsaría y ello sería devastador para la economía porque los que tenían deudas denominadas en dólares no las podrían pagar. Pero el hecho fue que, por razones que deberían haber sido patentes, la subida de los tipos de interés no estabilizó las monedas; los países, así, fueron forzados a perder en los dos sentidos. Además, el FMI nunca se molestó en atender a los detalles de lo que estaba pasando dentro de los países. En Tailandia, por ejemplo, las empresas del sector inmobiliario ya quebradas y las que les habían prestado dinero eran las más endeudadas en moneda extranjera. Las devaluaciones ulteriores habrían podido perjudicar a los acreedores extranjeros pero no habrían matado más a esas empresas ya muertas. De hecho, el FMI hizo que las pequeñas empresas y otros terceros inocentes pagaran por los que se habían endeudado excesivamente en dólares y sin que sirviese para nada.

Cuando rogué al FMI que cambiara su política y señalé el desastre que sobrevendría de prolongarse el curso de los acontecimientos, la respuesta fue concisa: si se probaba que tenía razón, el Fondo modificaría sus políticas. Quedé consternado ante dicha actitud y la perspectiva de la espera. Todos los economistas saben que en la política hay largos retardos. Los beneficios de cambiar de rumbo no se sentirían hasta pasados de seis a dieciocho meses, y entretanto el daño que se podría producir sería gigantesco.

Ese daño se produjo en el Este asiático. Como había tantas empresas apalancadas, muchas se vieron arrastradas a la quiebra. En Indonesia, se estimó que el 75 % de las empresas se vieron en aprietos, y en Tailandia el 50 % de los préstamos bancarios fueron impagados. Por desgracia, es mucho más fácil destruir una empresa que crear una nueva. La reducción de los tipos de interés no puede «desquebrar» una empresa que ha sido forzada a la bancarrota: su patrimonio neto seguiría estando aniquilado. Los errores del FMI fueron costosos y difíciles de revertir.

El razonamiento geopolítico ingenuo y los vestigios de la *realpolitik* a estilo de Kissinger potenciaron las consecuencias de dichos errores. En 1997 Japón ofreció 100.000 millones de dólares para ayudar a crear un fondo monetario asiático que financiara las medidas de estímulo necesarias. Pero el Tesoro se empeñó en aplastar la idea. El FMI lo secundó. La razón de la postura del Fondo era clara: el FMI era un fervoroso partidario de la competencia en los mercados, pero rechazaba la competencia en su propio terreno, y eso era el Fondo Monetario Asiático. Las motivaciones del Tesoro de EE UU eran parecidas. En tanto que único accionista del FMI con poder de veto, EE UU goza de un peso considerable en la determinación de las políticas del Fondo. Era ampliamente sabido que Japón estaba muy en desacuerdo con las acciones de éste y mantuve repetidas reuniones con altos funcionarios japoneses que expresaron hacia las políticas del FMI unos recelos casi idénticos a los míos[1]. Siendo Japón, y posiblemente China, los probables principales contribuyentes al Fondo Monetario Asiático, sus voces predominarían, lo que representaría un genuino desafío al «liderazgo» –y al control– de EE UU.

La importancia del control –incluido el control de los medios de comunicación– quedó ratificada indisputablemente en los primeros momentos de la crisis. Cuando el vicepresidente para el este de Asia del Banco Mundial, Jean Michel Severino, subrayó en una intervención ampliamente discutida que varios países de la región se encaminaban a una profunda recesión, o incluso depresión, recibió un severo reproche verbal de Summers. Era sencillamente inaceptable utilizar las llamadas palabras con R (recesión) y D (depresión), aunque era claro que el PIB de Indonesia probablemente caería entre un 10 y un 15 %, magnitud que sin duda justificaba el recurso a esos desagradables términos.

Finalmente, Summers, Fischer, el Tesoro y el FMI no pudieron ignorar la depresión. Japón volvió a formular una generosa oferta de ayuda bajo la Iniciativa Miyazawa (por el nombre del ministro de Hacienda nipón). Esta vez la oferta fue rebajada hasta 30.000 millones de dólares, y aceptada. Pero incluso entonces EE UU argumentó que el dinero no debía ser gastado en estimular la economía a través de la expansión fiscal sino para la

1. El funcionario responsable del Ministerio de Hacienda, Eisuke Sakakibara, redactó después su propia interpretación de los hechos, en E. Sakakibara, «The End of Market Fundamentalism», conferencia en el Foreign Correspondents Club, enero de 1999.

reestructuración empresarial y financiera, de hecho, para ayudar a rescatar a los bancos norteamericanos y de otros países, y a otros acreedores. El ahogamiento del Fondo Monetario Asiático aún es motivo de resentimiento en Asia y muchos funcionarios me han participado su enojo por el incidente. Tres años después de la crisis, los países del Este asiático finalmente se han juntado y empiezan, con cautela, a crear una versión más modesta del Fondo Monetario Asiático, bajo el inocuo nombre de Iniciativa Chang Mai, el nombre de la ciudad del norte de Tailandia donde fue lanzada.

La segunda ronda de errores: la reestructuración chapucera

A medida que la crisis se agravaba, la nueva consigna pasó a ser la necesidad de «reestructuración». Los bancos con préstamos incobrables en sus cuentas debían ser clausurados y las empresas endeudadas debían cerrar o pasar a manos de sus acreedores. El FMI se concentró en esto en lugar de limitarse a cumplir el papel que presuntamente debía cumplir: aportar liquidez para financiar los gastos necesarios. Pero incluso este énfasis en la reestructuración falló y mucho de lo que hizo el FMI empujó a las debilitadas economías aún más hacia abajo.

Sistemas financieros

La crisis del Este asiático fue, primero y principal, una crisis del sistema financiero, y este asunto debía ser abordado. El sistema financiero puede ser comparado con el cerebro de la economía. Asigna el capital escaso entre usos alternativos intentando orientarlo hacia donde sea más efectivo, en otras palabras, hacia donde genere los mayores rendimientos. El sistema financiero también vigila los fondos para asegurarse de que son empleados en la forma comprometida. Si el sistema financiero se colapsa, las empresas no pueden conseguir el capital circulante que necesitan para continuar con los niveles corrientes de producción, y mucho menos para financiar la expansión mediante nuevas inversiones. Una crisis puede desencadenar un círculo vicioso por el cual los bancos recortan su financiamiento, lo que lleva a las empresas a recortar su actividad, lo que a su vez reduce la producción y las rentas. Cuando la producción y las rentas se derrumban, los beneficios hacen lo propio y algunas compañías se ven abocadas a la quiebra. Cuando las empresas entran en quiebra, los balances de los bancos empeoran y estas entidades recortan aún más sus créditos, lo que exacerba la coyuntura negativa.

Si hay un número suficiente de empresas que no pagan sus préstamos, los bancos se colapsan. Con sólo un gran banco que quiebre las consecuencias pueden ser desastrosas. Las instituciones financieras determinan la solvencia; esta información es sumamente específica, no puede ser transmitida con facilidad, está incorporada en los registros y la memoria institucional del banco (u otras entidades financieras). Cuando un banco cierra, buena parte de la información sobre solvencia que posee es destruida, y se trata de una información que es raro recrear. Incluso en los países más avanzados, una pequeña o mediana empresa típica puede obtener créditos de a lo sumo dos o tres bancos. Cuando un banco cierra en épocas de prosperidad, muchos de sus clientes pueden verse en dificultades para encontrar un suministrador de crédito alternativo de la noche a la mañana. En los países en desarrollo, donde las fuentes de financiación son aún más limitadas, si un banco del que depende una empresa quiebra, el hallar una nueva fuente de financiación –en especial durante una caída de la actividad económica– puede ser prácticamente imposible.

El temor a este círculo vicioso ha inducido a muchos gobiernos en todo el mundo a fortalecer sus sistemas financieros por medio de una regulación prudencial. Los partidarios del libre mercado se irguieron reiteradamente contra estas regulaciones. Cuando sus voces fueron escuchadas las consecuencias resultaron catastróficas; así en Chile en 1982-1983, cuando el PIB cayó un 13,7 % y uno de cada cinco trabajadores quedó en paro, o en EE UU durante la época de Reagan, cuando, como vimos, la desregulación provocó el colapso de las S & L, y costó a los contribuyentes norteamericanos 200.000 millones de dólares.

El reconocimiento de la importancia de mantener los flujos crediticios es algo que ha guiado a los que elaboran las medidas de política económica para lidiar con los problemas de la reestructuración financiera. Los temores acerca de los efectos de esta «destrucción de capital informativo» en parte explican por qué EE UU, durante el desastre de las S & L, procedió a cerrar muy pocos bancos de entrada. El grueso de los bancos más débiles pasó a manos de otros bancos o se fusionaron con ellos, y los clientes apenas percibieron el cambio. De este modo, el capital informativo fue preservado. Aun así, la crisis de las S & L fue un factor relevante que contribuyó a la recesión de 1991.

Provocar una carrera bancaria

Aunque las debilidades del sistema financiero eran mucho más generalizadas en el Este asiático que en EE UU, y la retórica del FMI siguió subrayando dichas debilidades en la base de la crisis, el FMI no entendió cómo funcionan los mercados financieros y su impacto en el resto de la economía. Sus crudos macromodelos jamás integraron una imagen amplia de los mercados financieros a nivel agregado, y fueron incluso más deficientes a nivel micro, esto es, a nivel de la empresa. No tomaron adecuadamente en consideración los apuros empresariales y financieros a los que tan intensamente contribuyeron sus llamadas políticas de estabilización, incluidos los elevados tipos de interés.

Al abordar el problema de la reestructuración, los equipos del FMI en el Este asiático se concentraron en cerrar los bancos débiles; era como si actuaran conforme a un modelo de competencia darwiniana, de modo que los bancos débiles no debían sobrevivir. Su postura tenía alguna base: en otros lugares, el permitir que los bancos débiles siguieran operando sin una estrecha supervisión, llevó a que realizaran préstamos muy arriesgados. Apostaron por préstamos de alto riesgo y alta rentabilidad: si tenían suerte, los préstamos serían reembolsados y los elevados tipos de interés les harían recuperar la solvencia. Si no tenían suerte, cerrarían –y el Estado recogería los trozos–, pero es algo que les sucedería en cualquier caso si no emprendían la estrategia de créditos con riesgo. Con demasiada frecuencia, empero, los préstamos arriesgados resultan impagados, y cuando llega el día de hacer las cuentas, el Gobierno ha de afrontar un rescate mayor que si el banco hubiese sido cerrado con anterioridad. Ésta era una de las lecciones claras del colapso de las Savings & Loans de EE UU: la negativa de la Administración de Reagan a tomar cartas en el asunto durante años significó que cuando la crisis ya no podía ser eludida, el coste para el contribuyente fue mucho más grande. Pero el FMI pasó por alto otra lección fundamental: la importancia de mantener los flujos del crédito.

Su estrategia para la reestructuración financiera era triple: separar los bancos realmente en mala situación, que debían ser cerrados de inmediato, de los bancos sólidos; un tercer grupo eran los deficientes pero reparables. Se exige a los bancos mantener un cierto coeficiente o relación entre el capital y los préstamos sin reembolsar y otros activos, lo que se denomina *ratio* de apalancamiento. De modo nada sorprendente, cuando muchos préstamos son impagados, muchos bancos no cumplen con este coeficiente. El FMI insistió en que los bancos o bien fueran cerrados o bien cumplieran rápidamente con él. Pero esta insistencia exacerbó la caída de la actividad. Cometieron el tipo de error sobre el que advertimos a los estudiantes en el primer curso de Económicas, llamado la falacia de composición. Cuando un solo banco atraviesa dificultades, entonces tiene sentido insistirle en que cumpla con el coeficiente, pero cuando muchos o la mayoría de los bancos tienen problemas, esa política puede ser desastrosa. Hay dos formas de incrementar la relación entre el capital y los préstamos: aumentar el capital o reducir los préstamos. En medio de una recesión, especialmente de la magnitud de la del Este asiático, es arduo conseguir nuevo capital. La alternativa es recortar los préstamos pendientes. Pero a medida que cada banco exige el reembolso de sus préstamos, cada vez más firmas entran en zona de peligro. Sin el capital circulante adecuado, se ven forzadas a recortar su producción, lo que reduce la demanda de productos de otras empresas. La espiral descendente se acentúa. Y con más y más empresas en apuros, ese coeficiente del capital de los bancos puede incluso empeorar. El intento de mejorar la posición financiera de los bancos resultó contraproducente.

Con un gran número de bancos cerrados, y los que se las ingeniaban para sobrevivir afrontando un número creciente de préstamos impagados, y poco dispuestos a incorporar nuevos clientes, cada vez eran más las empresas que no podían acceder al crédito. Sin crédito se aplastaría el último atisbo de esperanza de una recuperación. La devaluación de la moneda significaba que las exportaciones debían aumentar, porque los bienes de la región se abarataron en un 30 % o más. Pero aunque los volúmenes exportados subieron, no lo hicieron tanto como lo esperado, y por una sencilla razón: para expandir las exportaciones, las empresas necesitan capital circulante para producir más. Como los bancos cerraban y recortaban sus préstamos, las empresas no podían contar con el capital circulante necesario para mantener la producción, y mucho menos expandirla.

En ningún sitio la falta de percepción del FMI sobre los mercados financieros fue tan evidente como en sus políticas de cierre de bancos en Indonesia. Unos dieciséis bancos privados fueron cerrados, y se informó de que otros podrían serlo también en el futuro; los depositantes, salvo aquellos con cuentas muy modestas, quedaron librados a sí mismos. Nada sorprendentemente, esto generó una carrera hacia los bancos privados que aún seguían abiertos, y los depósitos fueron rápidamente transferidos a los bancos estatales, que se pensaba gozaban de una garantía gubernamental implícita. Los efectos sobre el sistema bancario y la economía de Indonesia fueron terribles, potenciando los errores de política fiscal y monetaria ya analizados, y prácticamente sellando el destino del país: la depresión se volvió inevitable.

En contraste, Corea del Sur no hizo caso del consejo foráneo y en vez de cerrar recapitalizó sus dos mayores bancos. Esto explica en parte por qué Corea se recuperó de manera relativamente rápida.

Reestructuración empresarial

Aunque la atención se centró en la reestructuración financiera, era evidente que los problemas en el sector financiero no serían resueltos si no se abordaban los problemas del sector empresarial. Con el 75 % de las empresas indonesias en apuros, y la mitad de los préstamos tailandeses impagados, el sector corporativo entraba en un estadio de parálisis. Las empresas abocadas a una quiebra están como en el limbo: no se sabe de quién son, si de sus propietarios actuales o de sus acreedores. Los temas de la propiedad no son plenamente resueltos hasta que la empresa sale de la quiebra. Pero sin propietarios claros, siempre existe la tentación de los gestores y de los antiguos propietarios de liquidar los activos, y esta liquidación efectivamente tuvo lugar. Para evitarlo, en EE UU y otros países, cuando las empresas suspenden pagos, los tribunales nombran a unos síndicos. Pero Asia carecía del marco jurídico y del personal para llevarlo a cabo. Era por tanto imperativo que las quiebras y los problemas empresariales fueran resueltos rápidamente antes de la liquidación de activos. Por desgracia, la errónea economía del FMI, que contribuyó al caos debido a los altos tipos de interés que forzaron los aprietos de muchas compañías, conspiró con la ideología y los intereses creados para ahogar el ritmo de la reestructuración.

La estrategia del FMI para la reestructuración corporativa –reestructurar empresas que estaban efectivamente en quiebra– no tuvo más éxito que su estrategia para reestructurar los bancos. Confundió la reestructuración financiera –que implica aclarar quién es el propietario de la empresa y pagar la deuda o convertirla en capital– con la reestructuración real, las decisiones cotidianas, es decir, lo que la firma debe producir, cómo debe hacerlo y cómo ha de organizarse. Dada la masiva caída de la actividad económica, la veloz reestructuración financiera comportaba beneficios macroeconómicos genuinos. Los individuos participantes en las negociaciones de las suspensiones de pagos no tendrán en consideración estos beneficios sistémicos. Puede convenirles avanzar lentamente; a menudo negociar una quiebra lleva mucho tiempo, más de un año o dos. Cuando hay apenas unas pocas empresas en quiebra en una economía, esta demora tiene un coste social reducido; pero cuando los apuros afligen a muchas empresas, el coste social puede ser enorme, porque prolonga la recesión macroeconómica. Por eso es imperativo que el gobierno haga todo lo posible para facilitar una resolución rápida.

Mi opinión era que el gobierno debía intervenir activamente en la promoción de esta reestructuración financiera, garantizando que hubiera propietarios reales. Yo pensaba que una vez resueltos los temas de la propiedad, los nuevos dueños podrían embarcarse en las decisiones acerca de la reestructuración real. La posición del FMI fue la contraria, y alegó que el gobierno no debía intervenir activamente en la reestructuración financiera sino en la real, por ejemplo, vendiendo activos para reducir la aparente capacidad excedentaria surcoreana en el sector de los microprocesadores, y trayendo nuevos gestores (por lo general, extranjeros). Yo no veía razón alguna para creer que los burócratas internacionales, entrenados para la macrogestión, tuvieran un talento especial para la reestructuración corporativa en general, o para la industria de los chips en particular. Aunque la reestructuración es en cualquier caso un proceso lento, los gobiernos de Corea y Malaisia cumplieron un papel protagónico, y en un período de tiempo asombrosamente corto, de dos años, consiguieron completar la reestructuración financiera de una fracción notablemente abultada de las empresas con problemas. Como contraste, la reestructuración en Tailandia, que siguió la estrategia del FMI, languideció.

Los errores más penosos: el riesgo de la agitación social y política

Quizá nunca puedan apreciarse cabalmente las consecuencias sociales y políticas de haber manejado mal la crisis asiática. Cuando el director ejecutivo del FMI, Michel Camdessus, y los ministros de Hacienda y gobernadores de bancos centrales del G-22 (ministros y gobernadores de los principales países industrializados más los de los principales países de Asia, más Australia) se congregaron en Kuala Lumpur, Malaisia, a principios de diciembre de 1997, yo advertí sobre el peligro de las perturbaciones sociales y políticas, especialmente en países con una historia de divisiones étnicas (como Indonesia, donde se habían registrado grandes tumultos étnicos unos treinta años antes), si proseguían las políticas monetarias y fiscales contractivas que habían sido impuestas. Camdessus respondió tranquilamente que debían seguir el ejemplo de México; tenían que adoptar medidas dolorosas para poder recuperarse. Por desgracia, mis pronósticos resultaron completamente acertados. Apenas cinco meses después de haber advertido sobre el inminente desastre, estallaron los alborotos. El FMI había aportado unos 23.000 millones de dólares, utilizados para sostener el tipo de cambio y rescatar a los acreedores, pero las sumas muchísimo más pequeñas necesarias para ayudar a los pobres no llegaron. En palabras de los norteamericanos, había miles y miles de millones para el bienestar corporativo, pero no los más modestos millones para el bienestar de los ciudadanos de a pie. Los subsidios para la comida y el combustible de los pobres en Indonesia fueron drásticamente recortados, y los desórdenes explotaron al día siguiente. Como había sucedido treinta años antes, los empresarios indonesios y sus familias fueron las víctimas.

No se trata de que la política del FMI pudiera ser considerada como inhumana por algunos intervencionistas de pocas luces. Incluso si a uno no le angustiaban los que afrontaban el hambre, o los niños cuyo crecimiento se vería obstruido por la desnutrición, se trataba sencillamente de mala economía: los alborotos no restauran la confianza empresarial. Ellos desvían el capital fuera del país, no lo atraen para que entre. Y los desórdenes son predecibles, como cualquier otro fenómeno social, no con certeza, pero con una alta probabilidad. Era patente que Indonesia estaba pronta para tales disturbios. El propio FMI debería haberlo sabido: en todo el mundo, cuando sus políticas han recortado los subsidios a los alimentos, el FMI ha inspirado levantamientos.

Tras los tumultos en Indonesia, el FMI revirtió su posición: los subsidios alimentarios fueron repuestos. Pero, nuevamente, el Fondo demostró que no había aprendido la lección básica de la «irreversibilidad». Igual que una empresa quebrada por los altos tipos de interés no puede ser «desquebrada» cuando los tipos bajan, una sociedad despedazada por los alzamientos inducidos por la supresión de los subsidios alimentarios justo cuando se está hundiendo en una depresión, no se recompone cuando dichos subsidios son restaurados. De hecho, en algunos sitios el resentimiento se vuelve aún mayor: si se podían sufragar los subsidios alimentarios, ¿por qué los quitaron?

Tuve la oportunidad de charlar con el primer ministro de Malaisia tras los alborotos en Indonesia. Su país también había experimentado desórdenes étnicos en el pasado. Malaisia había tomado medidas para impedir su repetición, incluyendo un programa de promoción de empleo para la etnia malaya. Mahathir sabía que todos los beneficios de la construcción de una sociedad multirracial podrían desvanecerse si le hubiera permitido al FMI dictar las políticas para su país y como consecuencia hubiesen estallado los desórdenes. La prevención de una severa recesión no era para él una cuestión meramente económica, sino un asunto de supervivencia nacional.

La recuperación: ¿vindicación de las políticas del FMI?

Cuando este libro va a la imprenta, la crisis ha quedado atrás. Muchos países asiáticos están creciendo nuevamente, con una recuperación ligeramente contenida por la desaceleración global que comenzó en el año 2000. Los países que consiguieron eludir la recesión en 1998, Taiwan y Singapur, cayeron en ella en 2001; a Corea le está yendo bastante mejor. Con un giro mundial hacia abajo, que afecta a EE UU y también a Alemania, nadie habló de las instituciones débiles y los malos gobiernos como causa de las recesiones; ahora parecen recordar que tales fluctuaciones siempre han formado parte de las economías de mercado.

Aunque algunas personas en el FMI creen que sus intervenciones han tenido éxito, existe un amplio consenso en que se cometieron graves errores. De hecho, esto queda demostrado por la naturaleza de la recuperación. Virtualmente todas las recesiones económicas terminan. Pero la crisis asiática fue más severa de lo que pudo haber sido, la recuperación tardó más de lo necesario y las perspectivas de un futuro crecimiento no son las que eran.

En Wall Street, una crisis termina cuando las variables financieras empiezan a girar. Mientras los tipos de cambio son débiles o las cotizaciones caigan no está claro el final. Pero una vez alcanzado el mínimo, las pérdidas al menos ya no aumentan y lo peor es lo ya conocido. Pero para una verdadera medición de la recuperación no basta la estabilización de los tipos de cambio o de interés. La gente no vive de los tipos de cambio o interés. A los trabajadores les preocupan los empleos y los salarios. Aunque la tasa de paro y los salarios reales hayan llegado a sus peores registros, eso no es suficiente para el trabajador que sigue en paro o que ha visto cómo su renta cae en una cuarta parte. No existe una genuina recuperación hasta que los trabajadores recuperen sus puestos de trabajo y los salarios sean restaurados a sus niveles previos a la crisis. En la actualidad, las rentas en los países del Este asiático afectados por la crisis son aún un 20 % inferiores a lo que serían si el crecimiento hubiese continuado al ritmo de la década anterior. En Indonesia, la producción en 2000 fue un 7,5 % más baja que en 1997, y Tailandia, el mejor alumno del FMI, no había alcanzado su nivel previo a la crisis, y mucho menos había compensado el crecimiento perdido. Ésta no fue la primera vez que el FMI cantó victoria antes de tiempo: la crisis de México en 1995 se declaró superada en cuanto los bancos y los prestamistas extranjeros empezaron a cobrar, pero cinco años después los trabajadores apenas están en la posición que ocupaban antes. Es revelador el hecho mismo de que el FMI se centre en las variables financieras y en los salarios reales, el paro, el PIB o medidas más amplias del bienestar.

La cuestión de cómo gestionar mejor una recuperación es difícil, y la respuesta depende claramente de la causa del problema. Para muchas recesiones la mejor receta es la estándar keynesiana: una política fiscal y monetaria expansiva. Los problemas en el Este asiático eran más complicados, porque una parte del problema radicaba en la debilidad financiera: bancos débiles y empresas excesivamente apalancadas. Pero una profundización de la recesión empeoraba estas dificultades. El dolor no es una virtud por sí mismo; el dolor per se no ayuda a la economía; y el dolor ocasionado por las políticas del FMI, al agudizar la recesión, complicó más la recuperación. A veces, como en América Latina, en Argentina, Brasil y muchos otros países durante los años setenta, las crisis son causadas por los gobiernos despilfarradores, que gastan por encima de sus posibilidades, y en esos casos el gobierno deberá recortar el gasto o incrementar los impuestos, decisiones dolorosas, al menos en el sentido político. Pero dado que el Este asiático no tenía ni políticas monetarias laxas ni sectores públicos derrochadores –la inflación era baja y estable, y los presupuestos previos a la crisis registraban superávit– esas medidas no eran las correctas para lidiar con la crisis de Asia.

Lo malo de los errores del FMI es que probablemente resulten perdurables. El FMI hablaba a menudo como si la economía necesitara un buen purgante. Hay que asumir el dolor y cuanto más acusado sea éste, más intenso será el crecimiento subsiguiente. Según la teoría del FMI, pues, un país preocupado por sus perspectivas a largo plazo –digamos, dentro de veinte años– debería aguantarse y aceptar una profunda recesión. La gente sufrirá hoy, pero al menos sus hijos estarán mejor. Por desgracia, la evidencia no avala la teoría del FMI. Una economía en fuerte recesión puede crecer más rápidamente cuando se recupere, pero nunca compensa el tiempo perdido. Cuanto más aguda sea la recesión actual, menor será probablemente la renta dentro de veinte años. La situación, al revés de lo que dice el FMI, no será probablemente mejor. Los efectos de una recesión son duraderos. Existe una implicación importante: cuanto más profunda sea hoy la recesión, no sólo será bajo el producto hoy sino que probablemente será bajo en los años venideros. En cierto sentido no es bueno, puesto que significa que el mejor remedio para la salud actual de la economía y el mejor remedio para su salud futura coinciden. Implica que la política económica debe ser orientada a minimizar la profundidad y la duración de cualquier fase negativa del ciclo económico. Lamentablemente, no fueron tales ni las intenciones ni el impacto de las prescripciones del FMI.

Malaisia y China

Los efectos negativos de las políticas del FMI resaltan nítidamente si contrastamos lo que sucedió en Malaisia y China, dos naciones que prefirieron no tener programas del FMI, con el resto del Este asiático, donde sí se aplicaron. Malaisia fue severamente criticada durante la crisis por la comunidad financiera internacional. Aunque la retórica y las políticas de derechos humanos del primer ministro Mahathir dejaron a menudo bastante que desear, muchas de sus políticas económicas fueron un éxito.

Malaisia era reticente a aceptar el programa del FMI, en parte porque los funcionarios allí no querían ser mandados por foráneos, pero también porque confiaban poco en el FMI. A comienzos de la crisis de 1997, el director ejecutivo del FMI, Michel Camdessus, anunció que la posición de los bancos malaisios era delicada. Un equipo del FMI/Banco Mundial fue rápidamente enviado a evaluar el sistema bancario del país. Aunque había un alto nivel de préstamos incobrables (15 %), el banco central de Malaisia había impuesto estrictas regulaciones por las cuales los bancos realizaron provisiones adecuadas para tales pérdidas. Asimismo, las fuertes regulaciones del país protegieron a los bancos de quedar expuestos a la volatilidad de los tipos de cambio (el peligro de endeudarse en dólares y prestar en ringgits), e incluso limitaron el endeudamiento exterior de las compañías a las que dichos bancos prestaban (recetas precavidas que no integraban entonces los paquetes estándar del FMI).

La forma habitual de ponderar la solidez de un sistema bancario es someterlo, en ejercicios de simulación, a tests de tensión y evaluar sus respuestas ante diferentes circunstancias económicas. El sistema bancario de Malaisia salió bastante bien parado. Pocos sistemas bancarios podrían sobrevivir a una larga recesión, o una depresión, y el malaisio no era una excepción, pero su sistema bancario era notablemente fuerte. Durante una de mis numerosas visitas a Malaisia, observé la incomodidad del personal del FMI al redactar su informe: debían escribirlo sin contradecir las afirmaciones del director ejecutivo pero manteniendo la coherencia con los datos.

En la propia Malaisia, el asunto de la mejor defensa ante la crisis fue vivamente debatido. El ministro de Hacienda, Anwar Ibrahim, propuso «un programa del FMI sin el FMI», es decir, subir los tipos de interés y rebajar el gasto. Mahathir era escéptico. Finalmente, echó a su ministro y las políticas económicas fueron revertidas.

Cuando la crisis regional devino en una crisis global, y los mercados internacionales de capitales sufrieron un infarto, Mahathir volvió a actuar. En septiembre de 1998 Malaisia fijó el ringgit a 3,80 por dólar, bajó los tipos de interés y decretó que todos los ringgits *offshore* o fuera del país fuesen repatriados para finales de mes. El Gobierno impuso también severas restricciones a las transferencias al exterior de los capitales de los residentes de Malaisia, y congeló durante 12 meses la repatriación de las inversiones exteriores de cartera. Estas medidas fueron anunciadas como de corto plazo, y cuidadosamente diseñadas para que quedara claro que el país no era hostil a la inversión extranjera a largo plazo. Los que habían invertido en Malaisia y obtenido beneficios fueron autorizados a llevárselos. El 7 de septiembre de 1998, en una columna hoy célebre en la revista *Fortune*, el destacado economista Paul Krugman instó a Mahathir a que impusiera controles a los movimientos de capital. Pero estaba en minoría. El gobernador del banco central de Malaisia, Ahmad Mohamed Don, y su subgobernador, Fong Weng Phak, dimitieron, según se dijo porque disentían de la imposición de los controles. Algunos economistas –los de Wall Street y el FMI– predijeron el desastre cuando se establecieron los controles y advirtieron que los inversores extranjeros se quedarían fuera por miedo durante años. Esperaban que la inversión extranjera se hundiera, igual que la Bolsa, y que apareciera un mercado negro de ringgits con sus correspondientes distorsiones. Y advertían que los controles interrumpirían las entradas de capital pero no podrían bloquear las salidas. La huida de los capitales tendría lugar en cualquier caso. Los analistas predijeron que la economía padecería, el crecimiento se detendría, los controles se eternizarían; y adujeron que Malaisia estaba demorando el abordar los problemas fundamentales. Hasta el secretario del Tesoro, Robert Rubin, habitualmente de sereno proceder, se unió al coro de reprimendas.

El desenlace fue muy distinto. Mi equipo en el Banco Mundial trabajó con Malaisia para convertir los controles a los capitales en un impuesto a la salida. Como los rápidos flujos de capitales entrando o saliendo de un país provocan grandes perturbaciones, generan lo que los economistas llaman «grandes externalidades» (efectos sobre otras personas corrientes no involucradas en esos flujos de capital). Tales flujos dan pie a masivas sacudidas en la economía en su conjunto. El Gobierno tiene el derecho, incluso el deber, de tomar medidas para lidiar con esas sacudidas. En general, los economistas piensan que las intervenciones basadas en el mercado, como los impuestos, son más efectivas y surten menos efectos colaterales adversos que los controles directos, y así en el Banco Mundial recomendamos a Malaisia eliminar los controles directos e imponer un impuesto a la salida. Asimismo, el impuesto podía ser reducido gradualmente, con lo que no habría apreciables conmociones cuando las intervenciones fueran finalmente suprimidas.

Las cosas salieron como se había planeado. Malaisia suprimió el impuesto según lo prometido: un año después de la imposición de los controles. De hecho, Malaisia había impuesto antes en una oportunidad controles temporales a los capitales, y los quitó una vez estabilizada la situación. Esta experiencia histórica fue desdeñada por quienes atacaron al país tan abiertamente. En el plazo de un año, Malaisia reestructuró sus bancos y empresas, y demostró que los críticos, que habían afirmado que sólo con la disciplina derivada de los mercados libres de capital los gobiernos se toman las cosas en serio, se habían equivocado una vez más. En realidad hizo más progresos en esa dirección que Tailandia, que había seguido las recetas del FMI. En perspectiva, fue claro que los controles de capital de Malaisia le permitieron recuperarse antes, con una recesión menos profunda[1] y con una herencia mucho menor de deuda pública lastrando el crecimiento futuro. Los controles le permitieron tener tipos de interés menores que los que habría registrado en otras circunstancias; y estos tipos menores supusieron que menos empresas fueran a la quiebra, con lo que la magnitud de la financiación pública de los rescates corporativo y financiero también fue menor. Asimismo, los tipos de interés más reducidos hicieron que la recuperación pudiera ponerse en marcha con menor dependencia de la política fiscal y por ende con menos endeudamiento público. Actualmente Malaisia está mucho mejor que los países que siguieron los consejos del FMI.

Hay escasas pruebas de que los controles de capitales desanimaran a los inversores extranjeros. De hecho, la inversión extranjera aumentó[2]. Como a los inversores les preocupa la estabi-

1. Para más detalles véase D. Kaplan y D. Rodrik, «Did the Malaysian Capital Controls Work?», *op. cit.*

2. Durante este período de crisis la inversión extranjera directa en Malaisia reveló un patrón similar al de otros países de la región afectados por la crisis. Sin embargo, la evidencia es aún demasiado preliminar como para extraer conclusiones solventes. Se necesitan estudios econométricos más profundos (y más información) para desentrañar el efecto de los controles de capital sobre la inversión extranjera directa de los demás factores que la afectan.

lidad económica, y como Malaisia había conseguido mantener esta estabilidad bastante mejor que muchos de sus vecinos, fue capaz de atraer inversiones.

El otro país que emprendió un rumbo independiente fue China. No es ninguna casualidad que los dos grandes países en desarrollo que escaparon de los azotes de la crisis económica global –la India y China– tuvieran ambos controles de capitales. Mientras que los países del mundo subdesarrollado que liberalizaron sus mercados de capitales vieron caer sus rentas, la India creció a un ritmo superior al 5 %, y China casi al 8 %. Esto es aún más notable dada la desaceleración generalizada en el crecimiento de la economía, y particularmente en el comercio, durante ese período. China lo logró respetando las prescripciones de la ortodoxia económica. No se trataba de las recetas «hooveritas» del FMI sino de las recetas estándares que los economistas han venido enseñando durante más de medio siglo. Ante un giro negativo en la actividad económica hay que responder con una política macroeconómica expansiva. China aprovechó la oportunidad para combinar sus necesidades a corto plazo con objetivos a largo plazo. El rápido crecimiento de la década precedente, que se estimaba iba a prolongarse hacia el siglo siguiente, generó una gigantesca demanda de infraestructuras. Había vastas oportunidades para inversiones públicas con alta rentabilidad, incluyendo proyectos que estaban en marcha y fueron acelerados, y proyectos ya diseñados pero que estaban paralizados por falta de fondos. Los remedios estándares funcionaron y China evitó un freno en el crecimiento.

Al plantear decisiones de política económica, China era consciente del vínculo entre la macroestabilidad y su microeconomía. Sabía que debía continuar reestructurando sus sectores corporativo y financiero. También reconocía que una contención económica dificultaría mucho desarrollar una agenda de reformas. Dicha contención aumentaría el número de empresas con problemas, y de préstamos impagados, lo que debilitaría el sistema bancario. El freno económico también aumentaría el paro y ello elevaría mucho los costes sociales de reestructurar las empresas públicas. Y China reconoció los lazos entre la economía y la estabilidad política y social. Había experimentado en su historia reciente con demasiada frecuencia las consecuencias de la inestabilidad, y no las deseaba. Desde todos los puntos de vista, China apreciaba plenamente las consecuencias sistémicas de las políticas macroeconómicas, consecuencias que las políticas del FMI habitualmente pasaban por alto.

Esto no quiere decir que China haya dejado atrás todas las dificultades. La reestructuración de sus bancos y empresas públicas aún representa un desafío para los años venideros. Pero estos desafíos pueden ser abordados mucho mejor en el contexto de una macroeconomía vigorosa.

Aunque las divergencias en las circunstancias individuales hacen difíciles de discernir tanto el propio estallido de la crisis como la rápida recuperación, creo que no es casual que la única gran nación asiática que eludió la crisis, China, escogiera un rumbo exactamente opuesto al aconsejado por el FMI, y que el país que sufrió la caída más corta, Malaisia, también rechazó explícitamente la estrategia del FMI.

Corea, Tailandia e Indonesia

Corea y Tailandia arrojan más contrastes. Después de un breve intervalo de vacilación política entre julio y octubre de 1997, Tailandia siguió las prescripciones del FMI casi a la perfección. Pero más de tres años después del comienzo de la crisis aún estaba en recesión, con un PIB aproximadamente un 2,3 % menor que el nivel previo a la crisis. Apenas se había emprendido una escasa reestructuración corporativa, y casi el 40 % de los préstamos eran incobrables.

Por el contrario, Corea no cerró bancos conforme a la receta habitual del FMI, y el Gobierno coreano, como el de Malaisia, cumplió un papel activo en la reestructuración empresarial. Además, Corea mantuvo bajo su tipo de cambio, y no dejó que rebotara hacia arriba. El objetivo ostensible de esto era recomponer las reservas, porque comprar dólares para las reservas deprimía el valor del won. De hecho, Corea mantuvo bajo el tipo de cambio para sostener las exportaciones y limitar las importaciones. Asimismo, Corea tampoco hizo caso del FMI en cuanto a la reestructuración física. El FMI actuaba como si supiera de la industria global del microprocesador más que las empresas que los producían, y sostuvo que Corea debía eliminar rápidamente su exceso de capacidad. Con inteligencia, Corea hizo caso omiso del mensaje. A medida que la demanda de chips se recuperó, la economía hizo lo mismo. De haber seguido el consejo del FMI, la recuperación habría sido mucho más contenida.

Al evaluar las repercusiones, el grueso de los analistas tratan a Indonesia como un caso aparte, simplemente porque la economía fue dominada por acontecimientos políticos y desórdenes sociales. Pero, como hemos visto, la agitación política y social es en sí misma atribuible en medida no pequeña a las políticas del FMI. Nadie sabrá nunca si podría haber habido una transición más airosa desde Suharto, pero pocos dudarían de si pudo ser más tumultuosa.

Efectos sobre el futuro

A pesar de tantos sinsabores, la crisis del Este asiático tuvo efectos saludables. Los países de la región seguramente desarrollarán mejores sistemas de regulación financiera y mejores instituciones financieras en general. Aunque sus empresas ya habían demostrado una notable pericia para competir en el mercado global, Corea probablemente tendrá una economía más competitiva. Algunos de los peores aspectos de la corrupción, como el «capitalismo de amiguetes», habrán sido controlados.

Ahora bien, el modo en que fue abordada la crisis –en particular el uso de altos tipos de interés– probablemente ejerza un efecto significativamente adverso en el crecimiento económico de la región a plazo medio, posiblemente largo. Hay una cierta ironía en la razón central de esto. Las instituciones financieras débiles y subreguladas son malas porque llevan a una deficiente asignación de recursos. Aunque los bancos del Este asiático estaban lejos de ser perfectos, en las tres décadas anteriores sus logros en la asignación de enormes flujos de capital fueron en verdad impresionantes. Y eso fue lo que sostuvo su rápido crecimiento. La intención de los que promovían las «reformas» en el este de Asia era mejorar la capacidad del sistema financiero para asignar recursos, pero de hecho las políticas del FMI probablemente hayan menoscabado la eficiencia general del mercado.

En el mundo es muy poca la inversión nueva financiada con capital nuevo (vendiendo acciones de una empresa). De hecho, los únicos países con una propiedad accionarial ampliamente diversificada son EE UU, el Reino Unido y Japón, y los tres cuentan con sólidos sistemas legales y fuerte protección para los accionistas. El desarrollo de estas instituciones legales toma su tiempo, y pocos países lo han alcanzado. Entretanto, las empresas de todo el mundo dependen de la deuda. Pero la deuda tiene un riesgo inherente. Las estrategias del FMI, como la liberalización del mercado de capitales y la elevación de los tipos de interés hasta niveles exorbitantes cuando ocurre una crisis, hacen que el endeudamiento sea aún de mayor riesgo. Para responder racionalmente, las empresas se endeudarán menos y se obligarán a sí mismas a recurrir más a beneficios no distribuidos. Así, el crecimiento futuro será constreñido y el capital no fluirá tan libremente como habría fluido en otras circunstancias hacia los empleos más productivos. De este modo, las políticas del FMI llevaron a una asignación de recursos menos eficiente, en particular la asignación del capital, que es el recurso más escaso en los países subdesarrollados. El FMI no toma en cuenta este deterioro porque sus modelos no reflejan la realidad de cómo funcionan los mercados de capital, incluido el impacto de las imperfecciones de la información sobre dichos mercados.

Explicación de los errores

El FMI acepta ahora que cometió graves errores en sus recomendaciones de política fiscal, en cómo propició la reestructuración bancaria de Indonesia, en promover la liberalización del mercado de capitales quizá demasiado prematuramente, y en subestimar la importancia de los impactos interregionales, por los cuales la caída de un país contribuía a la de sus vecinos; pero no ha admitido los errores en su política monetaria, y ni siquiera ha intentado explicar por qué sus modelos fracasaron tan estrepitosamente en la predicción del curso de los acontecimientos. No ha intentado desarrollar un marco intelectual alternativo, lo que implica que en la próxima crisis puede volver a incurrir en las mismas equivocaciones (en enero de 2002 el FMI se apuntó otro fracaso: Argentina; en parte, la razón fue su insistencia, otra vez, en una política fiscal contractiva).

Parte de la explicación de la magnitud de los fallos tiene que ver con la soberbia: a nadie le gusta admitir un error, especialmente un error de ese calibre y con esas consecuencias. Ni Fischer ni Summers, ni Rubin ni Camdessus, ni el FMI ni el Tesoro de EE UU deseaban concluir que sus políticas habían estado desencaminadas. Se encastillaron en sus posesiones, a pesar de lo que a mi juicio era una evidencia abrumadora de su fracaso (cuando el FMI finalmente optó por defender los tipos de interés menores, y revirtió su apoyo a la contracción fiscal en el Este asiático, alegó que lo hacía porque había llegado el momento, pero yo sugeriría que cambiaron de rumbo en parte por la presión pública).

Pero en Asia abundan otras teorías, incluida una teoría de la conspiración (que no comparto), que concibe las políticas, bien como un intento deliberado de debilitar el Este asiático –la región del mundo que más ha crecido durante los últimos cuarenta años– o al menos de expandir los ingresos en Wall Street u otros centros monetarios. Es fácil comprender cómo se abrió camino esta línea de pensamiento: el FMI les dijo primero a los países de Asia que abrieran sus mercados al capital caliente a corto plazo. Los países lo hicieron y el dinero los inundó, pero también fluyó hacia fuera tan súbitamente como había entrado. El FMI dijo entonces que había que aumentar los tipos de interés y que era menester una contracción fiscal, lo que indujo una honda recesión. Cuando se desplomaron los valores de los activos, el FMI instó a los países afectados a que vendieran sus activos incluso a precios de saldo. Arguyó que las empresas necesitaban una gestión extranjera solvente –pasando por alto convenientemente que esas compañías ostentaban un envidiable récord de crecimiento durante las décadas anteriores, algo difícil de conciliar con una administración defectuosa– y que esto únicamente sucedería si las empresas no sólo eran gestionadas por extranjeros sino también vendidas a éstos. Las ventas fueron manejadas por las mismas instituciones financieras foráneas que habían sacado su capital y precipitado la crisis. Estos bancos cobraron jugosas comisiones por su trabajo de vender las empresas en apuros, o seccionarlas, del mismo modo en que habían cobrado jugosas comisiones cuando al principio guiaron el dinero hacia esos países. A medida que se desarrollaban los acontecimientos, el cinismo alcanzó cotas aún más altas: algunas de estas compañías financieras norteamericanas y de otros países no emprendieron una reestructuración apreciable; simplemente conservaron los activos hasta que la economía se recuperó, embolsándole abultados beneficios por comprar a precios de liquidación y vender a precios más normales.

Creo que hay un conjunto de explicaciones más sencillas: el FMI no integraba una conspiración sino que reflejaba los intereses y la ideología de la comunidad financiera occidental. Sus secretas formas de operar permitieron a la institución y a sus políticas eludir un intenso escrutinio que quizá la hubiese obligado a emplear modelos y a adoptar políticas más apropiadas para la situación del Este asiático. Los fracasos en esa región tienen mucho en común con los vinculados al desarrollo y la transición, y analizaremos con más detalles sus causas comunes en los capítulos 8 y 9.

Una estrategia alternativa

En respuesta a las quejas que continuamente planteo contra la estrategia del FMI-Tesoro, mis críticos han preguntado, con razón, qué habría hecho yo. Este capítulo ya ha bosquejado la estrategia básica: mantener la economía tan cerca del pleno empleo como sea posible. La consecución de este objetivo impone una política monetaria y fiscal expansiva (o al menos no contractiva), y la combinación exacta de ambas dependerá del país en cuestión. Coincido con el FMI en la importancia de la reestructuración financiera –abordar los problemas de los bancos en situación delicada– pero la hubiese enfocado de modo totalmente diferente, con el objetivo principal de mantener el flujo de financiación, y una interrupción de los pagos de la deuda existente; habría acometido una reestructuración de la deuda, como la que finalmente funcionó en el caso de Corea. El mantenimiento del flujo de financiación, a su vez, habría requerido mayores esfuerzos en la reestructuración de las instituciones existentes. Y una parte clave de la reestructuración corporativa habría comportado la implementación de una cláusula especial para las quiebras que persiguiera la resolución rápida de las dificultades resultantes de perturbaciones macroeconómicas más acusadas de lo normal. El código de quiebras de EE UU tiene cláusulas que permiten una rápida reorganización de una empresa (más que su liquidación), conocidas como «Capítulo 11». Las quiebras inducidas por perturbaciones macroeconómicas, como en el Este asiático, exigen resoluciones aún más rápidas (lo que llamo «supercapítulo 11»).

Con dichas cláusulas o sin ellas, era necesaria una enérgica intervención del Gobierno. Pero la intervención pública debía haber apuntado a la reestructuración financiera: el establecimiento de una clara propiedad de las empresas, que les permitiera volver a entrar en los mercados de crédito. Ello les habría permitido aprovechar plenamente las oportunidades para exportar que derivaban de su bajo tipo de cambio. Habría eliminado el incentivo para liquidar activos; les habría suministrado fuertes incentivos para acometer cualquier reestructuración real que fuese imprescindible; los nuevos propietarios y administradores habrían estado en una posición mucho mejor para dirigir esta reestructuración que los burócratas internacionales o locales que, como suele decirse, jamás han debido pagar una nómina. Esta reestructuración financiera no demanda costosos rescates. La decepción con las grandes estrategias de rescate es hoy casi universal. No puedo estar seguro de que mis ideas hubieran funcionado, pero pocas dudas me caben de que la probabilidad de éxito con esta estrategia era mucho mayor que con los planes del FMI que fracasaron de modo perfectamente predecible y a un gran coste.

El FMI no aprendió rápidamente de sus fallos en el Este asiático. Con pequeñas variantes, emprendió reiteradamente la gran estrategia de rescate. Tras los fracasos de Rusia, Brasil y Argentina, queda claro que es menester una estrategia alternativa, y hoy ganan apoyos al menos algunos de los elementos clave del enfoque que acabo de describir. El FMI y el G-7 hablan de poner mayor énfasis en las quiebras y las interrupciones de pagos (congelación de pagos de corto plazo), e incluso en el empleo temporal de controles sobre los movimientos de capitales. Volveremos sobre estas reformas más adelante, en el capítulo 9.

La crisis asiática ha operado muchos cambios que colocarán

a los países en una buena posición en el futuro. El gobierno corporativo y los estándares contables han mejorado tanto que en algunos casos incluso han situado a estos países en la cima de los mercados emergentes. La nueva Constitución de Tailandia promete una democracia más fuerte, e incluye un artículo que contempla el «derecho a saber» de los ciudadanos, que ni siquiera está en la Constitución norteamericana, y que augura un nivel de transparencia ciertamente superior al de las instituciones financieras internacionales. Muchos de estos cambios establecen condiciones para un crecimiento aún más robusto en el futuro.

Pero frente a estas ganancias hay auténticas pérdidas: la forma en que el FMI enfocó la crisis dejó en la mayoría de los países una herencia de deuda privada y pública. Atemorizó a las empresas no sólo con la deuda excesivamente alta que caracterizó a Corea, sino también con los niveles de deuda más cautelosos: los tipos de interés exorbitantes que arrastraron a miles de empresas a la bancarrota demostraron que incluso los niveles moderados de endeudamiento pueden ser sumamente peligrosos. Como consecuencia, las empresas deberán recurrir más a la autofinanciación. En efecto, los mercados de capital funcionarán de modo menos eficiente (otra víctima del enfoque ideológico del FMI para mejorar la eficiencia del mercado). Y lo más importante: el crecimiento en los niveles de vida se verá frenado.

Las políticas del FMI en el Este asiático tuvieron exactamente las consecuencias que han hecho que la globalización haya sido atacada. Los fracasos de las instituciones internacionales en los países pobres en desarrollo vienen de lejos, pero no ocuparon los titulares de la prensa. La crisis del este de Asia enseñó nítidamente al mundo más desarrollado algunas de las insatisfacciones sentidas desde hacía mucho en el mundo subdesarrollado. Lo sucedido en Rusia durante buena parte de los años noventa proporciona ejemplos aún más llamativos sobre por qué hay tanto descontento con las instituciones internacionales como el FMI y por qué es urgente que éstas cambien.

Capítulo 5

¿Quién perdió a Rusia?

Tras la caída del Muro de Berlín comenzó una de las más importantes transiciones económicas de todos los tiempos. Fue el segundo experimento económico y social más audaz del siglo[1]. El primero fue la transición deliberada al comunismo, siete décadas antes. Con el paso de los años, los fallos de este primer experimento se volvieron nítidos. Como consecuencia de la Revolución de 1917 y de la hegemonía soviética sobre una gran parte de Europa después de la Segunda Guerra Mundial, el 8 %

1. Buena parte de este capítulo y el siguiente se basa en trabajos sobre los que se informa más ampliamente en otras referencias. Véanse los siguientes documentos: J. E. Stiglitz, «Whither Reform. Ten Years of the Transition», Conferencia anual del Banco Mundial sobre Economía del Desarrollo, 1999, en Borís Pleskovic y Joseph E. Stiglitz, eds., Banco Mundial, Washington D. C., 2000, pp. 27-56; J. E. Stiglitz, «Quis Custodiet Ipsos Custodes? (Who is to Guard the Guards Themselves?)», en *Governance, equality and global markets. The Annual Bank Conference on Development Economics Europe*, J. E. Stiglitz y Pierre-Alain Muet, eds., Banco Mundial, Washington D. C., 2001, pp. 22-54. Véase además: D. Ellerman y J. E. Stiglitz, «New Bridges Across the Chasm: Macro-and Micro-Strategies for Russia and other Transitional Economies», *Zagreb International Review of Economics and Business*, vol. 3, n.º 1, 2000, pp. 41-72; y A. Hussain, N. Stern y J. E. Stiglitz, «Chineses Reforms from a Comparative Perspective», en Peter J. Hammond y Gareth D. Myles, eds., *Incentives, Organization, and Public Economics: Papers in Honour of Sir James Mirrlees*, Oxford y Nueva York, Oxford University Press, 2000, pp. 243-277.

Para consultar excelentes informes periodísticos sobre la transición en Rusia véanse: Chrystia Freeland, *Sale of the Century*, Nueva York, Crown, 2000; P. Klebnikov, *Godfather of the Kremlin, Boris Berezovsky and the Looting of Russia*, Nueva York, Harcourt, 2000; R. Brady, *Kapitalizm: Russia's struggle to free its economy*, New Haven, Yale University Press, 1999; y John Lloyd, «Who Lost Russia?», *New York Times Magazine*, 15 de agosto de 1999.

Diversos analistas políticos han aportado estudios que en buena medida coinciden con las interpretaciones aquí presentadas. Véanse en particular:

de la población mundial, que vivía bajo el sistema comunista soviético, careció tanto de libertad política como de prosperidad económica. La segunda transición en Rusia y en el este y el sureste de Europa está lejos de haber concluido; pero hay algo claro: en Rusia, la transición se ha quedado muy corta con respecto a lo que los partidarios de la economía de mercado habían prometido, o esperado. Para la mayoría de los que viven en la antigua Unión Soviética, la vida económica bajo el capitalismo ha sido incluso peor que lo advertido por los viejos líderes comunistas. Las perspectivas futuras son melancólicas. La clase media ha sido arrasada, se ha creado un capitalismo de amiguetes y mafias, y el único logro, la creación de una democracia con libertades significativas, incluida la de prensa, parece hoy en el mejor de los casos frágil, particularmente cuando las emisoras de televisión independientes son cerradas una tras otra. Aunque son los rusos quienes tienen buena parte de la culpa de lo que ha pasado, los asesores occidentales, en especial de EE UU y el FMI, que se apresuraron a predicar el evangelio de la economía de mercado, también fueron culpables. Como mínimo, proporcio-

---

A. Cohen, *Russia's Meltdown: Anatomy of the IMF Failure*, Heritage Foundation Backgrounders n.º 1.228, 23 de octubre de 1998; S. F. Cohen, *Failed Crusade*, Nueva York, W. W. Norton, 2000; P. Reddaway y D. Glinski, *The Tragedy of Russia's Reforms: Market Bolshevism Against Democracy*, Washington D. C., United States Institute of Peace, 2001; Michael McFaul, *Russia's Unfinished Revolution: Political Change from Gorbachev to Putin*, Ithaca, N. Y., Cornell University Press, 2001; Archie Brown y Liliia Fedorovna Shevtskova, eds., *Gorbachev, Yeltsin and Putin: Political Leadership in Russia's Transition*, Washington D. C., Carnegie Endowment for International Peace, 2001; y Jerry F. Hough y Michael H. Armacost, *The Logic of Economic Reform in Russia*, Washington D. C., Brookings Institution, 2001.

De modo no sorprendente, ciertos reformadores presentaron relatos que difieren marcadamente de los expuestos aquí, aunque tales interpretaciones fueron más frecuentes en los primeros y más esperanzados días de la transición, y algunos títulos parecen discordantes con los hechos subsiguientes. Véanse por ejemplo: Anders Aslund, *How Russia Became a Market Economy*, Washington D. C., Brookings Institution, 1995; o Richard Layard y John Parker, *The Coming Russian Boom: A Guide to New Markets and Politics*, Nueva York, The Free Press, 1996. Para conocer enfoques más críticos véase *The New Russia: Transition gone Awry*, Lawrence R. Klein y Marshall Pomer, eds., con prólogo de Joseph E. Stiglitz, Palo Alto, Calif., Stanford University Press, 2001.

naron apoyo a los que llevaron a Rusia y varias otras economías por los caminos que siguieron, proponiendo una nueva religión –el fundamentalismo del mercado– como reemplazante de la antigua –el marxismo– que había demostrado ser tan defectuosa.

Rusia es un drama sin final. Pocos previeron la repentina disolución de la Unión Soviética y la precipitada renuncia de Borís Yeltsin. Algunos creen que la oligarquía y los peores excesos de la época de Yeltsin han sido controlados; otros simplemente observan que algunos oligarcas han caído en desgracia. Algunos conciben los aumentos en el producto registrados desde la crisis de 1998 como el alba de un renacimiento que llevará a la recreación de una clase media; otros temen que llevará años sólo el reparar el daño de la pasada década. Las rentas son hoy marcadamente inferiores que hace diez años, y la pobreza es superior. Los pesimistas ven al país como una potencia nuclear debatiéndose ante la inestabilidad política y social. Los optimistas (!) creen que unos dirigentes semiautoritarios han establecido la disciplina, pero al precio de la pérdida de algunas libertades democráticas.

Rusia experimentó un gran crecimiento después de 1998, basado en los altos precios del petróleo y en los beneficios de la devaluación a la que durante tanto tiempo se opuso el FMI. Pero como dichos precios han caído y las ventajas de la devaluación ya han sido cosechadas, el crecimiento se ha desacelerado. Los pronósticos hoy son menos lúgubres que durante la crisis de 1998, pero no menos inciertos. El Gobierno a duras penas ajustó sus cuentas cuando los precios del petróleo –la principal exportación del país– eran altos. Si bajan, tal como parece suceder cuando este libro va a entrar en imprenta, ello puede plantear auténticas dificultades. Lo mejor que puede decirse es que acechan nubes en el horizonte futuro.

No sorprende que el debate sobre quién perdió a Rusia haya tenido tanta resonancia. Desde un punto de vista la cuestión parece claramente fuera de lugar. En EE UU evoca recuerdos del debate de hace medio siglo sobre quién perdió a China cuando los comunistas tomaron el poder. Pero China no era norteamericana en 1949, y Rusia tampoco lo era medio siglo más tarde. En ninguno de los casos EE UU y Europa occidental tuvieron control sobre la evolución política y social. Al mismo tiempo, es patente que algo ha salido mal, no sólo en Rusia sino también en el grueso de los más de veinte países que emergieron del imperio soviético.

El FMI y otros líderes occidentales alegan que todo habría sido mucho peor de no haber sido por su ayuda y consejo. No teníamos, ni tenemos, una bola de cristal para averiguar qué habría sucedido si se hubiesen seguido políticas alternativas. No podemos desarrollar un experimento controlado, remontarnos en el tiempo y probar una estrategia alternativa. No hay manera de que sepamos a ciencia cierta lo que pudo ocurrir.

Pero sí sabemos que se emitieron juicios políticos y económicos, y sabemos que su desenlace fue desastroso. En algunos casos, el vínculo entre políticas y consecuencias es fácilmente perceptible: al FMI le preocupaba que una devaluación del rublo desatara una espiral inflacionaria. Su insistencia en que Rusia mantuviera una moneda sobrevaluada, y su apoyo para ello en forma de préstamos por miles de millones de dólares, finalmente destrozó la economía (cuando el rublo acabó por devaluarse en 1998, la inflación no explotó como el FMI había temido, y la economía experimentó por primera vez un crecimiento significativo). En otros casos la relación es más compleja. Pero las experiencias de las pocas naciones que acometieron políticas diferentes durante sus transiciones nos pueden guiar en el laberinto. Es esencial que el mundo pueda formular un juicio informado sobre las políticas del FMI en Rusia, qué las impulsó y por qué anduvieron tan descaminadas. Los que, como yo mismo, tuvimos la oportunidad de ser testigos de primera mano de cómo se tomaban las decisiones y cuáles fueron sus consecuencias, tenemos una responsabilidad especial de aportar nuestras interpretaciones sobre los hechos más relevantes.

Hay una segunda razón para la reevaluación. Hoy, más de diez años después de la caída del Muro, la transición ni de lejos ha terminado. Será una lucha prolongada y muchos, acaso la mayoría, de los temas que parecían zanjados hace apenas unos pocos años deberán ser revisados. Sólo si entendemos los errores del pasado podemos confiar en diseñar políticas que posiblemente sean efectivas en el futuro.

La Revolución de 1917 reconoció que lo que estaba en juego era más que un cambio económico: era un cambio en todas las dimensiones de la sociedad. Del mismo modo, la transición desde el comunismo hacia una economía de mercado era más que un mero experimento económico. Se trataba de una transformación de las sociedades y de las estructuras sociales y políticas: parte de la razón de los funestos resultados de la transición económica fue el no reconocimiento de la centralidad de estos otros componentes.

La primera revolución advirtió lo difícil que era la labor de transformación, y los revolucionarios creían que no podía ser acometida por medios democráticos; debía ser dirigida por la «dictadura del proletariado». Algunos de los líderes de la segunda revolución de los años noventa pensaron que, libre de los grilletes comunistas, el pueblo ruso apreciaría rápidamente las ventajas del mercado. Pero algunos de los reformadores rusos (como sus partidarios y asesores occidentales) abrigaban una escasa fe y poco interés en la democracia, temiendo que si a los rusos se les dejaba elegir, no optarían por el modelo económico «correcto» (a saber, el suyo). En Europa del Este y la antigua Unión Soviética, donde los beneficios de esas «reformas de mercado» no se concretaron en ningún país, las elecciones democráticas rechazaron a los extremistas de la reforma de mercado y auparon al poder a partidos socialdemócratas o incluso partidos comunistas «reformados», muchos de ellos con antiguos comunistas al timón. No sorprende que tantos reformadores de mercado hayan manifestado una notable afinidad con las viejas formas de hacer las cosas: en Rusia, el presidente Yeltsin, con mucho más poder que sus colegas en cualquier democracia occidental, fue animado para que esquivara la democráticamente elegida Duma (Parlamento) y realizara las reformas de mercado por decreto[1]. Fue como si los bolcheviques del mercado, los nativos creyentes, así como los expertos occidentales y los evangelistas de la nueva religión económica que acudieron a los países postsocialistas, intentaran utilizar una versión benigna de los métodos leninistas para dirigir la transición «democrática» poscomunista.

1. J. R. Wedel, «Aid to Russia», *Foreign Policy*, vol. 3, n.º 25, Interhemispheric Resource Center and Institute Policy Studies, septiembre de 1998.

Desafíos y oportunidades de la transición

Cuando la transición se abrió a comienzos de los noventa presentó a la vez grandes desafíos y oportunidades. Pocas veces antes un país se había planteado deliberadamente salir de una situación en la cual el Estado controlaba prácticamente todos los aspectos de la economía, para ir a una situación en donde las decisiones son tomadas por los mercados. La República Popular China había empezado su transición a finales de los años setenta, y aún estaba lejos de una plena economía de mercado. Una de las transiciones de más éxito fue la de Taiwan, a 100 millas de la costa de China continental. Taiwan había sido colonia japonesa desde finales del siglo XIX. Tras la Revolución china de 1949 se convirtió en el refugio de los viejos dirigentes nacionalistas que desde su base en Taiwan reivindicaron la soberanía sobre el resto del país y conservaron su nombre: «la República de China». Nacionalizaron y redistribuyeron la tierra, establecieron y después parcialmente privatizaron un abanico de grandes industrias, y en términos generales crearon una vibrante economía de mercado. Después de 1945 numerosos países, EE UU entre ellos, pasaron de la movilización bélica a una economía de paz. En esa época, muchos economistas y otros expertos temieron que a la desmovilización seguiría una aguda recesión, porque ello suponía no sólo un cambio en cómo se adoptaban las decisiones (terminando con versiones de economías ordenadas en las cuales los gobiernos durante la guerra adoptaban las principales decisiones sobre la producción, y regresando a la gestión de la producción por el sector privado), sino también una gigantesca reasignación de la producción de bienes, por ejemplo, de tanques a coches. Por ejemplo, en 1947, el segundo año de la posguerra, la producción en EE UU era un 9,6 % superior a la de 1944, el último año completo de la guerra. Al final del conflicto el 37 % del PIB (1945) se dedicaba a la defensa; llegada la paz, esta cifra cayó velozmente hasta el 7,4 % (1947).

Una importante diferencia mediaba entre la transición de la guerra a la paz y del comunismo a la economía de mercado, que detallaré después. Antes de la Segunda Guerra Mundial, EE UU ya poseía las instituciones básicas del mercado, aunque bastantes de ellas fueran durante la guerra suspendidas o reemplazadas por la línea de «mando y control». En contraste, Rusia necesitaba tanto cambiar de frente en sus recursos como la creación a gran escala de instituciones de mercado.

Pero tanto Taiwan como China afrontaron problemas similares a los de las economías en transición. Ambas debían lidiar con una gran transformación de sus sociedades, que incluía establecer las instituciones que subyacen a una economía de mercado. Y ambas registraron éxitos tan genuinos como impresionantes. En vez de una transición con una prolongada recesión, se acercaron a un crecimiento de dos dígitos. Los reformadores económicos radicales que pretendieron aconsejar a Rusia y muchos otros países en transición prestaron poca atención a estas experiencias y las lecciones que podrían enseñar. No era porque creyeran que la historia rusa (o de los demás países en transición) volvía inaplicables dichas lecciones. Con aplicación ignoraron el consejo de los estudiosos rusos, ya fueran expertos en historia, economía o sociedad, por una sencilla razón: pensaban que la revolución de mercado que estaba a punto de sobrevenir convertía en irrelevante todo el conocimiento disponible de la historia, la sociología y las demás disciplinas. Lo que los fundamentalistas del mercado predicaban era una economía de libro de texto, una versión supersimplificada de la economía de mercado que no atendía a la dinámica del cambio.

Consideremos los problemas de Rusia (o los demás países) en 1989. Había allí instituciones con nombres similares a las occidentales, pero que no ejercían las mismas funciones. Había bancos en Rusia, y ellos sí canalizaban el ahorro, pero no decidían quién obtenía los créditos ni se responsabilizaban de vigilarlos y garantizar que eran devueltos. Más bien, se limitaban a suministrar los «fondos» al dictado de la agencia planificadora central del Estado. Había empresas que producían bienes en Rusia, pero ellas no tomaban decisiones: producían lo que les ordenaban, con insumos (materias primas, trabajo, maquinaria) que les eran asignados. El ámbito principal para el espíritu empresarial radicaba en esquivar los problemas creados por el Estado, un Estado que otorgaba cuotas de producción a las empresas pero sin suministrarles invariablemente los insumos que requerían, y en algunos casos les entregaban más de lo que necesitaban. Los gestores de las empresas se las ingeniaban para cumplir sus cuotas de producción y al tiempo conseguir para ellos unas gratificaciones por encima de sus salarios oficiales. Esta actividad, que había sido siempre imprescindible simplemente para que el sistema soviético funcionara, dio pie a la corrupción, que aumentaría cuando Rusia se desplazó hacia una economía de mercado[1]. La elusión de las leyes, o su violación lisa y llana, se convirtió en parte del modo de vida, una precursora de la ruptura del imperio de la ley que iba a caracterizar la transición.

En el sistema soviético había precios, igual que en una economía de mercado, pero los precios no eran establecidos por el mercado sino por el Estado. Algunos precios, como los de los bienes de primera necesidad, eran mantenidos artificialmente bajos, permitiendo que los que estaban en lo más bajo de la distribución de la renta escapasen de la miseria. Los precios de la energía y los recursos naturales también eran fijados a un nivel artificialmente bajo, algo que Rusia pudo hacer gracias a sus grandes reservas de dichos recursos.

Los viejos manuales de economía suelen afirmar que la economía de mercado posee tres ingredientes esenciales: precios, propiedad privada y beneficios. Junto con la competencia, ellos aportan los incentivos, coordinan las decisiones económicas y logran que las empresas produzcan lo que los individuos desean al menor coste posible. Pero desde hace mucho se ha reconocido la relevancia de las instituciones: los marcos legales y reguladores son de la máxima importancia para que los contratos se cumplan, para que haya una forma ordenada de zanjar las disputas comerciales, para que cuando los prestatarios no puedan pagar lo que deban haya unos adecuados procedimientos de quiebra, para que se mantenga la competencia, y para que los bancos que toman depósitos puedan devolverles el dinero a los depositantes cuando así lo pidan. Este marco de leyes y organismos ayuda a que los mercados de valores operen de modo equitativo y que los directivos no abusen de los accionistas, ni los accionistas mayoritarios de los minoritarios. En las naciones con economías de mercado maduras los marcos legales y regula-

1. Para más información véase P. Murrell, «Can Neo-Classical Economics Underpin the Economic Reform of the Centrally Planned Economies?», *Journal of Economic Perspectives*, vol. 5, n.º 4, 1991, pp. 59-76.

dores han sido edificados a lo largo de un siglo y medio, en respuesta a los problemas que planteó el capitalismo de mercado sin trabas. La regulación bancaria fue establecida después de grandes fracasos de los bancos, y la regulación de los títulos después de trascendentales episodios en los que los accionistas desprevenidos fueron estafados. No era menester que los países que aspiraban a crear una economía de mercado revivieran esos desastres: podían aprender de la experiencia ajena. Pero aunque muchos reformadores del mercado aludieron a esta infraestructura institucional, la despacharon a toda prisa. Intentaron tomar un atajo hacia el capitalismo y crear una economía de mercado sin instituciones fundamentales, e instituciones sin un marco institucional básico. Antes de poner en marcha un mercado bursátil, hay que asegurarse de que operen regulaciones efectivas. Las nuevas empresas deben poder acceder a nuevo capital, y esto requiere que los bancos sean bancos de verdad, no los bancos del antiguo régimen o bancos que se limitan a prestarle al Estado. Y un sistema bancario real y efectivo necesita regulaciones bancarias estrictas. Las empresas nuevas deben poder comprar terrenos, y esto exige un mercado y un registro de la tierra.

Análogamente, en la agricultura de la era soviética se entregaba a los campesinos semillas y fertilizantes. Ellos no tenían que preocuparse de conseguir estos u otros materiales (como tractores) ni de comercializar su producción. En una economía de mercado hay que crear los mercados de insumos y productos, y ello demanda nuevas empresas. Las instituciones sociales también son importantes. Bajo el sistema antiguo de la Unión Soviética no había paro, con lo que no se necesitaba un seguro de desempleo. Los trabajadores permanecían en la misma empresa toda la vida, y la empresa les facilitaba la vivienda y la jubilación. Pero en la Rusia posterior a 1989, si iba a existir un mercado laboral, las personas debían poder moverse de una empresa a otra, y si no iban a conseguir una vivienda, dicha movilidad se tornaría imposible. De ahí la necesidad de un mercado de viviendas. Una escala mínima de sensibilidad social implicaba que los empresarios serían reticentes a la hora de despedir a los trabajadores si ello los dejaba absolutamente desprotegidos. Por consiguiente, no habría mucha «reestructuración» sin una red social de seguridad. Desgraciadamente, en la Rusia de 1989 no existía ni un mercado de viviendas ni una red de seguridad real.

Los desafíos de las economías de la Unión Soviética y las naciones del antiguo bloque comunista en transición eran tremendos: debían moverse de un sistema de precios estatal –el distorsionado sistema de precios predominante bajo el comunismo– a un sistema de precios de mercado; debían crear los mercados y la infraestructura institucional subyacente; y debían privatizar toda la propiedad que antes había pertenecido al Estado. Tenían que crear un empresariado de nuevo cuño –no sólo diestro en eludir reglas y leyes estatales– y empresas nuevas para reasignar los recursos que antes habían sido utilizados tan ineficazmente.

Desde cualquier punto de vista, esas economías afrontaban opciones difíciles, y hubo feroces discusiones sobre qué camino elegir. Las más disputadas giraron en torno a la velocidad de la reforma: a algunos expertos les inquietaba que si no privatizaban rápidamente y creaban un grupo amplio de personas interesadas en el capitalismo, habría una reversión al comunismo. Pero a otros les preocupaba el ir demasiado rápido, porque en tal caso las reformas serían un desastre –fallos económicos potenciados por la corrupción política– y darían lugar a un retroceso hacia la extrema izquierda o la extrema derecha. La primera de esas escuelas fue llamada «terapia de choque» y la segunda, «gradualismo».

En la mayoría de los países predominaron las ideas de los partidarios de la terapia de choque, fuertemente apoyados por el Tesoro de EE UU y el FMI. Los gradualistas, empero, creían que la transición a una economía de mercado sería mejor manejada si los ritmos eran razonables y el orden (secuencia) adecuado. No era imprescindible poseer instituciones perfectas pero, por poner un solo ejemplo, privatizar un monopolio antes de que hubiera una autoridad efectiva de la competencia y la regulación podía simplemente sustituir un monopolio público por uno privado, incluso más despiadado en su explotación de los consumidores. Diez años más tarde, la sabiduría del enfoque gradualista es por fin reconocida: las tortugas han alcanzado a las liebres. Los críticos gradualistas de las terapias de choque no sólo predijeron con tino sus fallos sino que también expusieron las razones por las que no funcionarían. Su único error fue subestimar la magnitud de la catástrofe.

Los desafíos de la transición eran grandes, pero también lo eran las oportunidades. Rusia era un país rico. Aunque tres cuartos de siglo de comunismo habían privado a su población de una comprensión de la economía de mercado, la habían dejado con un alto nivel educativo, especialmente en las áreas técnicas que son tan importantes para la nueva economía. Después de todo, fue Rusia el primer país que envió un hombre al espacio.

La teoría económica que explicaba el fiasco del comunismo era clara: la planificación centralizada estaba condenada al fracaso sencillamente porque ningún organismo del Estado podría recoger y procesar toda la información relevante que una economía necesita para funcionar bien. Sin propiedad y sin el motor del beneficio, no había incentivos, en especial para directivos y empresarios. El régimen comercial restringido, junto a elevados subsidios y precios arbitrariamente estipulados, significaba que el sistema estaba repleto de distorsiones.

La conclusión era que el reemplazo de la planificación centralizada por un mercado descentralizado, y de la propiedad pública por la privada, junto a la eliminación o al menos la reducción de las distorsiones gracias a la liberalización. Del comercio, ocasionarían un salto hacia delante en la economía. El recorte en los gastos militares –que habían absorbido una amplia fracción del PIB en tiempos de la URSS, cinco veces mayor que después de la Guerra Fría– abría un margen aún mayor para incrementar los niveles de vida. Sin embargo, el nivel de vida en Rusia y en muchos de los demás países en transición del este de Europa cayó.

La historia de la «reforma»

Los primeros errores fueron cometidos casi al mismo tiempo que el inicio de la transición.

Con el entusiasmo propio de avanzar hacia una economía de mercado, la mayoría de los precios fueron liberados de la noche a la mañana en 1992, lo que desató una inflación que liquidó los ahorros y situó la cuestión de la macroestabilidad en el primer lugar de la agenda. Todos admitían que con una hiperinflación (inflación con tasas de dos dígitos por mes) sería difícil emprender una transición con éxito. Así, la primera ronda de la terapia de choque –liberalización instantánea de los precios– demandó una segunda ronda: reducción de la inflación. Esto implicaba una mayor rigidez de la política monetaria: subir los tipos de interés.

Aunque el grueso de los precios fue liberalizado, algunos de los más importantes fueron controlados: los de los recursos naturales. Dada la declarada «economía de mercado», esto generó una invitación clara: si uno podía, por ejemplo, comprar petróleo y revenderlo en Occidente, ganaría millones o incluso miles de millones de dólares. Muchos lo hicieron. En vez de ganar dinero creando nuevas empresas, se enriquecieron merced a una forma nueva del viejo espíritu empresarial: la explotación de políticas públicas equivocadas. Esta conducta de «búsqueda de rentas» fue la base de la reivindicación de los reformadores que sostenían que el problema no estribaba en la velocidad de las reformas sino en su lentitud. ¡Sólo con que se hubieran liberado de inmediato todos los precios! Este argumento tiene mucha validez, pero es falso en tanto que defensa de las reformas radicales. Los procesos políticos jamás conceden plena libertad a los tecnócratas, y por una buena razón: como hemos visto, los tecnócratas a menudo olvidan importantes dimensiones económicas, sociales y políticas. Las reformas, incluso en sistemas políticos y económicos que funcionan bien, siempre son «desordenadas». Aunque tuviera sentido recomendar la liberalización instantánea, la pregunta más relevante es: ¿cómo proceder con la liberalización si no se pueden liberalizar rápidamente sectores importantes, como los precios de la energía?

La liberalización y la estabilización fueron dos de los pilares de la estrategia de reformas radicales del FMI. La privatización a toda prisa era el tercero. Pero los dos primeros pilares pusieron obstáculos ante el restante. La alta inflación inicial que liquidó los ahorros de la mayoría de los rusos hizo que no hubiera suficiente gente en el país con dinero para adquirir las empresas privatizadas. Incluso si podían comprarlas, resultaría arduo revitalizarlas, dados los elevados tipos de interés y la falta de instituciones financieras que proporcionaran el capital.

Se suponía que la privatización iba a ser el primer paso en el proceso de reestructuración de la economía. No sólo debía cambiar la propiedad sino también la gestión; y la producción debía ser reorientada, de producir lo que les ordenaban producir, a producir lo que los consumidores deseaban. Esta reestructuración, naturalmente, exigiría nuevas inversiones y en muchos casos recortes de plantillas. Dichos recortes contribuirían a la eficiencia del conjunto, por supuesto, pero sólo si los trabajadores se desplazaban desde empleos de baja productividad hacia empleos de alta productividad. Por desgracia, la reestructuración que tuvo lugar fue demasiado escasa, en parte porque la estrategia del FMI interpuso en su camino obstáculos prácticamente insalvables.

La estrategia del FMI no funcionó: el PIB en la Rusia posterior a 1989 cayó, año tras año. Lo que había sido proyectado como una breve recesión de transición se transformó en una recesión de una década o más. Parecía no tener fin. La devastación –en términos de pérdida del PIB– fue mayor que la sufrida por Rusia en la Segunda Guerra Mundial. En el período 1940-1946 la producción industrial de la Unión Soviética cayó un 24 %. En el período 1990-1999, la producción industrial rusa cayó casi un 60 % –aún más que el PIB (54 %)–. Los conocedores de la transición anterior durante la Revolución, hacia el comunismo, podrían establecer algunas comparaciones entre aquel trauma socioeconómico y la transición después de 1989: las cabezas de ganado bajaron hasta la mitad y la inversión industrial prácticamente se detuvo. Rusia fue capaz de atraer alguna inversión extranjera en sus recursos naturales; África ya había demostrado mucho antes que si los precios de los recursos naturales son fijados lo suficientemente bajos, es fácil atraer la inversión extranjera hacia ellos.

El programa de estabilización/liberalización/privatización no era, por supuesto, un programa de crecimiento. Se pretendía que estableciera las precondiciones del crecimiento. En vez de ello, sentó las bases de la decadencia. No sólo se frenó la inversión sino que se agotó el capital: los ahorros se evaporaron debido a la inflación, y se malversó la mayor parte de los fondos procedentes de la privatización y los préstamos exteriores. La privatización, junto con la apertura de los mercados de capitales, no dio pie a la creación de riqueza sino a la liquidación de activos. Era totalmente lógico. Un oligarca que acaba de utilizar su influencia política para acopiar activos por valor de miles de millones, tras pagar apenas una miseria, deseará naturalmente sacarlos fuera del país. Mantener el dinero en Rusia significaba invertirlo en un país en plena recesión y arriesgarse no sólo a rendimientos minúsculos sino a que los activos fuesen expropiados por el siguiente Gobierno que inevitablemente subrayaría, con razón, la «ilegitimidad» del proceso privatizador. Alguien tan listo como para ganar en la quiniela de la privatización sería lo suficientemente listo como para colocar su dinero en la alcista bolsa norteamericana, o en el refugio seguro de las cuentas secretas de los bancos en los paraísos fiscales. Ni siquiera era un escape difícil. No sorprende, pues, que miles de millones de dólares huyeran del país.

El FMI prometía una y otra vez que la recuperación estaba a la vuelta de la esquina. En 1997 su optimismo tenía fundamento. Con una producción un 41 % menor que en 1990 ¿podía caer más? Además, el país seguía los postulados del FMI. Había liberalizado, aunque no del todo; había estabilizado, aunque no completamente (las tasas de inflación fueron radicalmente reducidas), y había privatizado. Pero, claro, es fácil privatizar a marchas forzadas si uno no presta atención a cómo se privatiza, y si en esencia se trata de entregar valiosa propiedad estatal a los amigos de uno. En verdad, ello puede resultar muy rentable para los gobiernos, ya adopten los pagos ilegales la forma de entregas en efectivo o de contribuciones a las campañas electorales (o ambas).

Pero los destellos de recuperación visibles en 1997 iban a ser fugaces. De hecho, los errores cometidos por el FMI en un lugar remoto fueron claves. En 1998 llegaron las nubes de la crisis asiática. La crisis llegó a un recelo generalizado a la hora de invertir en los mercados emergentes, y los inversores demandaban mayores rendimientos para compensarlos por llevar capital a esos países. La debilidad del PIB y la inversión se reflejó en las finanzas públicas: el Estado ruso estaba seriamente endeudado. Aunque le costaba cuadrar sus cuentas, el Gobierno, presionado por EE UU, el Banco Mundial y el FMI para que privatizara velozmente, había entregado sus activos estatales a cambio de poca cosa, y lo había hecho antes de establecer un sistema fiscal efectivo. El Gobierno creó una poderosa clase de oligarcas y hombres de negocios que pagaban impuestos sólo por una fracción de lo que debían, y mucho menos de lo que habrían pagado en casi cualquier otro país.

Por consiguiente, en el momento de la crisis del Este asiático Rusia se hallaba en una situación peculiar. Contaba con abundantes recursos naturales, pero su Administración era pobre. El Gobierno estaba prácticamente regalando sus valiosos activos públicos, pero era incapaz de pagar pensiones a las personas mayores o subsidios a los pobres. El Gobierno pedía miles de millones al FMI, y se endeudaba cada vez más, mientras que los oligarcas, tan generosamente tratados por las autoridades, se llevaban fortunas fuera del país. El FMI había animado al Gobierno a abrir sus cuentas de capital y permitir el libre flujo de fondos. Se suponía que esta política iba a volver más atractivo el país para los inversores extranjeros, pero sólo representó un camino de un solo sentido que facilitó la fuga del dinero hacia el exterior.

La crisis de 1998

Con el país fuertemente endeudado, los elevados tipos de interés provocados por la crisis del Este asiático añadieron una enorme presión, y cuando los precios del petróleo se redujeron la desvencijada torre se vino abajo. Debido a las recesiones y depresiones en el sureste de Asia, que las políticas del FMI habían exacerbado, la demanda de petróleo no sólo no aumentó como se esperaba sino que de hecho se contrajo. El desequilibrio resultante entre oferta y demanda de petróleo se tradujo en una caída dramática de los precios del crudo (bajaron más de un 40 % en el primer semestre de 1998 comparados con los precios medios de 1997). El petróleo es tanto un importante rubro de la exportación rusa como una fuente de recaudación para el Estado, y la baja en su precio tuvo el efecto devastador que cabía predecir. En el Banco Mundial percibimos el problema a comienzos de 1998, cuando los precios parecían a punto de caer incluso por debajo del coste ruso de extracción y transporte. Dado el tipo de cambio de entonces, la industria petrolera rusa dejaría de ser rentable. La devaluación devendría pues inevitable.

Estaba asimismo claro que el rublo estaba sobrevaluado. Las importaciones inundaban Rusia y los productores locales a duras penas podían competir. Se supuso que el cambio a una economía de mercado y el abandono de los gastos militares iba a permitir la resignación de los recursos para producir más bienes de consumo o más máquinas para producir bienes de consumo. Pero la inversión se había interrumpido y el país no estaba produciendo bienes de consumo. El tipo de cambio sobrevaluado –combinado con las otras políticas macroeconómicas impuestas por el FMI– había machacado la economía; y aunque la tasa oficial de paro seguía contenida, el desempleo oculto era masivo. Los gerentes de muchas empresas se negaban a despedir trabajadores, dada la ausencia de una adecuada red de seguridad. Aunque el paro estaba disfrazado, no era por ello menos traumático: los trabajadores hacían como que trabajaban, y las empresas hacían como que les pagaban. Los salarios se derrumbaron, y cuando los trabajadores recibían su paga, a menudo era en forma de bienes y no de rublos.

Para esta gente, y para el país en su conjunto, la sobrevaluación del rublo fue un desastre, pero para la nueva clase de empresas fue una bendición. Necesitaban menos rublos para comprar sus Mercedes y sus bolsos de Chanel y sus exquisiteces italianas importadas. El rublo sobrevaluado fue también una bendición para los oligarcas que anhelaban sacar su dinero fuera del país: quería decir que obtenían más dólares por sus rublos cuando escamoteaban sus beneficios en cuentas bancarias del extranjero.

A pesar de estos padecimientos de la mayoría de los rusos, los reformadores y sus asesores del FMI temían una devaluación y creían que desataría otra ronda de hiperinflación. Se resistieron con denuedo a modificar el tipo de cambio, y para evitarlo estuvieron dispuestos a derramar en el país miles de millones de dólares. En mayo de 1998, y ciertamente en junio, era evidente que Rusia iba a requerir ayuda exterior para mantener su tipo de cambio. La confianza en la moneda se había debilitado. Al creer que la devaluación era inevitable, los tipos de interés locales explotaron y aún huyó del país más dinero al convertir los ciudadanos sus rublos en dólares. Dado este temor a tener rublos y la falta de confianza en la capacidad del Estado para pagar sus deudas, en junio de 1998 el Estado debía pagar hasta un 60 % de interés sobre su deuda en rublos (los GKO, el equivalente ruso a las Letras del Tesoro de EE UU). En pocas semanas esa cifra trepó hasta el 150 %. Incluso cuando el Gobierno se comprometió a repagar su deuda en dólares debió ofrecer altos tipos de interés (el rendimiento de la deuda pública rusa denominada en dólares creció de algo más del 10 % a casi el 50 %, cuarenta y cinco puntos por encima de lo que el Estado norteamericano debía pagar entonces por sus Letras del Tesoro): el mercado pensaba que existía una alta probabilidad de cesación de pagos, y acertó. Incluso esos tipos eran menores de lo que podrían haber sido porque muchos inversores pensaban que Rusia era demasiado grande y demasiado importante como para fracasar. Mientras los bancos de inversión neoyorquinos promovían préstamos a Rusia, susurraban cuán abultado debería ser el rescate del FMI.

La crisis cebándose como tan frecuentemente suele suceder. Los especuladores veían las reservas que quedaban y, a medida que éstas se reducían, la apuesta por la devaluación llegó a ser cada vez más una apuesta segura. Apostar por la quiebra del rublo equivalía a no arriesgar prácticamente nada. Como se esperaba, el FMI acudió con un rescate de 4.800 millones de dólares en julio de 1998[1].

En las semanas anteriores a la crisis, el FMI propició políticas que hicieron que la crisis, al estallar, fuera incluso peor. El FMI indujo a Rusia a endeudarse más en divisas y menos en rublos. El argumento era sencillo: el tipo de interés en rublos era muy superior al tipo de interés en dólares. Si se endeudaba en dólares, el Gobierno podía ahorrar dinero. Pero había un fallo garrafal en este razonamiento. La teoría económica elemental sostiene que la diferencia en los tipos de interés de los bonos en dólares y en rublos ha de reflejar la expectativa de una devaluación. Los mercados se equilibran de modo que el coste de endeudarse (o el rendimiento de prestar) ajustado al riesgo se iguale. Tengo menos confianza en los mercados que el FMI, con lo que

1. Véase Fondo Monetario Internacional, «IMF Approves Augmentation of Russia Extended Arrangement and Credit Under CCFF, Activates GAB», Nota de Prensa n.º 98/31, Washington D. C., 20 de julio de 1998.

tengo mucha fe en que de hecho el coste de endeudarse ajustado según el riesgo es el mismo, independientemente de la moneda. Pero también tengo mucha menos confianza que el FMI en que sus burócratas puedan predecir sus movimientos del tipo de cambio mejor que el mercado. En el caso de Rusia, los burócratas del FMI creían que eran más listos que el mercado y estaban dispuestos a apostar el dinero ruso a que el mercado se equivocaba. Fue un error que el Fondo iba a repetir en diversas formas una y otra vez. Esa opinión no sólo era equivocada sino que expuso al país a un enorme riesgo: si el rublo efectivamente se devaluaba, a Rusia le iba a costar mucho más pagar los créditos denominados en dólares[1]. El FMI eligió no contemplar este rigor. Al inducir un mayor endeudamiento externo, al volver aún menos sostenible la posición de Rusia tras la devaluación, el FMI fue en parte responsable de la suspensión del pago de las deudas rusas.

RESCATE

Cuando la crisis estalló el FMI lideró los esfuerzos del rescate, pero quería que el Banco Mundial aportase 6.000 millones de dólares al paquete. El paquete total del rescate llegaba a 22.600 millones de dólares. Como apunté antes, el FMI iba a contribuir con 11.200 millones; el Banco Mundial aportaría 6.000 millones y el resto correría a cargo del Gobierno de Japón.

El asunto fue vivamente debatido en el Banco Mundial. Muchos de nosotros habíamos cuestionado que se prestara dinero a Rusia desde el principio. Cuestionamos que los beneficios de un posible crecimiento futuro llegaran a ser lo suficientemente grandes como para justificar unos préstamos que dejarían una herencia de endeudamiento. Muchos pensaban que el FMI estaba facilitando que las autoridades pospusieran reformas significativas, como cobrarles impuestos a las empresas petroleras. La

1. Se argumenta que el FMI no pasó esto por alto. En verdad, algunos creen que el Fondo estaba intentando eliminar la opción de la devaluación, al hacer que el coste de la devaluación fuera tan alto que el país no la acometería. Si tal era realmente el razonamiento, el FMI erró gravemente en sus cálculos.

evidencia de la corrupción en Rusia era palpable. El análisis de la corrupción llevado a cabo por el propio Banco había identificado el país entre los más corruptos del mundo. Occidente sabía que buena parte de esos miles de millones sería desviada de sus objetivos hacia las familias y los socios de los funcionarios corruptos. Aunque el BM y el FMI parecían haber adoptado una actitud firme en contra de prestar a gobiernos corruptos y sus amigos oligarcas, había una doble vara de medir. A los países pequeños y no estratégicos, como Kenia, se les denegaba el crédito debido a la corrupción, pero se seguía prestando dinero a países como Rusia, donde la corrupción alcanzaba un nivel muy superior.

Aparte de estas cuestiones morales había asuntos directamente económicos. Se suponía que el dinero del salvamento del FMI iba a ser utilizado para sostener el tipo de cambio. Pero si la moneda de un país está sobrevaluada y ello daña su economía, no tiene mucho sentido sostener el tipo de cambio. Si el mantenimiento de dicho tipo funcionaba, el país padecería. Y en el caso más probable de que no funcione, el dinero es desperdiciado y el país se hunde más en el endeudamiento. Nuestros cálculos mostraban que el tipo de cambio de Rusia estaba sobrevaluado, con lo cual el aportar dinero para sostenerlo era sencillamente una mala política económica. Asimismo, los cálculos en el Banco Mundial, antes del préstamo, basados en estimaciones sobre los ingresos y gastos públicos a lo largo del tiempo, sugerían que a todas luces el préstamo de 1998 no podría funcionar. Salvo que un milagro redujera drásticamente los tipos de interés, con la llegada del otoño Rusia se encontraría otra vez en crisis.

Había otra ruta por la cual llegué a la conclusión de que un nuevo préstamo a Rusia sería un grave error. Rusia era un país rico en recursos naturales. Si hacía lo que había que hacer, no necesitaba dinero del exterior; y si no lo hacía, no estaba claro que ningún dinero extranjero fuese a servir para mucho. En cualquier escenario la tesis de no entregar el dinero parecía convincente.

A pesar de la intensa oposición de su propio personal, el Banco se vio sometido a una enorme presión política de la Administración de Clinton para prestarle dinero a Rusia. El Banco se las ingenió para alcanzar un arreglo y anunció un préstamo muy abultado pero por tramos, en pagos aplazados. Se decidió entregar 300 millones de dólares de inmediato y el resto estaría disponible más tarde, a medida que viésemos progresos en las reformas rusas. La mayoría de nosotros pensaba que el programa fracasaría bastante antes de que fuera menester facilitar el dinero adicional. Nuestras predicciones fueron correctas. Asombrosamente, el FMI pasó por alto la corrupción y los riesgos concomitantes del destino del dinero. Creyó que sostener el tipo de cambio a un nivel sobrevaluado era bueno, y que el dinero le permitiría hacerlo durante más que un par de meses. Entregó al país miles de millones de dólares.

Fracaso

Tres semanas después del préstamo, Rusia anunció una suspensión de pagos unilaterales y la devaluación del rublo[1]. La moneda se hundió. En enero de 1999 el rublo había caído en términos reales efectivos más de un 45 % desde su nivel de julio[2]. Los anuncios del 17 de agosto precipitaron una crisis financiera global. Los tipos de interés para los mercados emergentes subieron aún más de lo que habían subido en el pico de la crisis del Este asiático. Incluso países en desarrollo que habían aplicado políti-

1. En la declaración del Gobierno ruso del 17 de agosto hubo por supuesto más que esos dos anuncios, pero para nuestros objetivos ambos figuraron entre sus aspectos más sobresalientes. Asimismo, el Gobierno ruso estableció controles temporales al movimiento de capitales, como una prohibición a los no residentes de invertir en activos de corto plazo en rublos, y una moratoria de 90 días en los pagos de préstamos y seguros en divisas. El Gobierno ruso también anunció su respaldo a un fondo organizado por los mayores bancos de Rusia con objeto de mantener la estabilidad de los pagos, y aprobó normas para el pago puntual a los empleados públicos y para la rehabilitación de los bancos. Para conocer más detalles véase el sitio web http://www.bisnis.doc.gov/bisnis/country/980818ru.htm, que incluye los textos originales de las dos declaraciones públicas del 17 de agosto de 1998.

2. El martes 17 de agosto de 1998, en el mercado monetario interbancario de Moscú el rublo bajó un 1,9 % con respecto al dólar, comparado con su cotización el 16 de agosto, pero al final de la semana (viernes 21 de agosto) la depreciación alcanzó un 11 % (comparada nuevamente con el nivel del 16 de agosto). Ahora bien, el 17 de agosto de 1998, en el mercado interbancario extraoficial la caída del rublo al final del día fue del 26 %.

cas económicas serias comprobaron que les resultaba imposible obtener financiación. La recesión de Brasil se agudizó y finalmente allí también hubo una crisis monetaria. Argentina y otras naciones latinoamericanas, que sólo gradualmente se estaban recuperando de crisis anteriores, fueron empujadas otra vez al borde del precipicio. Ecuador y Colombia dieron un paso adelante y cayeron en la crisis. Ni siquiera EE UU quedó indemne. El Banco de la Reserva Federal de Nueva York activó un rescate privado de uno de los mayores fondos de cobertura del país, Long Term Capital Management, porque la Fed temía que su bancarrota precipitara una crisis financiera global.

La sorpresa del colapso no fue el colapso mismo sino el hecho de que efectivamente sorprendiera a algunos funcionarios del FMI, incluidos algunos de muy alto nivel. Realmente habían creído que su programa funcionaría.

Nuestras predicciones fueron sólo parcialmente acertadas: pensamos que el dinero podría sostener el tipo de cambio durante tres meses, y lo hizo durante tres semanas. Creímos que se necesitarían días o incluso semanas para que los oligarcas desangraran de dinero al país, y lo hicieron en apenas horas o días. El Gobierno ruso incluso «permitió» que el tipo de cambio se apreciase. Como hemos visto, ello significaba que los oligarcas debían entregar menos rublos para comprar dólares. Un sonriente Viktor Gerashchenko, gobernador del Banco Central de Rusia, nos dijo al presidente del Banco Mundial y a mí que se trataba simplemente de «fuerzas del mercado en acción». Cuando el FMI se enfrentó con los hechos –los miles de millones de dólares que había entregado (prestado) a Rusia aparecían en cuentas bancarias de Chipre y Suiza pocos días después del préstamo– alegó que no eran sus dólares. Este argumento revelaba o bien una notable falta de comprensión económica o una escala de mala fe que rivalizaba con la de Gerashchenko, o ambas cosas. Cuando se envía dinero a un país, no adopta la forma de billetes de dólar marcados. Así, uno no puede afirmar que es «mi» dinero el que va a alguna parte. El FMI prestó dólares a Rusia y Rusia a su vez entregó dólares a sus oligarcas para que los sacaran del país. Algunos de nosotros nos burlábamos diciendo que la vida habría sido más sencilla si el FMI hubiese enviado desde el principio el dinero directamente a las cuentas bancarias de Suiza y Chipre.

Por supuesto, no fueron sólo los oligarcas los que se aprovecharon del rescate. Los banqueros de inversión de Wall Street y otros países occidentales, que habían figurado entre los más entusiastas partidarios del paquete de rescate, sabían que no podía durar: también ellos explotaron el breve respiro concedido por el rescate para «rescatar» ellos lo que pudieron, y salieron del país con todo lo que pudieron recoger.

Al prestarle dinero a Rusia para una causa perdida, las políticas del FMI arrastraron al país a un endeudamiento mayor, a cambio de nada. El coste del error no fue soportado por los funcionarios del FMI que concedieron el préstamo, ni por EE UU que lo promovió, ni por los banqueros occidentales y los oligarcas que se beneficiaron del mismo, sino por el contribuyente ruso.

Hubo un aspecto positivo en la crisis: la devaluación sirvió de acicate para los sectores rusos que competían con las importaciones; como resultado, los bienes producidos en Rusia obtuvieron finalmente una saludable cuota del mercado local. Esta «consecuencia no deseada» finalmente dio lugar al largamente esperado crecimiento de la economía real (y no la sumergida). El fracaso albergó una cierta ironía: la macroeconomía era supuestamente el punto fuerte del FMI, pero incluso allí había fallado. Estos fallos macroeconómicos potenciaron otros fallos y contribuyeron apreciablemente a la enorme profundidad del declive.

Las transiciones fallidas

Rara vez ha sido la brecha entre expectativa y realidad tan vasta como en el caso de la transición del comunismo al mercado. La combinación de privatización, liberalización y descentralización supuestamente iba a conducir, acaso tras un breve tránsito recesivo, a un enorme incremento en la producción. Se esperaba que los beneficios de la transición fueran mayores a largo que a corto plazo, a medida que fuera reemplazada la maquinaria antigua e ineficiente, y se creara una nueva generación de empresarios. La plena integración en la economía global, con todas las ventajas que comportaría, también llegaría pronto, si no inmediatamente.

Esas expectativas de crecimiento económico no se materializaron, y no sólo en Rusia sino tampoco en la mayoría de las economías en transición. Sólo unas pocas de las antiguas naciones comunistas –como Polonia, Hungría, Eslovenia y Eslovaquia– tienen un PIB igual al de hace una década. En el resto, las magnitudes del descenso en sus ingresos son tan abultadas que resultan difíciles de concebir. Según datos del Banco Mundial el PIB de Rusia hoy (2000) está por debajo de los dos tercios de lo que fue en 1989. La caída más dramática es la de Moldavia, cuya economía es (2000) menos de la tercera parte de lo que era hace una década. El PIB de Ucrania equivale apenas a un tercio del PIB de hace diez años.

En los datos subyacen los verdaderos síntomas de los males rusos. Rusia se había transformado velozmente de ser un gigante industrial –un país que con el Sputnik había sido el primero en poner un satélite en órbita– a ser un exportador de recursos naturales; dichos recursos, y especialmente el petróleo y el gas, representaban más de la mitad de sus exportaciones. Mientras los asesores occidentales escribían libros con títulos como *El próximo auge de Rusia* o *Cómo llegó Rusia a ser una economía de mercado*, los datos hacían difícil tomarse en serio los optimistas retratos que pintaban, y los observadores más desapasionados escribían libros como *Las rebajas del siglo: la salvaje cabalgata de Rusia desde el comunismo hacia el capitalismo*[1].

La magnitud de la caída del PIB ruso (por no mencionar otros antiguos países comunistas) es materia controvertida, y algunos sostienen que dado el creciente y crucial sector informal –desde los vendedores callejeros hasta los fontaneros, pintores y otros proveedores de servicios que típicamente son difíciles de computar en las cifras de la contabilidad nacional– los datos sobrestiman el declive. Otros, empero, aducen que como hay muchas transacciones en Rusia realizadas por medio del trueque (más del 50 % de las ventas industriales)[2], y como los precios

1. Véase Chrystia Freeland, *op. cit.;* Richard Layard y John Parker; y Anders Aslund, *op. cit.*

2. Para observar las consecuencias y costes que el trueque impone a la economía rusa véase C. G. Gaddy y B. M. Ickes, «Russia's Virtual Economy», *Foreign Affairs,* n.º 77, septiembre-octubre de 1998.

«de mercado» típicamente son más altos que los precios «de trueque», las estadísticas en realidad subestiman la caída.

Tomando todo esto en cuenta, hay de cualquier modo un consenso de que el grueso de las personas ha experimentado un marcado deterioro en sus condiciones básicas de vida, que se refleja en una variedad de indicadores sociales. Mientras en el resto del mundo las esperanzas de vida aumentaban notablemente, en Rusia eran 3,07 años menos y en Ucrania 2,83 años menos. Los datos de las encuestas sobre consumo familiar –lo que la gente come, lo que gasta en vestido, y el tipo de vivienda que habita– corroboran la acentuada disminución en los niveles de vida, a tono con lo que sugiere el perfil del PIB en las estadísticas. Como el Gobierno estaba gastando menos en defensa, los estándares de vida deberían haber aumentado más que el PIB. Puesto de otra manera, supongamos que el antiguo gasto en consumo se hubiese mantenido, y que un tercio del presupuesto militar se hubiera desplazado a la nueva producción de bienes de consumo, y que no hubiese habido reestructuración alguna para incrementar la eficiencia o aprovechar las nuevas oportunidades comerciales. En ese caso el consumo –el nivel de vida– habría aumentado un 4 %, una cifra pequeña pero mucho mejor que la decadencia que tuvo lugar.

Más pobreza y desigualdad

Estas estadísticas no cuentan toda la historia de la transición rusa. Pasan por alto uno de sus éxitos más importantes: ¿cómo valorar los beneficios de la nueva democracia, por imperfecta que sea? Pero también excluyen uno de los fracasos más significativos: el incremento de la pobreza y la desigualdad.

A medida que el tamaño de la tarta económica nacional se achicaba, su división se hacía más y más desigual, de forma que el ruso medio obtenía una porción cada vez más pequeña. En 1989 apenas el 2 % de los rusos estaba en la pobreza. A finales de 1998 ese porcentaje había trepado hasta el 23,8 %, según el estándar de 2 dólares diarios. Más del 40 % del país contaba con menos de 4 dólares diarios, según una encuesta del Banco Mundial. Los datos sobre los niños revelaron un mal aún más profundo, porque un porcentaje superior al 50 % era de familias pobres. Otros países ex comunistas han registrado extensiones de la pobreza comparables, si no peores[1].

Poco después de llegar al Banco Mundial, empecé a prestar más atención a lo que sucedía y a las estrategias seguidas. Cuando planteé mis reservas en estos asuntos, un economista del Banco que desempeñó un papel clave en las privatizaciones respondió acaloradamente. Citó los atascos de tráfico –y los muchos Mercedes– en las salidas de Moscú cualquier fin de semana durante el verano, y las tiendas repletas de lujosos bienes importados. Este panorama era muy distinto de los comercios vacíos y descoloridos típicos del antiguo régimen. Yo no disentía de que hubiese un número considerable de personas que se habían enriquecido lo suficiente como para provocar embotellamientos de tráfico o crear una demanda suficiente de zapatos de Gucci u otros artículos de lujo importados como para que algunas tiendas prosperaran. En numerosos lugares de descanso en Europa los rusos opulentos han reemplazado a los acaudalados árabes de hace dos décadas. En algunos de ellos hasta los nombres de las calles aparecen en ruso además de en la lengua local. Pero un atasco de Mercedes en un país cuya renta per cápita es de 4.730 dólares (como era en 1997) es señal de enfermedad, no de salud. Es un signo nítido de que la sociedad concentra su riqueza en una minoría y no la distribuye entre la mayoría.

La transición en Rusia expandió significativamente el número de pobres e hizo prosperar a un puñado de ricos, pero a la clase media la aniquiló. Primero, la inflación agotó sus magros ahorros. Como los salarios no acompañaron a la inflación, las rentas reales bajaron. Los recortes en los gastos de educación y salud erosionaron aún más sus niveles de vida. Los que pudieron emigraron (algunos países, como Bulgaria, perdieron el 10 % de su población o más, y una fracción aún mayor de su fuerza de trabajo mejor preparada). Los brillantes estudiantes de Rusia y otros países de la antigua Unión Soviética con los que me he to-

1. La transición no benefició a los pobres. Por ejemplo, el 20 % más pobre de la población tenía el 8,6 % de la renta en Rusia (en 1998), el 8,8 % en Ucrania (en 1999), el 6,7 % en Kazajstán (en 1996): Banco Mundial, *World Development Indicator 2001*.

pado trabajan duro con una sola ambición: emigrar a Occidente. Estas pérdidas son relevantes no sólo por lo que comportan para los que viven ahora en Rusia sino por lo que permiten presagiar para el futuro: históricamente, la clase media ha sido fundamental para crear una sociedad basada en el imperio de la ley y los valores democráticos.

La magnitud del aumento en la desigualdad, igual que la magnitud y duración de la decadencia económica, sorprendió. Los expertos esperaban una expansión en la desigualdad, o al menos en la que se puede medir. El antiguo régimen mantenía las rentas similares porque suprimía las diferencias salariales. El sistema comunista, aunque no garantizaba una vida sencilla, evitó la pobreza extrema y mantuvo los estándares de vida con una relativa igualdad, suministrando un elevado común denominador en la calidad de la educación, la vivienda, la salud y los servicios de cuidados para los niños. Con el paso a la economía de mercado, quienes trabajasen esforzadamente y produjesen con tino cosecharían una retribución por su labor, con lo que algún incremento en la desigualdad iba a ser inevitable. Sin embargo, se esperaba que Rusia no se vería afectada por la desigualdad derivada de la riqueza heredada. Sin este legado de desigualdad heredada, la expectativa era de una economía de mercado más igualitaria. ¡Cuán distintas fueron las cosas! Hoy día, Rusia registra un nivel de desigualdad comparable con los peores del mundo, los de las sociedades latinoamericanas basadas en una tradición semifeudal[1].

Rusia logró el peor de los mundos posibles: una enorme caída en la actividad y una enorme alza en la desigualdad. El pronóstico para el futuro es desolador: la desigualdad extrema impide el crecimiento, en particular cuando da pie a la inestabilidad social y política.

1. Según una medida habitual de la desigualdad (el coeficiente de Gini), en 1998 Rusia alcanzó un nivel de desigualdad que duplicaba al de Japón, era un 50 % mayor al del Reino Unido y otros países de Europa, y era comparable al de Venezuela y Panamá. Entretanto, los países que habían acometido políticas gradualistas, Polonia y Hungría, habían logrado mantener bajo su nivel de desigualdad (el de Hungría era incluso inferior al de Japón, y el de Polonia inferior al del Reino Unido).

De cómo las políticas equivocadas malograron la transición

Ya hemos visto algunas de las formas en las que las políticas del Consenso de Washington contribuyeron al fracaso: la privatización mal hecha no llevó a incrementar la eficiencia o el crecimiento sino a la liquidación de activos y la decadencia. Hemos visto cómo los problemas se potenciaron por las interacciones entre las reformas, así como su ritmo y secuencia: la liberalización del mercado de capitales y la privatización facilitaron la salida de dinero del país, la privatización previa al establecimiento de una infraestructura legal propició a la vez la posibilidad y el incentivo para liquidar activos en vez de reinvertir en el futuro del país. Una descripción cabal de lo que sucedió y un análisis completo de los modos en que los programas del FMI contribuyeron a la decadencia del país ocuparían un libro entero. Sólo bosquejaré aquí tres ejemplos. En cada caso, los defensores del FMI alegarán que las cosas habrían sido peores sin sus programas. En algunos –como la ausencia de políticas de competencia– el FMI insistirá en que dichas políticas integraban el programa, pero Rusia ¡ay! no las puso en práctica. Es una defensa ingenua: dadas sus docenas de condiciones, todo estaba en el programa del FMI. Pero Rusia sabía que cuando llegara el momento de la inevitable charada en la cual el FMI amenazaría con recortar la ayuda, Rusia negociaría duro, se alcanzaría un acuerdo (no siempre sería cumplido) y la espita del dinero volvería a abrirse. Lo que contaba eran los objetivos monetarios, los déficit presupuestarios y el ritmo de las privatizaciones; el número de empresas que habían pasado a manos privadas, no importaba cómo. Casi todo lo demás era secundario; y mucho –como la política de competencia– era virtualmente fachada, para rebatir a los críticos que decían que se estaban olvidando ingredientes importantes de una buena estrategia de transición. Como no dejé de recomendar políticas de competencia más intensas, los rusos que coincidían conmigo, los que intentaban establecer una genuina economía de mercado, los que procuraban crear una efectiva autoridad de competencia, me lo agradecieron repetidamente.

No es fácil decidir qué destacar, qué prioridades establecer.

Los manuales de economía con frecuencia son una guía insuficiente. La teoría económica dice que para que los mercados funcionen bien tiene que haber competencia y propiedad privada. Si reformar fuera fácil, bastaría con blandir una varita mágica y ambas aparecerían. El FMI optó por enfatizar la privatización, y despachó la competencia a toda prisa. Su elección acaso no fue sorprendente: los intereses empresariales y financieros a menudo se oponen a las políticas de competencia, porque ellas restringen sus posibilidades de ganar dinero. Las consecuencias de este error del FMI fueron mucho más graves que los meros precios elevados: las empresas privatizadas procuraron establecer monopolios y cárteles, para ampliar sus beneficios, sin la disciplina de políticas antitrust efectivas. Y, como suele suceder, los beneficios monopólicos son particularmente seductores para los que están dispuestos a recurrir a técnicas mafiosas para lograr el dominio del mercado o imponer la colusión.

Inflación

Vimos antes que la rápida liberalización inicial provocó un estallido inflacionario. El lado triste de la historia rusa fue que cada equivocación vino seguida de otra, lo que potenció sus consecuencias.

Habiendo desatado una vertiginosa inflación merced a la abrupta liberalización de precios en 1992 su control era necesario para el FMI y el régimen de Yeltsin. Pero el equilibrio jamás ha sido el punto fuerte del FMI, y su excesivo celo llevó a tipos de interés excesivamente altos. Hay escasas pruebas de que reducir la inflación por debajo de nivel moderado anime el crecimiento. Los países de más éxito, como Polonia, hicieron caso omiso de la presión del FMI y mantuvieron la inflación en torno al 20 % durante los años cruciales del ajuste. La mejor alumna del FMI, la República Checa, que rebajó la inflación hasta el 2 %, vio cómo su economía se estancaba. Hay algunas buenas razones para creer que un celo excesivo en la lucha contra la inflación puede ahogar el crecimiento económico real. Los elevados tipos de interés apagaron claramente la nueva inversión. Muchas de las nuevas empresas privatizadas, incluso las que no eran gestionadas con vistas a su saqueo, comprobaron que no podían expandirse, y pasaron entonces a liquidar los activos. Los altos tipos de interés producidos por el FMI llevaron a una sobrevaluación del tipo de cambio, que abarató las importaciones y dificultó las exportaciones. No es asombroso que los visitantes de Moscú después de 1992 vieran que las tiendas estaban abarrotadas de vestidos y otros bienes importados, aunque les habría costado mucho ver la etiqueta «Made in Russia». Y esto siguió siendo así hasta cinco años después del inicio de la transición.

Las políticas monetarias rigurosas también contribuyeron al uso del trueque. Dada la escasez de dinero, se pagaba a los trabajadores en especie, con lo que fuera que la fábrica producía o podía disponer, desde papel higiénico hasta zapatos. Aunque los mercados «de pulgas» o rastros que florecieron por todo el país a medida que los trabajadores iban tratando de obtener efectivo para comprar las provisiones básicas para vivir daban la apariencia de una actividad empresarial, ocultaban gigantescas ineficiencias. Las altas tasas de inflación son costosas para la economía porque interfieren en la acción del sistema de precios. Pero el trueque es igualmente destructivo para la acción eficaz del sistema de precios, y los excesos del rigor monetario simplemente reemplazaron un conjunto de ineficiencias por otro conjunto posiblemente peor.

Privatización

El FMI le dijo a Rusia que privatizara a toda velocidad: la forma de la privatización era considerada un elemento secundario. Buena parte del fracaso que describí anteriormente –tanto el descenso de las rentas como el incremento de la desigualdad– puede ser directamente asociado con este error. Un repaso que hizo el Banco Mundial a los diez años de historia de las economías en transición evidenció que la privatización, en ausencia de infraestructura institucional (como el gobierno corporativo), no ejerció efecto positivo alguno sobre el crecimiento[1]. El Consenso de Washington se había equivocado otra vez. Es fácil de-

1. Véase Stiglitz, «Quis Custodiet Ipsos Custodes?», *op. cit.*

tectar los vínculos entre la forma de privatización y los fallos.

Por ejemplo, en Rusia y otros países la falta de leyes que garantizaran el buen gobierno corporativo implicaba que quienes accedían al control de una empresa tenían un incentivo para robar activos a los accionistas minoritarios; y los directivos tenían los mismos incentivos *vis-à-vis* que los accionistas. ¿Por qué gastar energías en crear riqueza cuando era mucho más sencillo robarla? Otros aspectos del proceso privatizador, como vimos, fomentaron los incentivos y también las oportunidades para el pillaje corporativo. La privatización en Rusia traspasó las grandes empresas públicas típicamente a sus antiguos gestores. Estas personas informadas desde dentro sabían lo incierto y difícil que era el camino por recorrer. Incluso si estaban predispuestos a hacerlo, no se atrevieron a esperar a la creación de los mercados de capitales y la variedad de otros cambios imprescindibles para que recogieran todo el valor las inversiones y reestructuraciones. Se concentraron en lo que podían obtener de la empresa de los años subsiguientes, y con demasiada frecuencia esto se maximizaba por medio de la liquidación de activos.

También se supuso que la privatización iba a eliminar el papel del Estado en la economía, pero quienes así fantaseaban tenían una visión demasiado ingenua sobre el papel del Estado en la economía moderna. Ejerce su influencia en una miríada de formas y de escalas. La privatización efectivamente redujo el poder del gobierno central, pero dicha devolución otorgó a los gobiernos locales y regionales una discreción mucho mayor. Una ciudad como, por ejemplo, San Petersburgo o un *oblast* como Novgorod podían utilizar un abanico de medidas reguladoras y fiscales para extraer «rentas» de las empresas que operaban en sus jurisdicciones. En los países industrializados avanzados existe un Estado de derecho que impide que los gobiernos locales y estatales hagan un uso abusivo de sus poderes potenciales; pero no era así en Rusia. En los países avanzados, la competencia entre las comunidades hace que cada una intente ser más atractiva para los inversores. Pero en un mundo donde los altos tipos de interés y la depresión generalizada hacían a esas inversiones improbables en cualquier caso, los gobiernos locales perdían poco tiempo en crear atractivos «entornos para la inversión» y se concentraban en averiguar cuánto podían extraer de las empresas existentes, lo mismo que hacían los propietarios y administradores de las nuevas empresas privatizadas. Y cuando estas empresas privatizadas operaban en varias jurisdicciones, las autoridades de un distrito razonaban que era mejor que ellas arrebataran todo lo que podían antes de que otras vinieran a dar sus bocados a los activos. Y esto sólo podía reforzar el incentivo de los gestores a apoderarse de lo que pudiesen tan rápido como fuera posible. Después de todo, las empresas acabarían de cualquier forma en la miseria. Era una carrera hacia lo más bajo. A todos los niveles había incentivos para la liquidación de activos.

Así como los reformadores radicales de la «terapia de choque» alegaban que el problema de la liberalización no radicaba en su excesiva lentitud sino en su deficiente rapidez, lo mismo ocurría con la privatización. Mientras que la República Checa, por ejemplo, fue alabada por el FMI, aunque vacilara, quedó claro que la retórica del país había sobrepasado sus realizaciones: dejó a los bancos en manos del Estado. Si un gobierno privatiza empresas pero deja a los bancos en manos del Estado, o sin una regulación efectiva, ese gobierno no crea las estrictas restricciones presupuestarias que llevan a la eficiencia, sino más bien una forma alternativa y menos transparente de subsidiar las empresas –y una abierta invitación a la corrupción–. Los críticos de la privatización checa argumentan que el problema no estribó en que la privatización fue demasiado rápida sino que fue demasiado lenta. Pero ningún país ha podido privatizar todo de la noche a la mañana, y si un gobierno intentara una privatización instantánea, el desenlace más probable sería el caos. La tarea es demasiado ardua y los incentivos para cometer actos ilegales son demasiado acusados. Los fallos de las estrategias de privatización rápidas eran predecibles. Y fueron predichos.

Tal como fue practicada en Rusia (y también en demasiadas partes del antiguo bloque soviético), la privatización no sólo no contribuyó al éxito económico del país sino que socavó la confianza en el Estado, en la democracia y en la reforma. El resultado de regalar sus ricos recursos naturales antes de establecer un sistema para recaudar impuestos sobre esos recursos fue que un puñado de amigos y socios de Yeltsin se convirtieron en multimillonarios, pero el país fue incapaz de pagar a los jubilados su pensión de 15 dólares mensuales.

El ejemplo más egregio de mala privatización fue el programa de préstamos a cambio de acciones. En 1995 el Gobierno, en vez de acudir al banco central a por los fondos que necesitaba, acudió a los bancos privados. Muchos de estos bancos privados pertenecían a amigos del Gobierno que habían recibido autorizaciones para constituir bancos. En un panorama con bancos poco regulados, las autorizaciones eran en realidad licencias para emitir dinero, para prestarse dinero a sí mismos o a sus amigos o al Gobierno. Como condición del préstamo, el Gobierno ofreció acciones de sus propias empresas en garantía. Entonces –¡sorpresa!– el Gobierno no pagó los créditos y los bancos se quedaron con las compañías en lo que cabe considerar como ventajas fingidas (aunque las autoridades realizaron «subastas» de puro teatro) y unos pocos oligarcas se convirtieron en millonarios en un instante. Estas privatizaciones carecieron de legitimidad política. Y, como hemos anotado previamente, el hecho de que carecieran de legitimidad hacía aún más imperativo que los oligarcas sacaran rápidamente el dinero del país, antes de que asumiese el poder un nuevo Gobierno que pudiese revertir la privatización o debilitar su posición.

Los favorecidos por las dádivas estatales, o más precisamente las dádivas de Yeltsin, se esforzaron por conseguir la reelección de su benefactor. Irónicamente, aunque siempre hubo una presunción de que una parte de los regalos de Yeltsin fue a financiar su campaña, algunos críticos conjeturan que los oligarcas eran demasiado inteligentes como para emplear ese dinero en sufragar la campaña electoral (para eso ya había copiosos fondos públicos oscuros). Los oligarcas proporcionaron a Yeltsin algo mucho más valioso: las modernas técnicas de manejo de las campañas y un trato amable en las cadenas de televisión que controlaban.

El esquema de préstamos a cambio de acciones constituyó el estadio final para el enriquecimiento de los oligarcas, la pequeña banda de personas (algunas de ellas provenían, según se informó, de conexiones de estilo mafioso) que llegó a dominar no sólo la vida económica del país sino también su vida política. En un momento dado reivindicaron el control ¡del 50 % de la riqueza del país! Los defensores de los oligarcas los asimilaron a los «barones ladrones» de EE UU, los Harriman y los Rockefeller.

Pero media una gran diferencia entre las actividades de esas figuras del capitalismo decimonónico, incluso los que labraron sus baronías en los ferrocarriles y las minas del salvaje Oeste norteamericano, y la explotación de Rusia a cargo de los oligarcas, en lo que ha sido llamado el salvaje Este. Los barones ladrones estadounidenses crearon riqueza, aunque acumularan fortunas. Dejaron un país mucho más rico, aunque acapararan una fracción considerable de la engrandecida tarta. Los oligarcas rusos robaron activos, los liquidaron y dejaron al país mucho más pobre. Las empresas fueron abandonadas al borde de la quiebra, mientras las cuentas bancarias de los oligarcas rebosaban.

El contexto social

Los funcionarios que aplicaron las políticas del Consenso de Washington no apreciaron el contexto social de las economías en transición. Esto resultó particularmente problemático, considerando lo que sucedió durante los años del comunismo.

Las economías de mercado comprenden una variedad de relaciones económicas, los intercambios. Muchos de esos intercambios involucran cuestiones de confianza. Una persona le presta dinero a otra y confía en que se lo devolverá. Lo que subyace a esta confianza es el sistema legal. Si los individuos no cumplen con sus obligaciones contractuales, pueden ser forzados a hacerlo. Si un individuo roba la propiedad de otro, puede ser llevado a los tribunales. Pero en los países con economías de mercado maduras e infraestructuras institucionales adecuadas sólo ocasionalmente los individuos y las corporaciones recurren a la litigación.

Los economistas suelen referirse al «pegamento» que mantiene unida a la sociedad como el capital social. La violencia aleatoria y el capitalismo mafioso son a menudo mencionados como reflejos de la erosión del capital social, pero en algunas de las naciones de la antigua Unión Soviética que visité uno podía ver por todas partes, y de formas más sutiles, manifestaciones directas de la erosión del capital social. No se trata sólo de la mala conducta de unos pocos directivos; es prácticamente un asalto anárquico de todos contra todos. Por ejemplo, el paisaje de Kazajstán está punteado de invernaderos... sin vidrios. Por supuesto, así no pueden funcionar. En los primeros días de la transición, era tan magra la confianza en el futuro que cada individuo arramblaba con lo que podía: cada uno pensaba que los demás quitarían los vidrios de los invernaderos, con lo que los invernaderos (y su propia subsistencia) serían destruidos. Pero si el destino de los invernaderos era en cualquier caso la destrucción, tenía sentido que cada uno tratara de llevarse lo que pudiera, aunque el valor del vidrio fuera muy pequeño.

El modo en que la transición tuvo lugar en Rusia erosionó este capital social. Uno no se enriquecía trabajando duro o invirtiendo, sino empleando los contactos políticos para conseguir barata la propiedad estatal en las privatizaciones. El contrato social, que une a los ciudadanos y su Gobierno, se rompió cuando los pensionistas vieron que el Gobierno regalaba valiosos activos públicos pero afirmaba que no tenía dinero para pagar sus pensiones.

El énfasis del FMI en la macroeconomía –y en particular la inflación– hizo que dejara de lado los problemas de la pobreza, la desigualdad y el capital social. Cuando se le indicaba esta miopía, respondía: «La inflación es especialmente severa con los pobres». Pero su esquema político no estaba diseñado para minimizar el impacto sobre los pobres. Y al desdeñar los efectos de sus políticas sobre los pobres y el capital social, el FMI de hecho conspiró contra el éxito macroeconómico. La erosión del capital social generó un ambiente poco propicio para la inversión. La falta de atención del Gobierno ruso (y el FMI) hacia una red mínima de seguridad frenó el proceso de reestructuración, porque los más obstinados directores de fábricas a menudo verían que era difícil despedir trabajadores cuando sabían que no había casi nada entre el despido y los apuros más extremos, por no decir el hambre.

Terapia de choque

El gran debate sobre la estrategia de las reformas en Rusia se centró en el ritmo de dichas reformas. ¿Quién acertó finalmente: los de la «terapia de choque» o los «gradualistas»? La teoría económica, con su énfasis en idealizados modelos de equilibrio, tenía sobre la dinámica, el orden, el calendario y el ritmo de las reformas, menos que decir que lo deseable –aunque a menudo los economistas del FMI trataron de convencer de lo contrario a los países clientes–. Los participantes en el debate recurrieron a metáforas para persuadir a los demás de los méritos de su posición. Los defensores de las reformas rápidas decían: «No se puede superar un vacío en dos saltos», mientras que los gradualistas recordaban que hacen falta nueve meses para concebir un niño y que se pueden vadear ríos andando sobre las piedras. En algunos casos, lo que separaba ambas opiniones era más una diferencia de enfoque que la realidad. Asistí a un seminario en Hungría donde un participante proclamó: «¡La reforma debe ser rápida! Hay que lograrla en cinco años», y otro replicó: «La reforma debe ser gradual: nos llevará cinco años». Buena parte del debate giró más en torno a la manera de reformar que a la velocidad.

Ya hemos encontrado dos de las críticas fundamentales que planteaban los gradualistas: «Rápidamente y bien no puede ser»: es difícil diseñar bien unas reformas adecuadas, y la secuencia es importante. Por ejemplo, se necesitan significativos requisitos para que una privatización masiva funcione, y la creación de esos requisitos toma su tiempo[1]. El estilo peculiar de las reformas rusas demuestra que los incentivos cuentan, pero el capitalismo artificial de Rusia no presentaba incentivos para la creación de riqueza y el crecimiento económico, sino para la liquidación de activos. En lugar de una economía de mercado que funcionase apaciblemente, la apresurada transición llevó a un caótico salvaje Este.

1. Si uno liberaliza los mercados de capitales, por ejemplo, antes de crear un clima local atractivo para la inversión –como recomendaba el FMI–, uno está invitando a la huida de capitales. Si uno privatiza empresas antes de crear localmente un mercado de capitales eficiente, de una manera que entrega la propiedad o el control a los que están cerca de la jubilación, no hay incentivos para la creación de riqueza a largo plazo, sino para la liquidación de activos. Si uno privatiza antes de crear una estructura reguladora y jurídica para una competencia perdurable, hay incentivos para crear monopolios e incentivos políticos para impedir la creación de dicho régimen de competencia. Si uno privatiza en un sistema federal, pero permite que las autoridades regionales y locales apliquen libremente impuestos y regulaciones, uno no ha eliminado el poder y los incentivos de las autoridades públicas para obtener rentas; en cierto sentido, uno realmente no ha privatizado en absoluto.

El enfoque bolchevique de la reforma de los mercados

Si los reformadores radicales hubiesen mirado más allá de su estrecha visión económica, habrían comprobado que la historia enseña muy pocos o ningún final feliz de los experimentos de reformas radicales. Esto fue así desde la Revolución francesa de 1789 y la Comuna de París de 1871, hasta la Revolución bolchevique en Rusia en 1917 y la Revolución Cultural china en los años sesenta y setenta. Es fácil percibir las fuerzas que hicieron surgir cada una de esas revoluciones, pero todas generaron sus Robespierre, sus líderes políticos que fueron corrompidos por la Revolución o bien la arrastraron a los extremos. En contraste, la exitosa «revolución» norteamericana no fue una genuina revolución social; fue un cambio revolucionario en las estructuras políticas, pero representó un cambio evolucionista en la estructura de la sociedad. Los reformadores radicales de Rusia intentaron simultáneamente una revolución en el régimen económico y en la estructura de la sociedad. Lo más triste es que finalmente fallaron en ambos objetivos: hubo una economía de mercado en la cual numerosos *apparatchiks* del partido simplemente fueron investidos con más poderes para controlar y beneficiarse de las empresas que antes habían gestionado, y en la cual las palancas del poder aún permanecían en manos de antiguos funcionarios del KGB. Hubo, empero, una dimensión nueva: apareció un puñado de nuevos oligarcas, capaces de y dispuestos a ejercer un inmenso poder político y económico.

Los reformadores radicales emplearon de hecho estrategias bolcheviques, aunque recurrieran a textos distintos. Los bolcheviques impusieron el comunismo a un país que no lo quería en los años que siguieron a 1917. Sostuvieron entonces que la forma de construir el socialismo era que los cuadros de la elite «lideraran» (a menudo un eufemismo por «obligaran») a las masas hacia el camino correcto, que no era necesariamente el camino que las masas preferían o pensaban que era el mejor. En la «nueva» revolución poscomunista rusa, una elite, encabezada por burócratas internacionales, análogamente intentó forzar un cambio rápido sobre una población reticente.

Los que abogaban por el enfoque bolchevique no sólo ignoraban la historia de dichas reformas radicales; además, postulaban que los procesos políticos operarían de un modo sin antecedente histórico alguno. Por ejemplo, economistas como Andrei Shleifer, que reconocían la importancia del marco institucional para una economía de mercado, creyeron que la privatización –no importaba cómo fuera aplicada– conduciría a una demanda política de las instituciones que gobiernan la propiedad privada.

Cabe pensar en el argumento de Shleifer como en una (injustificable) extensión del teorema de Coase. El economista Ronald H. Coase, que obtuvo el premio Nobel por su obra, argumentó que para alcanzar la eficiencia son esenciales unos derechos de propiedad bien definidos. Incluso si se distribuían los activos a alguien que no sabía administrarlos bien en una sociedad con derechos de propiedad bien definidos, esa persona tendría un incentivo a venderlos a alguien que los podría gestionar eficientemente. De ahí, concluían los partidarios de la privatización rápida, que no fuera necesario prestar mucha atención a cómo se hacía la privatización. Actualmente se reconoce que las condiciones bajo las cuales la conjetura de Coase es válida son sumamente restrictivas[1], y ciertamente no existían cuando Rusia se embarcó en la transición.

Pero Shleifer y compañía empujaron las ideas de Coase más allá de lo que habría hecho el propio Coase. Pensaron que los procesos eran gobernados del mismo modo que los procesos económicos. Si se creaba un grupo con intereses en la propiedad,

1. Para estudiar el teorema de Coase véase R. H. Coase, «The problem of social cost», *Journal of Law and Economics,* vol. 3, 1960, pp. 1-44 [trad. esp. en *La empresa, el mercado y la ley,* Alianza]. Este teorema es válido sólo cuando no hay costes de transacción ni imperfecciones en la información. El propio Coase admitió la severidad de estas limitaciones. Asimismo, nunca es posible especificar cabalmente los derechos de propiedad, y ello era especialmente cierto en las economías de transición. Incluso en los países industrializados avanzados, los derechos de propiedad quedan circunscritos por consideraciones del medio ambiente, los derechos de los trabajadores, la planificación urbana, etcétera. Aunque las leyes puedan procurar clarificar estos asuntos en todo lo posible, con frecuencia surgen disputas que hay que zanjar mediante procesos legales. Por suerte, dado el «imperio de la ley» existe una confianza general en que esto se hace de modo justo y equitativo. Pero no en Rusia.

ese grupo demandaría el establecimiento de un marco institucional necesario para que una economía de mercado funcionara, y sus demandas se reflejarían en el proceso político. Por desgracia, la larga historia de las reformas políticas sugiere que la distribución de la renta importa. Quien ha demandado las reformas a menudo referidas como «el imperio de la ley» fue la clase media. Los muy ricos habitualmente prosperan por sí mismos detrás de puertas cerradas, negociando favores y privilegios especiales. No han sido las peticiones de los Rockefeller y los Bill Gates del mundo las que han establecido vigorosas políticas de competencia. Y en la Rusia de hoy los oligarcas, los nuevos monopolistas, no claman por enérgicas políticas de defensa de la competencia. Estos oligarcas, que amasaron sus fortunas merced a acuerdos especiales secretos en el Kremlin, sólo han empezado a formular las interpelaciones en pro del imperio de la ley cuando vieron que disminuía su particular influencia sobre los mandatarios rusos.

Las reivindicaciones de unos medios de comunicación libres, y no concentrados en pocas manos, provinieron de los oligarcas que aspiraban a controlar los medios para conservar su poder, pero sólo cuando el Gobierno pretendió usar su poder para quitárselos. En la mayoría de los países democráticos y desarrollados estas concentraciones de poder económico no serían toleradas durante mucho tiempo por una clase media forzada a pagar precios de monopolio. Los estadounidenses han estado preocupados desde hace mucho por los peligros de la concentración del poder mediático, y en EE UU no se aceptarían las concentraciones de poder en una escala comparable a las que existen en la Rusia actual. Pero los funcionarios de EE UU y el FMI prestaron escasa atención a los riesgos planteados por la concentración de poder mediático; más bien se fijaron en la rapidez de la privatización, señal de que el proceso privatizador marchaba aceleradamente. Y les tranquilizaba, e incluso enorgullecía, que los medios privados concentrados fueran utilizados, y eficazmente, para mantener en el poder a sus amigos: Borís Yeltsin y los llamados «reformadores».

Una de las razones por las que es importante que haya medios de comunicación activos y críticos es garantizar que las decisiones que se toman no reflejen sólo los intereses de una minoría, sino los intereses generales de la sociedad. Para la continuación del sistema comunista era fundamental que no hubiera escrutinios públicos. Uno de los problemas del fracaso en la creación en Rusia de unos medios eficaces, independientes y competitivos, fue que las políticas –como el esquema de préstamos a cambio de acciones– no quedaron sometidas a la crítica pública que merecían. Incluso en Occidente, las decisiones clave sobre la política rusa –tanto en las instituciones económicas internacionales como en el Tesoro de EE UU– fueron adoptadas en buena medida a puerta cerrada. Ni los contribuyentes occidentales, ante los cuales se suponía que dichas instituciones eran responsables, ni el pueblo ruso, que pagó en última instancia el precio, supieron mucho de lo que estaba pasando entonces. Sólo ahora estamos lidiando con la pregunta «¿quién perdió a Rusia?», y cómo. Las respuestas, según empezamos a comprobar, no son edificantes.

Capítulo 6

Leyes comerciales injustas y otros agravios

El FMI es una institución política. El rescate de 1998 obedeció a una preocupación por mantener a Borís Yeltsin en el poder, aunque conforme a todos los principios que deberían orientar los préstamos, ello tenía poco sentido. La callada aquiescencia, cuando no el respaldo abierto, a la corrupta privatización de préstamos a cambio de acciones se fundó en el hecho de que la corrupción era por una buena causa: la reelección de Yeltsin[1]. Las políticas del FMI en esas áreas estaban íntimamente enlazadas con las opiniones políticas del Tesoro durante la Administración de Clinton.

Si consideramos la Administración en su conjunto, hubo de hecho recelos ante la estrategia del Tesoro. Tras la derrota de los reformistas en diciembre de 1993, Strobe Talbott, entonces a cargo de la política con relación a Rusia (más tarde sería vicesecretario de Estado), manifestó la extendida visión aprensiva sobre la estrategia de la terapia de choque: ¿no había habido mucho choque y poca terapia? Nosotros, en el Consejo de Asesores Económicos, estábamos convencidos de que EE UU estaba aconsejando mal a Rusia y empleando el dinero de los contribuyentes para lograr que aceptara el consejo. Pero el Tesoro reivindicaba la política económica rusa como cosa suya, marginó todos los intentos de entablar un diálogo abierto, dentro de la Administración o fuera de ella, y sostuvo pertinazmente su compromiso en pro de una terapia de choque y una privatización rápida.

1. Aunque ésta fue la supuesta defensa, ya apuntamos antes que incluso ella era cuestionable: los oligarcas no utilizaron los fondos para financiar la reelección de Yeltsin. Pero sí obtuvo la base organizativa (y el apoyo televisivo) que necesitaba.

En la posición de la gente del Tesoro subyacían diagnósticos políticos tanto como económicos. Estaban atemorizados por el peligro inminente de un retroceso hacia el comunismo. Los gradualistas, en cambio, temían que el peligro genuino estribase en el fracaso de la terapia de choque: la mayor pobreza y las menores rentas minarían el apoyo a las reformas de mercado. Otra vez, los gradualistas acertaron. Quizá el caso más extremo fueron las elecciones en Moldavia, en febrero de 2000, en las que los comunistas obtuvieron el 70 % de los escaños en la Duma, pero la desilusión con las reformas radicales y la terapia de choque es hoy común en las economías en transición[1]. Contemplar la transición como el último asalto en el combate entre el bien y el mal, entre los mercados y el comunismo, produjo un problema ulterior: el FMI y el Tesoro de EE UU trataron a la mayoría de los ex comunistas con desdén y desconfianza, salvo unos pocos que se convirtieron en sus aliados. Había, por supuesto, comunistas recalcitrantes, pero bastantes, quizá la mayoría, de los que habían servido bajo gobiernos comunistas estaban lejos de ser genuinos creyentes. En realidad eran pragmáticos que aspiraban a prosperar dentro del sistema. Si el sistema exigía que se afiliaran al Partido Comunista, no parecía un precio muy excesivo. Muchos se sintieron tan felices como cualquier otra persona al ver el final de la dominación comunista y la restauración de los procesos democráticos. Si estas personas conservaban algo de su época comunista era la creencia en que el Estado tenía una responsabilidad en cuidar a los necesitados y la creencia en una sociedad más igualitaria.

De hecho, muchos de estos ex comunistas se convirtieron en lo que en términos europeos se llama socialdemócratas de diverso tipo. En términos políticos norteamericanos podrían situarse entre los viejos democráticos del New Deal y los más recientes nuevos demócratas, si bien la mayoría estarían más cerca de los primeros que de los segundos. Fue irónico que la demócrata Administración de Clinton, al parecer defensora de ideales en gran

1. Los países en transición actualmente gobernados por líderes o partidos ex comunistas son los siguientes: Albania, Azerbaiyán, Bielorrusia, Croacia, Kazajstán, Lituania, Moldavia, Polonia, Rumania, Rusia, Eslovenia, Tayikistán, Turkmenistán y Uzbekistán.

consonancia con estos socialdemócratas, se aliara tan a menudo en las economías en transición con reformadores inclinados a la derecha, los discípulos de Milton Friedman y partidarios de reformas radicales de mercado, que prestaban poca atención a las consecuencias sociales y distributivas de las políticas.

En Rusia no había más que ex comunistas. El propio Yeltsin era un ex comunista, un miembro candidato del Politburó. En Rusia los comunistas realmente jamás fueron desplazados del poder. Casi todos los reformadores rusos eran ex comunistas y además con muy buenas conexiones. En un momento determinado pareció que la frontera se iba a trazar entre los vinculados más estrechamente con el KGB y el Gosplan –los centros del control político y económico en el antiguo régimen– todos los demás. Los «buenos» eran los *apparatchiks* que manejaban empresas, como Viktor Chernomyrdin, el jefe de Gazprom, hombres prácticos con quienes se podía negociar. Aunque algunos de estos «hombres prácticos» estaban dispuestos a robar a espuertas la riqueza del Estado para ellos y sus amiguetes, claramente no eran ideólogos izquierdistas. Aunque los juicios (acertados o no) acerca de quién era probable que condujera a Rusia a la tierra prometida de los mercados libres pudieron orientar las decisiones sobre con quién debería aliarse EE UU (y el FMI) en los primeros días de la transición, ya en el año 2000 se había instalado un frío pragmatismo. Si hubo idealismo al comienzo, los fallos de Yeltsin y muchos de los que le rodeaban llevaron al cinismo. Putin fue acogido con visible calidez por la Administración de Bush como una persona con la que se podía trabajar. Sus credenciales del KGB importaban poco. Nos había llevado largo tiempo dejar de juzgar finalmente a la gente por haber sido o no comunistas bajo el antiguo régimen, e incluso por lo que habían hecho bajo dicho régimen. Si los errores ideológicos nos cegaron a la hora de negociar con los líderes y partidos emergentes de Europa del Este, así como en el diseño de las políticas económicas, en el caso de Rusia no fue menor el papel de las equivocadas opiniones políticas. Muchos de nuestros aliados estaban menos interesados en crear la economía de mercado que tan bien había funcionado en Occidente, que en llenarse los bolsillos.

Cuando pasó el tiempo, y los inconvenientes de la estrategia de reforma y el Gobierno de Yeltsin aparecieron con más nitidez, las reacciones de la gente tanto en el FMI como en el Tesoro estadounidense fue parecida a la de los funcionarios de EE UU tras los fracasos en la guerra del Vietnam: dar la espalda a los hechos, negar la realidad, suprimir la discusión y derramar más y más moneda buena en pos de la mala. Todo en Rusia estaba «a la vuelta de la esquina»; el crecimiento estaba a punto de empezar; el próximo préstamo por fin haría que Rusia se pusiera en marcha; Rusia no había cumplido las condiciones de los acuerdos de préstamos, y así sucesivamente. A medida que las perspectivas de éxito parecían cada vez más lúgubres, y la crisis persistía en estar siempre a la vuelta de otra esquina más, la retórica cambió: el énfasis pasó de confiar en Yeltsin a alarmarse por la amenaza de la alternativa.

La sensación de angustia era palpable. Recibí un día una llamada de un alto asesor del Gobierno ruso. Quería organizar una reunión en Rusia para buscar soluciones para conseguir que el país se pusiera en marcha. Lo mejor que había conseguido el FMI tras años de consejos había sido la estabilización; para el crecimiento no tenía nada que ofrecer. Y estaba claro que la estabilización –al menos tal como era presentada por el FMI– no llevaba al crecimiento. Cuando el FMI y el Tesoro de EE UU se enteraron, entraron en acción. Desde el Tesoro (según se informó, al más alto nivel) llamaron al presidente del Banco y me ordenaron no ir. Pero aunque el Tesoro disfrutase pensando que el Banco Mundial es de su exclusiva propiedad, otros países pueden, si se coordinan con cuidado, aventajar incluso al Tesoro de EE UU. Y así ocurrió: gracias a oportunas llamadas y cartas desde Rusia, me fui para allí a hacer lo que los rusos habían pedido: abrir una discusión sin las trabas ni de la ideología del FMI ni de los intereses particulares del Tesoro de EE UU.

Mi visita fue fascinante. La amplitud de las discusiones resultó impresionante. Había un grupo de gente brillante que se afanaba para diseñar una estrategia de crecimiento económico. Conocían las cifras, pero para ellos la decadencia de Rusia no era una mera cuestión estadística. Muchas de las personas con las que hablé reconocían la importancia de lo que había sido excluido o insuficientemente atendido en los programas del FMI. Sabían que el crecimiento requiere más que estabilización, privatización y liberalización. Les preocupaba que la presión del

FMI para una privatización rápida, que aún sentían, desembocara en más problemas aún. Algunos reconocían la importancia de crear estrictas políticas de competencia, y deploraban la falta de apoyo que recibían. Pero lo que más me llamó la atención fue la incongruencia entre el espíritu de Washington y el de Moscú. En Moscú había (entonces) un saludable debate político. A muchos les inquietaba, por ejemplo, que el elevado tipo de cambio estuviese bloqueando el crecimiento. Y acertaban. Otros temían que una devaluación desatase la inflación. Y también acertaban. Éstas son materias complicadas y en democracia deben ser debatidas y analizadas. Rusia deseaba hacer precisamente eso: abrir un debate con voces distintas. Washington –o más concretamente el FMI y el Tesoro de EE UU– era el que se asustaba ante la democracia, el que quería suprimir el debate. Yo no podía dejar de observar, y lamentar, esta ironía.

A medida que se acumulaban las pruebas del fracaso, y quedaba cada vez más claro que EE UU había apostado por el caballo perdedor, la Administración estadounidense trató de sofocar incluso con más fuerza las críticas y la discusión pública. El Tesoro intentó eliminar las discusiones del Banco con la prensa, de modo que sólo se escucharan sus interpretaciones acerca de lo que estaba pasando. Fue notable cómo, incluso ante pruebas de posible corrupción publicadas por periódicos estadounidenses, el Departamento del Tesoro no titubeó en su estrategia.

Para muchos, el esquema de privatización de préstamos a cambio de acciones, analizado en el capítulo 5 (por el cual un puñado de oligarcas accedió al control de una vasta porción de los ricos recursos naturales del país), se transformó en el punto crucial ante el cual EE UU debería haber alzado su voz. En Rusia se pensaba, no sin razón, que EE UU se había aliado con la corrupción. En lo que habría sido percibido como una exhibición de apoyo, el subsecretario del Tesoro Lawrence Summers invitó a su casa a Anatoly Chubais, que había estado a cargo de las privatizaciones, había montado la estafa de los préstamos a cambio de acciones, y que nada sorprendentemente se había convertido en uno de los funcionarios públicos más impopulares de toda Rusia. El Tesoro de EE UU y el FMI entraron en la vida política del país. Al respaldar con tanta firmeza y durante tanto tiempo a los que estaban al mando cuando se creó la gran desigualdad a través de ese corrupto proceso de privatización, EE UU, el FMI y la comunidad internacional quedaron asociados de modo indeleble con políticas que, en el mejor de los casos, promovieron los intereses de los ricos a expensas del ruso medio.

Cuando finalmente los diarios de EE UU y Europa expusieron la corrupción a la luz pública, la condena del Tesoro tuvo un aire hueco y falso. La realidad es que el inspector general de la Duma planteó esas acusaciones en Washington mucho antes de que las noticias saltaran a las portadas. A mí me insistieron en el Banco Mundial para que no me reuniese con él, para no concederle crédito a sus acusaciones. Si la extensión de la corrupción no fue conocida, se debió que los oídos y los ojos estaban tapados.

Lo que debió hacerse

Para los intereses de largo plazo de EE UU habría sido mejor si no hubiésemos estado tan involucrados con líderes concretos y hubiéramos brindado un apoyo amplio a los procesos democráticos. Esto se pudo haber hecho respaldando a los líderes jóvenes y emergentes en Moscú y en las provincias, que se oponían a la corrupción y procuraban crear una democracia verdadera.

Ojalá hubiese habido un debate abierto sobre la estrategia estadounidense en Rusia al comienzo de la Administración de Clinton, un debate que hubiese reflejado mejor la discusión que tenía entonces lugar en el resto del mundo. Creo que si Clinton hubiese conocido los argumentos, habría adoptado una posición más equilibrada. Habría sido más sensible a los apuros de los pobres que la gente del Tesoro, y más consciente de la importancia de los procesos políticos. Pero, como suele suceder, el presidente nunca tuvo la oportunidad de escuchar todo el abanico de cuestiones y puntos de vista. Para el Tesoro el asunto era demasiado importante como para que el presidente ejerciera un papel relevante en la toma de decisiones. Quizá debido a la falta de interés del pueblo estadounidense, el propio Clinton no percibió que el tema tuviera el peso suficiente como para que él exigiese una explicación más detallada.

Muchas personas en Rusia (y otros lugares) creen que las políticas fracasadas no fueron meramente accidentales: los fracasos fueron deliberados intentos de destripar Rusia, de eliminarla como amenaza hasta un indefinido futuro. Esta visión conspirativa concede a la gente del FMI y el Tesoro de EE UU más malevolencia y más sabiduría de las que a mi juicio tuvieron. Opino que ellos pensaron que las políticas que recomendaban tendrían éxito. Pensaron que una economía rusa fuerte y un Gobierno ruso estable y dispuesto a las reformas interesaban tanto a EE UU como a la paz global.

Pero las políticas no fueron totalmente altruistas. Los intereses económicos estadounidenses –o más precisamente sus intereses financieros y comerciales– se reflejaron en las políticas. Por ejemplo, el rescate de julio de 1998 fue tanto un rescate de bancos occidentales que podían perder miles de millones de dólares (y finalmente perdieron miles de millones) como un rescate de Rusia. Pero no fueron sólo los intereses directos de Wall Street los que influyeron sobre la política: fue la ideología predominante en la comunidad financiera. Por ejemplo, para Wall Street lo peor del mundo es la inflación: erosiona el valor de lo que se debe a los acreedores, lo que lleva a subidas en los tipos de interés, lo que a su vez deprime el precio de los bonos. Para los financieros, el paro es una inquietud menos grave. Nada es más sacrosanto para Wall Street que la propiedad privada –y de allí el énfasis en la privatización–. Su compromiso con la competencia es menos apasionado; después de todo, el actual secretario del Tesoro de EE UU, Paul O'Neill, es quien organizó el cártel global del aluminio y quien ha trabajado para suprimir la competencia en el mercado global del acero. Y puede que las nociones de capital social y participación política ni aparezcan en las pantallas de sus radares; se sienten mucho más cómodos con un banco central independiente que con uno cuyos actos caen más directamente bajo el control de los procesos políticos (en el caso de Rusia había en esta posición una ironía: tras la crisis de 1998 fue el banquero central independiente de Rusia quien amenazó con una política más inflacionaria que la deseada por el FMI y algunos miembros del Gobierno, y la independencia del banco central fue en parte lo que le permitió hacer caso omiso de las acusaciones de corrupción).

Los intereses económicos especiales de EE UU afectaron a las políticas en formas que chocaron contra sus intereses más generales e hicieron que el país pareciese bastante hipócrita. Estados Unidos aplaude el libre comercio, pero con mucha frecuencia cuando un país pobre encuentra una mercancía que puede exportar a EE UU, ése es un aspecto que galvaniza los proteccionistas intereses nacionales estadounidenses. La combinación de intereses sindicales y empresariales recurre a numerosas leyes comerciales, oficialmente conocidas como leyes comerciales justas, pero fuera de EE UU se las moteja de «leyes comerciales injustas», para construir alambradas de espinos contra las importaciones. Según estas leyes, si una compañía piensa que un competidor extranjero está vendiendo un producto por debajo de su coste puede requerir a las autoridades para que impongan unos aranceles especiales que la protejan. La venta de productos por debajo del coste es denominada *dumping* y a esos aranceles se les llama *dumping duties*. Sin embargo, con frecuencia el Estado norteamericano estipula los costes sobre la base de una escasa evidencia, y en formas que no tienen sentido. Para la mayoría de los economistas estos aranceles *antidumping* son simple y crudo proteccionismo. ¿Por qué –preguntan– iba una empresa racional a vender productos por debajo del coste?

El caso del aluminio

Durante mis años en el Gobierno, quizá el caso más ultrajante de intereses particulares estadounidenses interfiriendo en el comercio –y en el proceso de reformas– tuvo lugar a comienzos de 1994, justo después de que se hundiera el precio del aluminio. Como respuesta a esta caída, los productores norteamericanos acusaron a Rusia de *dumping*. Cualquier análisis económico de la situación demostraba claramente que Rusia no estaba haciendo *dumping*. Rusia simplemente vendía el aluminio al precio internacional, que había caído tanto por la desaceleración de la demanda global derivada del freno en el crecimiento mundial, como por los recortes de la utilización rusa de aluminio para los aviones militares. Asimismo, los nuevos envases de refrescos contienen sustancialmente menos aluminio que antes, y eso también deprimió su demanda. Cuando vi caer el precio del aluminio, supe que la industria pronto clamaría al Gobierno por algún tipo de ayuda, o nuevos subsidios o nueva protección frente a los competidores extranjeros. Pero incluso yo quedé sorprendido por la propuesta planteada por el líder de Alcoa, Paul O'Neill: un cártel global del aluminio. Los cárteles funcionan restringiendo la oferta, lo que eleva los precios, con lo que no era sorprendente el interés de O'Neill. También agitó el fantasma de utilizar la legislación *antidumping* si no se creaba el cártel. Esta legislación permite a EE UU imponer aranceles especiales sobre mercancías vendidas por debajo de su «justo valor de mercado» y particularmente cuando son vendidas por debajo de su coste de producción. Pero la cuestión, naturalmente, no era si Rusia estaba haciendo *dumping* o no. Rusia estaba vendiendo su aluminio a los precios internacionales. Dado el exceso de capacidad de su industria y el reducido precio de la electricidad rusa, buena parte si no todo lo que vendía en los mercados internacionales se vendía por encima de su coste de producción. O'Neill sabía, y yo también, que típicamente la legislación *antidumping* se aplica de tal modo que se puede acusar a los países de hacer *dumping* cuando en realidad desde un punto de vista económico no lo están haciendo. Estados Unidos estima los costes de producción recurriendo a una metodología peculiar que, si fuera aplicada a las empresas norteamericanas, probablemente concluiría que el grueso de ellas también incurre en *dumping;* peor aún, el Departamento de Comercio, que actúa simultáneamente como juez, jurado y fiscal, estima los costes según lo que llama BIA, o la mejor información disponible, que típicamente es la que aportan las empresas americanas que procuran impedir la competencia extranjera. En el caso de Rusia y los demás países ex comunistas, a menudo estima los costes fijándose en los costes en un país comparable. En uno de los casos, Polonia fue acusada de hacer *dumping* en carritos de golf: el país supuestamente «comparable» fue Canadá. En el caso del aluminio, de haberse planteado la acusación del *dumping,* era razonable esperar que se impondrían aranceles tan altos que Rusia no sería capaz de vender su aluminio en EE UU. Podría venderlo en otro lugar (salvo que los demás países siguieran el ejemplo estadounidense), y entonces los precios internacionales del aluminio habrían seguido bajos. Para Alcoa, por tanto, lo preferible era un cártel global, que ofrecía una mejor posibilidad para conseguir los altos precios que Alcoa deseaba.

Me opuse al cártel. Lo que hace funcionar a las economías es la competencia. Los cárteles son ilegales en Estados Unidos y deberían ser ilegales globalmente. El Consejo de Asesores Económicos fue un aliado fiel de la División Antitrust del Departamento de Justicia al recomendar una aplicación rigurosa de la legislación sobre competencia. Pero aquí había algo más en juego. Rusia estaba luchando para crear una economía de mercado. El cártel dañaría a Rusia al restringir sus ventas en uno de los pocos productos que podía comercializar internacionalmente. Y la creación del cártel enseñaría a Rusia una mala lección sobre cómo operan las economías de mercado.

Durante un rápido viaje a Rusia hablé con Gaidar, entonces el primer viceprimer ministro a cargo de Economía; él y yo sabíamos que Rusia no estaba haciendo *dumping* –en el sentido en que ese término es utilizado por los economistas–, pero también sabíamos cómo funciona la legislación estadounidense. Si se planteaba la acusación de *dumping* era muy probable que se impusieran aranceles. Él era consciente, empero, de lo malo que sería un cártel para Rusia, tanto económicamente como en términos del impacto sobre las reformas que estaba intentando poner en práctica. Acordó que debíamos resistir todo lo que pudiésemos. Estaba dispuesto a asumir el riesgo de que se aplicaran aranceles de *dumping*[1].

1. Para conocer más detalles véase M. du Bois y E. Norton, «Foiled Competition: Don't Call It a Cartel, But World Aluminum has Forged a New Order», *Wall Street Journal*, 9 de junio de 1994. Este artículo subrayó la cercana relación entre O'Neill y Bowman Cutter, entonces el subdirector del Consejo Económico Nacional de Clinton, que contribuyó a «cocinar» el acuerdo. Dulcificante para los rusos fue una inversión de capital de 250 millones de dólares, garantizada por OPIC. Los barones estadounidenses del aluminio se cuidaron mucho de mantener las apariencias y evitar un proceso antitrust, y el Gobierno estadounidense integró a tres abogados expertos en antitrust para redactar el acuerdo que, según este artículo, fue cuidadosa y vagamente escrito para satisfacer al Departamento de Justicia.

Trabajé duro para convencer a la gente del Consejo Económico Nacional de que sería un error respaldar la idea de O'Neill, y logré grandes progresos, pero en una acalorada reunión del subgabinete se apoyó la creación de un cártel internacional. En el Consejo de Asesores Económicos y el Departamento de Justicia estaban indignados. Ann Bingaman, la asistente Fiscal General de Antitrust, advirtió al gabinete que en el subgabinete se pudo haber producido una violación de las leyes antitrust. Los reformadores en el Gobierno ruso se oponían con todas sus fuerzas al cártel, y así me lo habían hecho saber directamente. Sabían que las restricciones cuantitativas que el cártel impondría concederían otra vez más poder a los ministerios de la vieja guardia. Con un cártel, cada país obtendría unas determinadas cuotas, cantidades de aluminio que podría producir o exportar. Los ministerios controlarían a quién se asignarían las cuotas. Éste era el tipo de sistema con el que estaban familiarizados, el tipo de sistema que adoraban. A mí me preocupaba que los beneficios exagerados generados por las restricciones comerciales dieran lugar a una fuente adicional de corrupción. No nos dimos plenamente cuenta de que en la nueva Rusia «mafiatizada» tam-

---

En 1995 este cártel empezó a quebrarse dado el incremento en la demanda mundial de aluminio, y las dificultades para aplicar el acuerdo del cártel a los productores rusos (véase S. Givens, «Stealing an Idea from Aluminum», *The Dismal Scientist,* 24 de julio de 2001). Además, Alcoa y otros productores norteamericanos de aluminio fueron demandados por conspirar para restringir el comercio, pero la causa fue archivada en los tribunales (véase J. Davidow, «Rules for the Antitrust/Trade Interface», Miller & Chevalier, 29 de septiembre de 1999, en www.ablondifoster.com/library/article.asp?pubid=143643792001&groupid=12. Para un editorial con una opinión similar a la expresada aquí véase *Journal of Commerce,* 22 de febrero de 1994).

La historia no terminó ahí: en abril de 2000 hubo noticias sobre cómo dos oligarcas rusos (Borís Berezovsky y Roman Abramovich) habían conseguido formar un monoplio privado que controlaría el 75-80 % de la producción anual rusa, creando así la segunda empresa de aluminio del mundo (tras Alcoa). Véase «Russian Aluminum Czars Joining Forces», *Sydney Morning Herald,* 19 de abril de 2000, y A. Meier y Y. Zarakhovich, «Promises, Promises», *Time Europe,* 155 (20), 22 de mayo de 2000. Las conexiones entre la mafia rusa y la producción de aluminio han sido también aireadas en la prensa; véase, por ejemplo, R. Behar, «Capitalism in a Cold Climate», *Fortune,* junio de 2000.

bién provocaría un baño de sangre, debido a la lucha por la obtención de las cuotas.

Aunque yo había logrado convencer a casi todos de los peligros de la solución del cártel, dos voces predominaron. El Departamento de Estado, con estrechas conexiones con los ministerios de la vieja guardia, apoyó la creación del cártel. El Departamento de Estado priorizaba el orden por sobre todo lo demás, y los cárteles ordenan. Los ministerios de la vieja guardia, por supuesto, jamás se convencieron de que el movimiento hacia los precios y los mercados tenía sentido, y la experiencia con el aluminio sencillamente les confirmaba sus prevenciones. Rubin, entonces jefe del Consejo Económico Nacional, desempeñó un papel decisivo, secundando al Departamento de Estado. Durante un tiempo el cártel funcionó. Los precios subieron. Los beneficios de Alcoa y otros productores también. Los consumidores estadounidenses –y de todo el mundo– perdieron, y de hecho los principios fundamentales de la economía, que enseñan el valor de los mercados competitivos, demuestran que las pérdidas de los consumidores superan las ganancias de los productores. Pero en este caso había más en liza: estábamos intentando enseñar a Rusia economía de mercado. Aprendieron una lección, pero fue una mala lección, una lección que les costaría sobremanera en los años que siguieron: ¡que la forma de prosperar en el mercado era acudir al Gobierno! Nosotros no queríamos enseñarles la asignatura «Introducción al capitalismo de amiguetes», y probablemente no necesitaban ese curso, porque podrían haber aprendido por su cuenta todo lo que necesitaban saber al respecto. Pero inconscientemente les dimos un mal ejemplo.

La seguridad nacional, en rebajas

El del aluminio no fue el primer caso, ni sería el último, donde los intereses creados prevalecieron sobre el objetivo nacional y global de una transición con éxito. Al final de la Administración de Bush y al empezar la Administración de Clinton, se firmó un acuerdo histórico, «de hojas de espada a arados», entre Rusia y EE UU. Una empresa norteamericana llamada United States Enrichment Corporation (USEC) compraría uranio ruso de cabezas nucleares desactivadas y lo traería a EE UU. El uranio sería desenriquecido de modo que no pudiera ser utilizado para armamento nuclear, y después sería empleado en centrales nucleares de energía. La venta proporcionaría a Rusia el dinero que necesitaba y que podría asignar a mantener mejor su material nuclear.

Por increíble que parezca, las leyes comerciales justas fueron nuevamente esgrimidas para impedir esta operación. Los productores estadounidenses de uranio alegaron que Rusia estaba haciendo *dumping* de uranio en los mercados americanos. Igual que en el caso del aluminio, la acusación carecía de validez económica. No obstante, las leyes comerciales injustas de EE UU no están redactadas basándose en principios económicos. Sólo existen para proteger a las industrias estadounidenses afectadas negativamente por las importaciones.

Cuando las importaciones oficiales de EE UU de uranio con objetivos de desarme fueron desafiadas por los productores de uranio según las leyes comerciales justas, resultó patente que había que cambiar esas leyes. El Departamento de Comercio y el Representante Comercial de EE UU –tras muchos ruegos– fueron finalmente persuadidos para que propusieran modificaciones de las leyes al Congreso. Y el Congreso las rechazó. No tengo aún claro si Comercio y el Representante sabotearon los esfuerzos para conseguir cambiar las leyes presentando la propuesta al Congreso de forma que dicho desenlace resultara inevitable, o si combatieron contra un Congreso que siempre ha tenido una acusada veta proteccionista.

Igualmente destacable fue lo que sucedió después, a mediados de los años noventa. Ante el desasosiego de las administraciones de Reagan y Bush, EE UU estaba muy atrasado en la carrera privatizadora de los años ochenta. Margaret Thatcher había privatizado por valor de miles de millones, mientras que EE UU apenas había privatizado una planta de helio en Tejas por 2 millones de dólares. La diferencia, por supuesto, estribaba en que Thatcher tenía muchas más y más grandes empresas públicas para privatizar. Pero finalmente los partidarios de la privatización encontraron en EE UU algo que pocos más podrían privatizar: USEC, que no sólo enriquece el uranio para los reactores nucleares sino también para las bombas atómicas. La privatización estaba acosada por problemas. A USEC se le había confiado traer el uranio enriquecido desde Rusia; en tanto que empresa privada, se trataba de un tipo de poder monopólico que no habría pasado el examen de las autoridades antitrust. Peor aún, en el Consejo de Asesores Económicos habían analizado los incentivos de una USEC privatizada, y habíamos probado de modo concluyente que tenía todos los incentivos para mantener el uranio ruso fuera de EE UU. Ésta era una gran preocupación: había alarmas considerables sobre la proliferación nuclear –que el material nuclear llegara a manos de Estados malhechores u organizaciones terroristas– y una Rusia debilitada con uranio enriquecido para vender a cualquiera dispuesto a pagar no era un panorama halagüeño. La USEC negó vigorosamente que fuese a actuar en contra de los intereses de EE UU, y sostuvo que siempre traería el uranio ruso tan pronto como los rusos se lo vendieran; pero la misma semana en que declararon esto tuve conocimiento de un acuerdo secreto entre USEC y la agencia rusa. Los rusos habían ofrecido triplicar sus entregas y USEC no sólo había rechazado el ofrecimiento sino que había pagado una suma apreciable en lo que sólo cabía denominar «dinero silencioso» con objeto de mantener la oferta (y el rechazo de la USEC) en secreto. Era razonable pensar que esto solo habría bastado para interrumpir la privatización, pero no fue así: el Tesoro era tan entusiasta de la privatización en EE UU como en Rusia. Es interesante que ésta, la única gran privatización norteamericana de la década, haya padecido tantas dificultades como las sufridas por las privatizaciones en otros lugares, tanto que se han planteado en el Congreso propuestas conjuntas de ambos partidos para renacionalizar la empresa. Nuestros pronósticos de que la privatización interferiría con la importación de uranio enriquecido desde Rusia se demostraron premonitorios. De hecho, en un momento dado pareció que todas las exportaciones hacia EE UU podrían detenerse. Finalmente, USEC solicitó abultados subsidios para proseguir con la importación. El optimista retrato económico pintado por la USEC (y el Tesoro de EE UU) resultó ser falso, y los inversores se enfadaron cuando vieron que las cotizaciones de las acciones se derrumbaban. Había nerviosismo por una empresa con escasa viabilidad financiera a cargo de la producción en nuestro país de uranio enriquecido. A un par de años de la privatización, se plantearon preguntas sobre si el Tesoro tendría la audacia de conceder la certificación financiera exigida por la ley para que USEC siguiera funcionando.

Lecciones para Rusia

Rusia recibió un curso acelerado de economía de mercado, y nosotros fuimos los profesores. Fue un curso muy peculiar. Por un lado, recibieron grandes dosis de economía de libre mercado, de economía de libro de texto. Por otro lado, lo que vieron hacer en la práctica a sus profesores se alejó mucho de ese ideal. Les dijeron que la liberalización comercial era necesaria para una economía de mercado exitosa, pero cuando trataron de exportar aluminio y uranio (y también otros productos) a Estados Unidos, se encontraron con la puerta cerrada. Evidentemente, EE UU había salido adelante sin liberalización comercial; o, como a veces se dice, «el comercio es bueno pero las importaciones son malas». Se les indicó que la competencia es vital (aunque no se puso en ello mucho énfasis), mientras que el Gobierno de EE UU estuvo en el centro de la creación de un cártel global del aluminio, y concedió derechos de monopolio para la importación de uranio enriquecido al productor monopólico norteamericano. Se les aconsejó privatizar rápida y honradamente, pero el único intento privatizador de EE UU tomó años y años, y al final su integridad fue puesta en cuestión. Estados Unidos daba lecciones a todos, especialmente después de la crisis del Este asiático, sobre el «capitalismo de amiguetes» y sus riesgos. Pero el empleo de influencias resultó patente no sólo en los casos descritos en este capítulo sino también en el rescate de Long Term Capital Management, descrito en el capítulo anterior.

Si los sermones de Occidente no son tomados en serio en todas partes, deberíamos entender por qué. No se trata sólo de agravios pasados, como los injustos tratados comerciales mencionados en capítulos precedentes. Se trata de lo que estamos haciendo actualmente. Lo que los demás hacen es fijarse no sólo en lo que decimos sino también en lo que hacemos. No siempre es una imagen bonita.

Capítulo 7

Mejores caminos hacia el mercado

Cuando los fracasos de las estrategias de reforma radical en Rusia y otros lugares se han vuelto cada vez más obvias, quienes las recomendaron alegan que no tenían otra elección. Sin embargo, había estrategias alternativas. Esto se evidenció nítidamente en una reunión en Praga en septiembre de 2000, en la cual antiguos funcionarios de diversos países del Este de Europa, tanto los que cosecharon éxitos como aquellos cuya actuación fue desilusionante, revisaron sus experiencias. El Gobierno de la República Checa, con Vaclav Klaus a la cabeza, obtuvo inicialmente una óptima calificación desde el FMI gracias a su política de privatización rápida, pero su manejo de todo el proceso de transición dio como resultado un PIB que a finales de los noventa era inferior al nivel de 1989. Los funcionarios de su Gobierno dijeron que no tuvieron otra elección que las políticas que adoptaron, pero esta afirmación fue cuestionada por oradores provenientes de la República Checa y de otros países. Había alternativas; otras naciones favorecieron opciones diferentes, y existe un vínculo claro entre las opciones y los distintos resultados.

Polonia y China recurrieron a estrategias diferentes de las aconsejadas por el Consenso de Washington. Polonia es el país de más éxito entre los del Este de Europa; China ha experimentado una tasa de crecimiento mayor que la de cualquier otra gran economía del mundo durante los últimos veinte años. Polonia empezó con una «terapia de choque» para controlar la hiperinflación y llevarla hasta niveles moderados, y su empleo inicial y limitado de esta medida ha llevado a muchos a pensar que cabe incluir su transición entre las de la «terapia de choque». Pero esto es un completo error. Polonia se dio cuenta rápidamente de que la terapia de choque era adecuada para contener la hiperinflación, pero no para el cambio social. Acometió una política gradualista de privatización, y simultáneamente estableció las instituciones básicas de una economía de mercado, como unos bancos que verdaderamente presten dinero, y un sistema legal que haga cumplir los contratos y resuelva las quiebras equitativamente. Reconoció que sin esas instituciones una economía de mercado no puede funcionar (en contraste con Polonia, la República Checa privatizó empresas antes de privatizar los bancos; los bancos del Estado siguieron prestando a las corporaciones privatizadas; el dinero fácil fluyó hacia los favorecidos por el Estado, y los entes privatizados no quedaron sujetos a una rigurosa restricción presupuestaria, lo que les permitió eludir una reestructuración genuina). Grzegorz W. Kolodko, ex viceprimer ministro y ministro de Hacienda polaco, ha afirmado que el éxito de su país se debió a su rechazo explícito de las doctrinas del Consenso de Washington[1]. El país no hizo lo que el FMI recomendaba: no emprendió una veloz privatización y no puso el control de la inflación a niveles cada vez más reducidos por encima de todas las demás consideraciones macroeconómicas. Pero sí enfatizó algunos puntos a los cuales el FMI había prestado escasa atención, como la importancia del apoyo democrático a las reformas, que implicaba intentar mantener bajo el desempleo y suministrar prestaciones a los parados, ajustar las pensiones a la inflación, y crear la infraestructura institucional imprescindible para que una economía de mercado funcione.

El proceso gradual de privatización logró que la reestructuración tuviese lugar antes que la privatización, y las empresas grandes pudieron ser reorganizadas en unidades más pequeñas. Así se creó un nuevo y vibrante sector de pequeñas empresas, lideradas por jóvenes dirigentes dispuestos a invertir en su futuro[2].

1. Escribió Kolodko en *The New York Times:* «Pero hubo otra faceta de nuestro éxito igualmente importante. Polonia no buscó la aprobación de la comunidad financiera internacional. En vez de ello, intentamos que los ciudadanos polacos apoyaran las reformas. Los salarios y pensiones fueron pagados y ajustados a la inflación. Hubo prestaciones por desempleo. Respetamos nuestra propia sociedad mientras negociábamos duro con los inversores e instituciones financieras internacionales», George W. Kolodko, «Russia should put its people first», *The New York Times,* 7 de julio de 1998.

2. Polonia también mostró que se podía mantener la propiedad estatal de los activos y no sólo impedir su liquidación sino de hecho incrementar su pro-

Análogamente, el éxito de China en la última década contrasta vivamente con el fracaso de Rusia. China creció a una tasa media superior al 10 %, mientras que Rusia descendió a una tasa media anual del 5,6 %. Al final de la década, las rentas reales (el llamado «poder adquisitivo») chinas eran comparables a las rusas. La transición china ha comportado la mayor reducción de la pobreza de la historia (de 358 millones en 1990 a 208 millones en 1997, utilizando el reconocidamente bajo estándar de pobreza chino de un dólar por día), mientras que la transición rusa ha comportado quizá el mayor incremento de la pobreza de la historia en un lapso de tiempo más breve (excluidas guerras y hambrunas).

El contraste entre las estrategias de China y Rusia no puede ser más llamativo, y empezó con los primeros pasos en el camino de la transición. Las reformas chinas comenzaron en la agricultura, con el movimiento desde el sistema de producción comunal (colectivo) hacia el sistema de la «responsabilidad individual»; en la práctica, una privatización parcial. No fue una privatización completa: las personas no podían comprar y vender tierras libremente; pero las subidas en el producto probaron que se podía ganar mucho merced a reformas incluso parciales y limitadas. Fue un logro enorme, que involucró a cientos de millones de trabajadores y fue alcanzado en pocos años; y de un modo tal que generó un amplio respaldo: era ensayado en una provincia, con éxito, y después en otras, también con éxito. La evidencia era tan abrumadora que el Gobierno central no tenía que hacer nada para forzar el cambio, que era voluntariamente aceptado. Pero los líderes chinos supieron que no debían dormirse en los laureles y que las reformas debían ser extendidas a toda la economía.

En este punto llamaron a varios asesores norteamericanos, entre ellos a Kenneth Arrow, un premio Nobel de Economía de

ductividad. En Occidente, las ganancias más abultadas de productividad no están asociadas con la privatización sino con la «corporatización», es decir, la imposición de estrictas restricciones presupuestarias y prácticas comerciales en las empresas, mientras sigan en manos del Estado. Véase J. Vickers y G. Yarrow, *Privatization: an economic analysis,* Cambridge, MA, MIT Press, 1988 (cap. 2) y J. Vickers y G. Yarrow, «Economic perspectives on privatization», *Journal of Economic Perspectives,* vol. 5, n.º 2, primavera de 1991, pp. 111-132.

la Universidad de Stanford, y yo mismo. Arrow obtuvo el Nobel en parte por su obra acerca de los fundamentos de una economía de mercado; aportó las bases matemáticas que explicaban por qué y cuándo las economías de mercado funcionaban. También había realizado un trabajo señero sobre la dinámica, sobre cómo cambiaban las economías. Pero al contrario de los gurús de la transición que marcharon hacia Rusia armados con manuales de economía, él reconocía las limitaciones de los modelos de esos libros de texto. Ambos subrayamos la importancia de la competencia, de la creación de infraestructuras en una economía de mercado. La privatización era secundaria. Los problemas más acuciantes planteados por los chinos eran los de la dinámica, en especial cómo pasar de precios distorsionados a precios de mercado. Los chinos alumbraron una solución ingeniosa: un sistema doble de precios, en el cual lo que una empresa producía bajo las viejas cuotas valía según los precios antiguos, pero todo lo que produjera por encima de dichas cuotas se valoraba utilizando los precios del mercado libre. El sistema permitía fuertes incentivos en el margen –que es donde cuentan, como bien saben los economistas– pero eludía las voluminosas redistribuciones que habrían tenido lugar si los nuevos precios instantáneamente hubiesen predominado en toda la producción. Permitía que los mercados «tantearan» hacia los precios sin distorsiones, un proceso que no siempre es suave, con unas perturbaciones mínimas. Y lo más importante: el enfoque gradualista chino evitó la trampa de la inflación rampante que había marcado las terapias de choque de Rusia y los demás países tutelados por el FMI, y las terribles consecuencias que siguieron, incluyendo la evaporación de los ahorros. Una vez que hubo cumplido sus objetivos, el sistema doble de precios fue abandonado.

Entretanto, China desencadenó un proceso de destrucción creativa, de eliminación de la economía antigua mediante la creación de una nueva. Municipios y villas, liberados de la responsabilidad de manejar la agricultura, pudieron dirigir su atención a otros asuntos y crearon millones de empresas nuevas. Al mismo tiempo, el Gobierno chino invitó a las empresas extranjeras a entrar en su país y participar en negocios conjuntos. Y esas empresas arribaron en manadas: China se convirtió en el primer receptor de inversión extranjera directa en los mercados emergentes, y el octavo del mundo, sólo por detrás de EE UU, Bélgica, Reino Unido, Suecia, Alemania, Holanda y Francia[1]. Al final de la década su posición era incluso mejor. Simultáneamente, se abocó a la creación de «infraestructura institucional»: una comisión del mercado de valores eficaz, regulaciones bancarias y redes de seguridad. A media que dichas redes eran tendidas y se creaban nuevos empleos, empezó la labor de reestructurar las viejas empresas públicas, reduciéndolas y recortando también las burocracias oficiales. En el breve intervalo de un par de años, buena parte del sector inmobiliario fue privatizado. El trabajo está lejos de haber terminado, y el futuro está lejos de aclararse, pero hay un hecho indiscutible: la gran mayoría de los chinos vive hoy mucho mejor que hace veinte años.

La «transición» desde el autoritarismo del Partido Comunista chino es un problema más difícil. El crecimiento y el desarrollo de la economía no confieren automáticamente libertades personales ni derechos civiles. La interrelación entre política y economía es compleja. Hace medio siglo muchos creían que existía una transacción entre crecimiento y democracia. Se pensaba que Rusia podía crecer más rápido que EE UU, pero pagaba un alto precio por ello. Ahora sabemos que los rusos perdieron su libertad pero tampoco ganaron económicamente. También hay casos de dictaduras que emprenden reformas eficaces (un ejemplo es el Chile de Pinochet). Pero son más comunes los casos de dictaduras que destruyen sus economías.

La estabilidad es importante para el crecimiento, y cualquier persona familiarizada con la historia china comprende que el miedo a la inestabilidad cala muy hondo en esa nación de más de mil millones de habitantes. En última instancia lo necesario, si no suficiente, para la estabilidad a largo plazo es el crecimiento y la prosperidad, ampliamente compartidos. Las democracias occidentales, por su parte, han demostrado que los mercados libres (a menudo disciplinados por los Estados) consiguen el cre-

1. Las entradas netas de capital privado en China llegaron a 8.000 millones de dólares en 1990. En 1999 las entradas de capital en China habían subido hasta los 41.000 millones de dólares, más de diez veces la suma atraída por Rusia en ese mismo año (Banco Mundial, *World Development Indicators*).

cimiento y la prosperidad en un clima de libertad individual. Si estos preceptos son válidos para el pasado, probablemente lo serán aún más para las nuevas economías del futuro.

En su búsqueda tanto de estabilidad como de crecimiento, China colocó la creación de competencia, nuevas empresas y empleos por delante de la privatización y la reestructuración de las empresas existentes. China admitía la importancia de la macroestabilización, pero nunca confundió medios con fines ni llevó hasta el extremo la lucha contra la inflación. Reconoció que si iba a mantener la estabilidad social, debía evitar el paro masivo. La creación de empleo debía ir a la par de la reestructuración. Muchas de sus políticas pueden ser interpretadas desde esa perspectiva. China liberalizó, pero lo hizo gradualmente y procurando garantizar que los recursos desplazados eran reasignados en destinos más eficientes, no abandonados a una desocupación estéril. La política monetaria y las instituciones financieras facilitaron la creación de nuevas empresas y empleos. Algún dinero fluyó para sostener empresas públicas ineficientes, pero China pensó que era más importante –no sólo política sino también económicamente– preservar la estabilidad social, que podría ser socavada por un alto desempleo. China no privatizó sus empresas públicas, pero como se crearon nuevas empresas, la importancia de aquéllas decayó, de modo que veinte años después de iniciada la transición, sólo representaban el 28,2 % de la producción industrial. Advirtió los peligros de una liberalización plena del mercado de capitales, pero se abrió a la inversión extranjera directa.

El contraste entre lo sucedido en China y en países como Rusia, que se plegaron a la ideología del FMI, no puede ser más marcado. Ejemplo tras ejemplo, una recién llegada a la economía de mercado como China pareció ser más sensible que el FMI a los efectos en los incentivos a raíz de sus decisiones políticas.

Las empresas de municipios y villas fueron básicas en los primeros años de la transición. La ideología del FMI sostenía que como eran empresas públicas, no podrían tener éxito. El FMI se equivocó. Esas empresas resolvieron un problema de gobierno, al que el FMI prestó escasa atención, pero que subyació en muchos de los fracasos en otros lugares. Los municipios y las villas canalizaron sus preciosos fondos hacia la creación de riqueza, y se entabló una fuerte competencia para lograr el éxito. Los habitantes podían ver lo que estaba pasando con su dinero, y sabían si se creaban empleos y las rentas aumentaban. No había democracia, pero sí responsabilidad. Las nuevas industrias chinas se localizaron en áreas rurales. Esto contribuyó a mitigar la perturbación social que inevitablemente acompaña a la industrialización. Así, China sentó las bases de una nueva economía sobre las instituciones existentes, conservando y expandiendo su capital social, que en Rusia fue erosionado.

La ironía final es que muchos de los países que adoptaron políticas más graduales pudieron acometer reformas más profundas más rápidamente. El mercado bursátil chino es mayor que el ruso. Buena parte de la agricultura rusa es manejada hoy con pocas diferencias con respecto a una década atrás, mientras que China logró la transición hacia el «sistema de la responsabilidad individual» en menos de un lustro. El contraste que he señalado entre Rusia por un lado y China y Polonia por el otro puede repetirse en otras economías en transición. La República Checa recibió pronto el espaldarazo del FMI y el Banco Mundial por sus rápidas reformas; después resultó evidente que había creado un mercado de capitales que no procuraba dinero para nuevas inversiones, pero que permitía a un puñado de gestores financieros (con más precisión: delincuentes de cuello blanco que, si hubiesen hecho en EE UU lo que hicieron en la República Checa, estarían entre rejas) escapar con millones de dólares ajenos. Como consecuencia de esta y otras equivocaciones de su transición, la República Checa ha empeorado con respecto a su posición de 1989, a pesar de sus abultadas ventajas de situación geográfica y del alto nivel educativo de su pueblo. Por el contrario, la privatización de Hungría pudo empezar lentamente, pero sus empresas han sido reestructuradas y ahora empiezan a ser internacionalmente competitivas.

Polonia y China son la prueba de que había estrategias alternativas. El contexto político, social e histórico de cada país difiere; no podemos estar seguros de que lo que funcionó en esos países habría funcionado en Rusia y habría sido allí políticamente factible. Hay que argumentar que la comparación de los éxitos no es justa, dadas las circunstancias tan diferentes. Polonia empezó con una tradición de mercado más sólida que la rusa; incluso tuvo un sector privado durante la era comunista. Pero China empezó desde una posición más atrasada. La presencia de empresarios en Polonia antes de la transición pudo permitirle emprender una estrategia de privatización más rápida; pero tanto Polonia como China escogieron un método más gradualista.

Se dice que Polonia partía con ventaja porque estaba más industrializada, o que China lo hacía porque lo estaba menos. Según estos críticos, China estaba aún en medio de la industrialización y la urbanización; Rusia afrontaba el desafío más delicado de reorientar una economía ya industrializada, aunque moribunda. Pero uno podría argumentar justo en dirección contraria: el desarrollo no es fácil, como claramente lo demuestra la rareza de los éxitos. Si la transición es difícil, y el desarrollo es difícil, no es obvio que conseguirlos a ambos simultáneamente deba ser sencillo. La diferencia entre el éxito de China y el fracaso de Rusia en la reforma de la agricultura fue incluso mayor que los éxitos de ambos países en la reforma de la industria.

Un atributo de los casos de éxito es que son «locales», diseñados por personas de cada país, sensibles a las necesidades y preocupaciones del mismo. No hubo en China ni en Polonia ni en Hungría un enfoque al estilo de un molde que sirviera para todos los casos. Éstos y los demás países exitosos fueron pragmáticos, nunca dejaron que la ideología y los sencillos modelos de los manuales determinaran la política. La ciencia, incluso una ciencia tan imprecisa como la economía, se ocupa de predicciones y análisis de vínculos causales. Las predicciones de los gradualistas se confirmaron, tanto en los países que siguieron sus estrategias como en los países de la terapia de choque que siguieron el rumbo alternativo. Por el contrario, las predicciones de los terapeutas del choque no se cumplieron.

A mi juicio, el éxito de los países que no siguieron las prescripciones del FMI no fue casual. Existía una relación clara entre las políticas adoptadas y los resultados, entre los éxitos de China y Polonia y lo que ellas hicieron, y el fracaso de Rusia y lo que hizo. Como hemos visto, el desenlace en Rusia fue el que los críticos de la terapia de choque habían previsto –sólo que peor–. El desenlace en China fue precisamente el contrario del que el FMI habría predicho; pero estaba en total consonancia con lo que los gradualistas habían sugerido, sólo que mejor.

La excusa de los terapeutas del choque de que sus prescripciones nunca fueron cabalmente puestas en práctica no es convincente. En economía no hay prescripción seguida con precisión, y las políticas (y recomendaciones) deben ser proclamadas sobre la base de que serán aplicadas por individuos falibles insertos en procesos políticos complejos. El FMI no advirtió esto, lo que de por sí ya equivale a una grave acusación. Lo peor es que muchos de los fracasos fueron pronosticados por expertos y observadores independientes, a los que no se hizo caso.

La crítica al FMI no estriba sólo en que sus predicciones no se cumplieran. Después de todo nadie, ni siquiera el FMI, podía estar seguro de las consecuencias de cambios de tan amplio alcance como los involucrados en la transición del comunismo a la economía de mercado. La crítica radica en que la visión del Fondo fue demasiado estrecha –centrada sólo en la economía– y recurrió a un modelo económico particularmente limitado.

Contamos hoy con mucha más evidencia sobre el proceso de reforma que hace un lustro, cuando el FMI y el BM se apresuraron a declarar que sus estrategias estaban funcionando[1]. Así como las cosas parecen hoy notablemente distintas de lo que parecían a mediados de los años noventa, también es posible que dentro de una década, dados los resultados de las reformas actualmente en curso, debamos revisar nuestras opiniones. Con la ventajosa perspectiva del presente, no obstante, algunas cosas parecen claras. El FMI aseguró que quienes emprendían la terapia del choque, aunque padecerían más a corto plazo, tendrían más éxito a largo. Hungría, Eslovenia y Polonia han demostrado que las políticas gradualistas son menos dolorosas a corto plazo, dan pie a una estabilidad social y política mayor, y a un crecimiento más acelerado a largo plazo. Parece que en la carrera entre la tortuga y la liebre, la tortuga ha vuelto a ganar. Los refor-

1. Véase, por ejemplo, Banco Mundial, *World Development Report 1996: From Plan to Market*, Londres y Nueva York, Oxford University Press, 1996.

madores radicales, sean alumnos modelo como la República Checa, o algo revoltosos como Rusia, han perdido[1].

La vía hacia el futuro

Los responsables de los errores del pasado no han brindado más que escasos consejos sobre adónde debería ir Rusia en el futuro. Repiten las mismas consignas: la necesidad de continuar con la estabilización, la privatización y la liberalización. Los problemas ocasionados por el pasado los fuerzan ahora a reconocer que son necesarias instituciones sólidas, pero carecen de recomendaciones sobre por qué medios conseguirlas. Las reuniones sobre política rusa se sucedían y a mí me asombraba la ausencia de una estrategia para atajar la pobreza o propiciar el crecimiento. De hecho, el Banco Mundial consideró reducir sus programas en el sector rural. Esto tenía sentido para el Banco, dadas las dificultades que sus programas previos habían causado en esta área, pero no tenía sentido para Rusia, porque allí era donde se concentraba buena parte de la pobreza del país. La única estrategia de «crecimiento» propuesta fue que el país debía adoptar políticas para repatriar el capital que había huido.

1. La mejor defensa que los reformadores radicales rusos esgrimen ante su fracaso es ésta: no conocemos el contrafactual, no sabemos qué habría sucedido en otras circunstancias. Las opciones posibles en esos otros países no estaban disponibles. Cuando los reformadores radicales asumieron el poder, una reforma centralmente guiada como la de China ya no era posible, porque el poder central en Rusia había colapsado. La toma de las empresas por la *nomenklatura,* los directivos de entonces, algo que sucedió en muchas ocasiones de cualquier manera, era la alternativa. Por el contrario, yo sostuve que el reconocimiento de esos problemas hacía aún más importante que la estrategia de privatización y liberalización no fuese acometida de la manera en que fue llevada a cabo. La quiebra del poder central debería haber vuelto más sencilla, y más importante, la segregación de las grandes empresas públicas, especialmente en los recursos naturales, en partes competitivas, lo que habría llevado a una mayor difusión del poder económico. Hacía más imperativo asegurarse de que un sistema tributario operativo estuviese funcionando antes de entregar las fuentes de generación de ingresos. Las reformas en China supusieron una enorme devolución de la toma de decisiones económicas. Quizá las estrategias alternativas al final no habrían funcionado, pero es difícil creer que las cosas podrían haber salido peor.

Quienes sostenían esta posición pasaban por alto que dicha recomendación podría significar la instalación permanente de los oligarcas, y de la cleptocracia y el capitalismo de amiguetes/mafiosos que ellos representaban. No había otra razón por la cual fueran a repatriar su capital cuando podían cosechar jugosos beneficios en Occidente. Asimismo, el FMI y el Tesoro de EE UU nunca afrontaron el hecho de que estaban apoyando un sistema desprovisto de legitimidad política, donde muchas de las personas pudientes habían obtenido su dinero merced a conexiones políticas clandestinas con un dirigente –Borís Yeltsin– que había perdido todo crédito y legitimidad. Es triste, pero en la mayor parte de los casos Rusia debe tratar lo que ha pasado como un pillaje de los activos nacionales, un robo por el cual la nación jamás será compensada. El objetivo de Rusia en el futuro deberá ser intentar impedir que siga el saqueo, y atraer inversores legítimos creando un Estado de derecho y, en términos generales, un clima empresarial atractivo.

La crisis de 1998 tuvo una ventaja, a la que me referí con anterioridad: la devaluación del rublo impulsó el crecimiento, no tanto de las exportaciones como de los sustitutos de las importaciones; demostró que las políticas del FMI realmente habían frenado la economía, sujetándola por debajo de su potencial. La devaluación, combinada con un golpe de suerte –el enorme incremento en los precios del petróleo a finales de los años noventa–, animó la recuperación, aunque desde un punto de partida reconocidamente bajo. Este salto en el crecimiento ostenta beneficios perdurables; algunas de las empresas que se aprovecharon de las circunstancias favorables parecen encaminadas hacia nuevas oportunidades y un crecimiento continuado. Hay otras señales positivas: algunos de los que se apoyaron en el sistema de capitalismo artificial para enriquecerse presionan ahora para conseguir un cambio en las reglas, que garantice que nadie les podrá hacer lo que ellos hicieron a otros. En algunos lugares hay movimientos en pro de un mejor gobierno corporativo. Algunos de los oligarcas, aunque no estén dispuestos a arriesgar todo su dinero en Rusia, quieren seducir a otros para que arriesguen el suyo, y saben que para lograrlo deberán portarse mejor que en el pasado. Otras señales, empero, no son tan buenas. Incluso en el apogeo de los elevadísimos precios del petróleo, Rusia apenas podía equilibrar el presupuesto; debió haber reservado un dinero ante la posibilidad de las «vacas flacas» cuando los precios se redujeran y el crecimiento se frenara. En el momento en que este libro entra en imprenta, la recuperación es incierta. Los precios del petróleo han bajado desde su pico y, como es habitual, los impactos de la devaluación se sienten sobre todo en los dos primeros años. Pero con las reducidas tasas de crecimiento que ahora aparecen, Rusia precisará de una década, dos, o más, simplemente para volver a la posición en la que estaba en 1990, salvo que se registren cambios apreciables.

Rusia ha aprendido muchas lecciones. Tras el comunismo, muchos de sus habitantes saltaron de la vieja religión de Marx a la nueva religión del mercado libre. Esta nueva religión ha perdido lustre, y se ha impuesto un nuevo pragmatismo.

Algunas políticas pueden dar lugar a diferencias importantes. A la hora de catalogar lo que hay que hacer, es natural comenzar estudiando los errores del pasado: la falta de atención a los fundamentos de una economía de mercado, desde las instituciones financieras que prestan a las nuevas empresas, a las leyes que hacen cumplir los contratos y promueven la competencia, y un poder judicial independiente y honrado.

Rusia debe ir más allá de su preocupación por la macroestabilización y estimular el crecimiento económico. A lo largo de los noventa, el FMI se centró en conseguir que los países se afanaran en ordenar sus presupuestos y controlar el crecimiento de la oferta monetaria. Si bien esta estabilización, cuando es conducida con moderación, puede ser un requisito del crecimiento, no es una estrategia de crecimiento. De hecho, la estrategia de estabilización ha contraído la demanda agregada. Este descenso en la demanda agregada ha interactuado con estrategias de reestructuración equivocadas, y ha contraído la oferta agregada. En 1998 tuvo lugar un vivo debate acerca del papel de la demanda y la oferta. El FMI argumentaba que cualquier incremento en la demanda agregada sería inflacionario. Si esto es verdad, equivale a una terrible admisión de fracaso. Durante seis años, la capacidad productiva de Rusia fue recortada en más de un 40 %; mucho más que la reducción en los gastos de defensa, se trató de una caída en la capacidad que sólo ocurre en las peores guerras. Yo sabía que las políticas del FMI habían contribuido significativamente a la reducción en la capacidad productiva, pero pensaba que la deficiencia en la demanda agregada seguía siendo un problema. El tiempo demostró que el FMI se había equivocado otra vez: cuando la devaluación tuvo lugar, por fin los productores locales pudieron competir con las importaciones del exterior y satisfacer las nuevas demandas. La producción aumentó. Realmente había una capacidad excedente, que las políticas del FMI habían dejado ociosa durante años.

El crecimiento sólo llegará si Rusia crea un ambiente propicio para la inversión. Esto requiere medidas a todos los niveles gubernamentales. Las buenas políticas a escala nacional pueden ser neutralizadas por las malas políticas a escala local y regional. Las regulaciones de toda suerte pueden dificultar la apertura de nuevos negocios. La no disponibilidad de tierra puede constituir un impedimento análogo a la falta de capital. La privatización hará poco bien si los funcionarios de las administraciones locales estrangulan tanto a las empresas que las dejan sin incentivo para invertir. Esto significa que las cuestiones del federalismo deben ser atacadas frontalmente. Hay que establecer una estructura federalista que proporcione incentivos compatibles a todos los niveles. Esto será difícil. Las políticas que buscan evitar los abusos en los escalones inferiores de la Administración pueden ser ellas mismas objeto de abuso, y conceder un poder excesivo al centro, privando a las autoridades locales y regionales de la capacidad de diseñar estrategias de crecimiento creativas y emprendedoras. Rusia en conjunto se ha estancado, pero ha habido progreso en unas pocas localidades; y existe la preocupación de que los recientes intentos del Kremlin para controlar las autoridades locales de hecho puedan ahogar dichas iniciativas.

Pero hay algo esencial para establecer un buen clima empresarial, algo que será difícil de lograr, dado lo sucedido en la última década: la estabilidad política y social. La acusada desigualdad, la enorme pobreza creada en las últimas décadas es un terreno abonado para una variedad de movimientos, del nacionalismo al populismo, algunos de los cuales pueden ser no sólo una amenaza para el futuro económico de Rusia, sino también para la paz mundial. Será arduo –y probablemente tomará mucho tiempo– revertir la desigualdad que ha sido creada tan velozmente.

Por último, Rusia debe recaudar impuestos. La recaudación debería ser menos difícil en las empresas dominantes rusas de los recursos naturales, puesto que en dicho sector los ingresos y la producción son en principio sencillos de controlar, con lo que los impuestos deberían ser fáciles de recaudar. Rusia debe advertir a las empresas de que si los impuestos no son pagados en 60 días, sus propiedades serán confiscadas. Si los impuestos no se satisfacen y el Estado efectivamente confisca las propiedades, podrá reprivatizarlas de un modo más legítimo que la desacreditada privatización de Yeltsin con préstamos a cambio de acciones. Pero si las empresas pagan sus impuestos, Rusia, el Gobierno ruso, contará con recursos para atacar algunos de los problemas pendientes más relevantes.

Y así como quienes deben sus impuestos están obligados a pagarlos, quienes deben dinero a los bancos –especialmente los bancos hoy en manos del Estado como consecuencia de la cesación de pagos– deben ser forzados a que paguen sus deudas. De nuevo, esto puede comportar una efectiva renacionalización de empresas, renacionalización que habrá de ser seguida de una privatización más legítima que la anterior.

El éxito de esta agenda depende de que haya un gobierno relativamente honrado e interesado en la mejora del bienestar común. En Occidente tenemos que darnos cuenta de esto: nosotros podemos hacer relativamente poco para conseguirlo. La presunción de aquellos en la Administración de Clinton y el FMI de que podían «seleccionar» a los que iban a apoyar, propiciar programas de reforma que funcionaran y anunciar la llegada de una nueva alborada para Rusia se ha revelado como en realidad era: el intento arrogante por parte de quienes sabían poco del país, empleando un escueto conjunto de concepciones económicas, de alterar el curso de la historia, un intento condenado al fracaso. Podemos ayudar en el respaldo al tipo de instituciones que fundamentan la democracia: crear centros de pensamiento, abrir espacios para el diálogo público, apoyar los medios independientes, ayudar a educar a una nueva generación que comprende cómo funcionan las democracias. A nivel nacional, regional y provincial abundan los funcionarios jóvenes a los que les gustaría ver que su país emprende un rumbo distinto, y un apoyo de amplio espectro –intelectual tanto como financiero– podría resultar clave. Si la devastación de su clase media representa la amenaza de largo plazo para Rusia, entonces aunque no podamos reparar cabalmente el daño ya producido, al menos podemos procurar interrumpir su erosión ulterior.

George Soros ha demostrado que la ayuda prestada por un solo individuo puede marcar diferencias; es seguro que los esfuerzos concertados de Occidente, si están bien dirigidos, podrían lograr más. A medida que fragüemos interacciones democráticas más amplias, debemos distanciarnos de los aliados a las pasadas estructuras de poder y también de las nuevas estructuras de poder de los oligarcas, al menos en la medida en que lo permita la *realpolitik*. Y lo más importante de todo: no deberíamos hacer daño. Los préstamos del FMI a Rusia la perjudicaron. No se trata sólo de que estos préstamos y las decisiones políticas que llevaban aparejadas dejaron al país más endeudado y empobrecido, y mantuvieron los tipos de cambio a un nivel elevado, lo que paralizó la economía; además, su intención era mantener en el poder a los grupos existentes, aunque fueran claramente corruptos, con lo cual, en la medida en que tuvieron éxito en esta intervención deliberada en la vida política del país, sin duda representaron un profundo retroceso en la agenda de las reformas, que iba más allá de la creación de una visión particularmente estrecha de la economía de mercado y apuntaba a crear una vibrante democracia. La conclusión que extraje en las reuniones de debate sobre el préstamo de 1998 sigue siendo hoy tan cierta como entonces: si Rusia, un país rico en petróleo y recursos naturales, puede organizarse, no necesitará de esos préstamos; y si no lo hace, los préstamos servirán de poco. No es dinero lo que Rusia precisa. Es otra cosa, algo que el resto del mundo puede aportar, pero que requerirá un programa de otro tipo muy diferente.

Responsabilidad democrática y los fracasos

He pintado un retrato desolador de la Rusia en transición: pobreza masiva, un puñado de oligarcas, una clase media devastada, una población desanimada y una decepción con los procesos de mercado. Esta acusación debe ser equilibrada con un reconocimiento de los logros. Rusia posee hoy una democracia, frágil pero mucho mejor que el régimen totalitario anterior. Sufre unos medios de comunicación en buena parte cautivos –antes demasiado controlados por unos pocos oligarcas, y ahora demasiado controlados por el Estado–, pero a pesar de ello presentan una diversidad de puntos de vista mucho más plural que bajo el antiguo sistema de control estatal. Unos empresarios jóvenes, bien educados y dinámicos, aunque demasiado a menudo dispuestos a emigrar a Occidente antes de enfrentar las dificultades para hacer negocios en Rusia o las demás antiguas repúblicas soviéticas, constituyen la promesa de un sector privado más vibrante en el futuro.

Rusia y sus dirigentes son finalmente los responsables de la historia reciente del país y su suerte. En buena medida los rusos, o al menos una pequeña elite, generaron la condición de su país. Los rusos adoptaron las decisiones cruciales, como la privatización conforme a los préstamos a cambio de acciones. Es incuestionable que los rusos fueron más diestros a la hora de manipular las instituciones occidentales que los occidentales a la hora de entender Rusia. Altos funcionarios oficiales, como Anatoly Chubais, han admitido paladinamente que confundieron (o peor aún: mintieron) al FMI[1]. Sentían que debían hacerlo, para conseguir el dinero que necesitaban.

Pero nosotros en Occidente desempeñamos un papel que estuvo lejos de ser neutral e insignificante. El FMI se permitió ser despistado porque quería creer que sus programas estaban funcionando, porque deseaba seguir prestando, porque ansiaba creer que estaba remodelando Rusia. Y sin duda ejercitamos alguna influencia en el curso del país: concedimos nuestro imprimátur a los que estaban en el poder. El hecho de que Occidente pareciese dispuesto a negociar con ellos –a alto nivel y con miles

1. Cuando le preguntaron a Anatoly Chubais si el Gobierno ruso tenía derecho a mentirle al FMI acerca de la verdadera situación fiscal, respondió literalmente: «En esas situaciones las autoridades deben hacerlo. Es nuestra obligación. Las instituciones financieras comprenden, a pesar del hecho de que les estafamos 20.000 millones de dólares, que no teníamos otra salida». Véase R. C. Paddock, «Russia Lied to Get Loans, Says Aide to Yeltsin», *The Los Angeles Times;* Los Ángeles, Calif., 9 de septiembre de 1998.

de millones de dólares– les dio credibilidad; el hecho de que otros no pudieran conseguir dicho apoyo claramente operaba en su contra. Nuestro apoyo tácito al programa de préstamos a cambio de acciones pudo acallar las críticas: después de todo, el FMI era el experto en la transición, había reclamado una privatización tan rápida como fuese posible, y los préstamos a cambio de acciones eran, aunque fuera sólo eso, rápidos. La corrupción no fue evidentemente una causa de preocupación. El apoyo, las políticas –y los miles de millones de dólares de dinero del FMI– no sólo pudieron permitir que el Gobierno corrupto con sus políticas corruptas permaneciese en el poder, sino incluso mitigar la presión en pro de reformas más significativas.

Hemos apostado por favorecer a algunos líderes y promover estrategias concretas de transición. Algunos de esos líderes han resultado ser incompetentes, otros corruptos, y otros han sido las dos cosas a la vez. No tiene sentido aducir simplemente que las políticas eran acertadas pero no fueron aplicadas bien. La política económica no puede predicarse sobre un mundo ideal sino sobre el mundo tal como es. Hay que diseñar las políticas no en función de cómo serían aplicadas en un mundo ideal sino en el mundo real donde vivimos. Se emitieron juicios desfavorables a la exploración de estrategias alternativas más prometedoras. Hoy, justo cuando Rusia empieza a exigir responsabilidades a sus dirigentes, también deberíamos hacerlo con nuestros dirigentes. Los exámenes probablemente no obtendrán calificaciones favorables.

Capítulo 8

La otra agenda del FMI

Los nada exitosos esfuerzos del Fondo Monetario Internacional durante los años ochenta y noventa plantean problemáticos interrogantes sobre la manera en la que el Fondo enfoca el proceso de globalización, esto es, sobre cómo concibe sus propios objetivos y cómo procura alcanzarlos como parte de su papel y misión.

El FMI cree que está realizando las tareas que le han sido asignadas: promover la estabilidad global, ayudar a los países subdesarrollados en transición a conseguir no sólo la estabilidad sino también el crecimiento. Hasta recientemente el FMI debatía sobre si debía atender a la pobreza –era la responsabilidad del Banco Mundial–; en la actualidad la ha incorporado también, al menos retóricamente. Creo, no obstante, que ha fracasado en su misión, y que los fracasos no fueron meras casualidades sino consecuencias del modo en que entiende su misión.

Hace muchos años, la célebre frase del presidente de la General Motors y secretario de Defensa, Charles E. Wilson, «lo que es bueno para la General Motors es bueno para el país», se convirtió en el símbolo de una visión particular del capitalismo estadounidense. El FMI a menudo parece favorecer una visión análoga: «Lo que la comunidad financiera opina que es bueno para la economía global es realmente bueno para la economía global y debe ser puesto en práctica». Esto es verdad en algunos casos, pero en muchos otros no lo es. En algunas circunstancias lo que la comunidad financiera cree que favorece sus intereses en verdad no lo hace, porque la ideología predominante del libre mercado empaña la claridad del pensamiento sobre cómo abordar mejor los males de una economía.

¿Se pierde la coherencia intelectual? Del FMI de Keynes al FMI actual

Había una cierta coherencia en la concepción que sobre el Fondo y su papel tenía Keynes (el padrino intelectual del FMI). Keynes identificó un fallo del mercado –una razón por la cual los mercados no deben ser dejados en libertad– que podría arreglarse mediante una acción colectiva. Le inquietaba que los mercados pudiesen generar un paro persistente. Fue más allá. Demostró por qué era necesaria una acción colectiva global, porque las acciones de un país afectan a otros. Las importaciones de un país son las exportaciones de otro. Los recortes en las importaciones de un país, por cualquier razón, dañan las economías de otros países.

Había otro fallo del mercado: Keynes temía que en una severa recesión la política monetaria no fuera efectiva, y que algunos países no pudieran endeudarse para financiar un incremento del gasto o para compensar la reducción de impuestos necesaria para estimular la economía. Incluso un país aparentemente solvente podría ser incapaz de conseguir fondos. Keynes no se limitó a identificar un conjunto de fallos del mercado: explicó por qué una institución como el FMI podría mejorar las cosas, presionando sobre los países para que mantuvieran sus economías en pleno empleo y aportando liquidez para las naciones que afrontaran recesiones y no pudiesen financiar un incremento expansivo en el gasto público, la demanda agregada global podría ser sostenida.

Hoy, sin embargo, los fundamentalistas del mercado dominan el FMI; ellos creen que en general el mercado funciona bien y que en general el Estado funciona mal. El problema es evidente: una institución pública creada para corregir ciertos fallos del mercado pero actualmente manejadas por economistas que tienen mucha confianza en los mercados y poca en las instituciones públicas. Las incoherencias del FMI parecen especialmente problemáticas cuando se enfocan desde la perspectiva de los avances de la teoría económica en las tres últimas décadas.

La economía profesional ha desarrollado un enfoque sistemático de la «teoría de la acción estatal por los fallos del mercado», que intenta identificar por qué los mercados pueden no funcionar bien y por qué la acción colectiva es necesaria. En el plano internacional, la teoría identifica por qué los Estados individuales pueden no servir al bienestar económico global, y cómo la acción colectiva global, la acción concertada de las administraciones en un trabajo conjunto, a menudo mediante instituciones internacionales, puede mejorar las cosas. El desarrollo de una visión intelectual coherente de política internacional para una agencia internacional como el FMI exige así la identificación de casos relevantes en los que los mercados pueden no funcionar, y el análisis de cómo políticas concretas pueden evitar o minimizar los daños provocados por dichos fallos. Debería ir más allá, demostrar cómo las intervenciones específicas son la mejor forma de atacar los fallos del mercado, afrontar los problemas antes de que ocurran y remediarlos cuando surjan. Como hemos apuntado, Keynes presentó un análisis que explicaba por qué los países podían no acometer por sí solos políticas suficientemente expansivas –no tomarían en cuenta los beneficios que ello acarrearía para otros países–. Por eso se intentó que el FMI, en su concepción original, ejerciera una presión internacional a los países para que aplicaran políticas más expansivas que las que escogerían por sí solos. Actualmente el Fondo ha invertido su rumbo, y presiona a las naciones, sobre todo a las subdesarrolladas, para que apliquen políticas más contractivas que las que aplicarían por sí solos. Pero aunque el FMI hoy visiblemente rechaza las ideas de Keynes, a mi juicio no ha articulado una teoría coherente de los fallos del mercado que justificaría su propia existencia y proporcionaría una justificación racional de sus intervenciones concretas en los mercados. La consecuencia, como hemos visto, es que el FMI suele fraguar políticas que, además de agravar las mismas dificultades que pretenden arreglar, permiten que esas dificultades se repitan una y otra vez.

¿Un nuevo papel para un nuevo régimen de tipos de cambio?

Hace unos treinta años el mundo adoptó un sistema de tipos de cambio flexibles. En esta modificación subyacía una teoría coherente: los tipos de cambio, como los demás precios, debían ser determinados por las fuerzas del mercado. Los intentos de los Estados de intervenir en la determinación de este precio no cosechan un éxito mayor que cuando intervienen en la determinación de cualquier otro precio. Sin embargo, como hemos señalado, los fundamentalistas del mercado en el FMI recientemente han realizado intervenciones masivas. Miles de millones de dólares fueron gastados para tratar de mantener los tipos de cambio en Brasil y Rusia en niveles sostenibles. El FMI justifica dichas intervenciones sobre la base de que los mercados a veces exhiben un pesimismo excesivo –«dramatizan»– y la mano más serena del burócrata internacional puede ayudar a estabilizar los mercados. Me resultó curioso que una institución comprometida con la doctrina de que los mercados funcionan bien, o a la perfección, decidiese que este mercado en particular –el mercado cambiario– requiere una intervención tan masiva. El FMI nunca ha planteado una explicación satisfactoria sobre por qué esta onerosa intervención es deseable en este mercado en concreto o por qué es indeseable en otros.

Coincido con el FMI en que los mercados pueden padecer un pesimismo exagerado. Pero creo también que pueden registrar un optimismo excesivo, y que estos problemas no suceden sólo en el mercado cambiario. Hay un conjunto más amplio de imperfecciones de los mercados, en particular los mercados de capitales, que demanda un conjunto más amplio de intervenciones.

Por ejemplo, la exuberancia excesiva fue lo que produjo la burbuja inmobiliaria y bursátil de Tailandia, una burbuja reforzada, si no creada, por el dinero caliente especulativo que fluyó hacia el país. A la exuberancia la siguió un pesimismo excesivo cuando dicho flujo se revirtió abruptamente. De hecho, este cambio de dirección en el capital especulativo estuvo en la raíz de la excesiva volatilidad en los tipos de cambio. Si éste es un fenómeno comparable con una enfermedad, tiene sentido tratar la enfermedad y no sólo su síntoma, la volatilidad de los tipos de cambio. Pero la ideología del libre mercado del FMI lo llevó a facilitar que el dinero caliente especulativo entrara y saliera de los países. Al tratar directamente los síntomas, derramando miles de millones de dólares en los mercados, el FMI de hecho empeoró la enfermedad básica. Si los especuladores sólo se arrebataron dinero mutuamente, sería un juego poco atractivo, una actividad sumamente arriesgada, con un rendimiento medio igual a cero, dado que las ganancias de unos se corresponden con las mismas pérdidas de otros. Lo que vuelve a la especulación rentable es el dinero de los gobiernos, apoyados por el FMI. Por ejemplo, cuando el FMI y el Gobierno brasileño gastaron 50.000 millones de dólares para sostener el tipo de cambio en un nivel sobrevaluado a finales de 1998, ¿adónde fue el dinero? El dinero no se esfuma en el aire. Acaba en los bolsillos de alguien; en buena medida, los de los especuladores. Algunos pueden ganar y otros perder, pero los especuladores en conjunto ganan la misma suma que el Gobierno pierde. En cierto sentido, el que mantiene a los especuladores en activo es el FMI.

CONTAGIO

Hay otro ejemplo igualmente llamativo sobre cómo la falta de una teoría coherente y razonablemente completa en el FMI puede dar pie a políticas que exacerban precisamente los problemas que se supone que el FMI debe resolver. Consideremos lo que ocurre cuando el FMI intenta impedir un «contagio» con una cuarentena. En esencia, el FMI argumenta que debe intervenir, y rápidamente, si establece que una crisis vigente en un país se difundirá a otros; o sea, que la crisis se extenderá como una enfermedad infecciosa, contagiosa.

Si el contagio es un problema, es importante comprender el mecanismo a través del cual se produce, igual que los epidemiólogos, al afanarse en contener una enfermedad contagiosa, se esfuerzan para entender su mecanismo de transmisión. Keynes tenía una teoría coherente: la recesión en un país lo lleva a importar menos y esto daña a sus vecinos. Vimos en el capítulo 4 cómo el FMI, mientras aludía al contagio, tomó medidas en la crisis financiera asiática que de hecho aceleraron la transmisión de la enfermedad, a medida que forzó que un país tras otro se ajustara el cinturón. Las caídas en las rentas llevaron pronto a grandes reducciones en las importaciones, y en las estrechamente integradas economías de la región ello provocó el sucesivo debilitamiento de las naciones vecinas. La región implotó y la decreciente demanda de petróleo y otros bienes provocó el colapso en los precios de las mercancías, que causó estragos a miles de kilómetros en otros países cuyas economías dependían de las exportaciones de dichas mercancías.

Entretanto, el FMI se aferró a la austeridad como antídoto e insistió en que era fundamental para restaurar la confianza de los inversores. La crisis del Este asiático se extendió desde allí hasta Rusia mediante el colapso de los precios del petróleo, no merced a ninguna conexión misteriosa entre la «confianza» de los inversores, extranjeros y locales, en las economías del milagro del Este asiático y el capitalismo mafioso ruso. Debido a la falta de una teoría coherente y persuasiva del contagio, el FMI propagó la enfermedad en vez de contenerla.

¿Cuándo es el déficit comercial un problema?

Los problemas de coherencia plagan no sólo los remedios del FMI sino también sus diagnósticos. A los economistas del FMI les preocupan mucho los déficit de balanza de pagos; en sus cálculos, esos déficit son una señal clara de un problema en ciernes. Pero cuando denuncian esos déficit, suelen prestar poca atención a lo que de hecho se hace con el dinero. Si un gobierno tiene un superávit fiscal (como Tailandia en los años que precedieron a la crisis de 1997), entonces el déficit de balanza de pagos esencialmente surge porque la inversión privada supera al ahorro privado. Si una empresa privada se endeuda en un millón de dólares al 5 % de interés y los invierte en algo que rinde el 20 %, el haber pedido prestado ese millón de dólares no le representa problema alguno. La inversión será más rentable que el coste del endeudamiento. Por supuesto, incluso si la empresa se equivoca y el rendimiento es del 3 %, o cero, no hay problema. El deudor quiebra y el acreedor pierde parte de o todo su préstamo. Esto puede afectar al acreedor, pero no es algo de lo que el gobierno del país –o el FMI– deba preocuparse.

Un enfoque coherente debe reconocer esto, y también debe reconocer que si un país importa más de lo que exporta (es decir, tiene un déficit comercial), otro país debe de estar exportando más de lo que importa (tiene un superávit comercial). Una regla inquebrantable de la contabilidad internacional es que la suma de todos los déficit del mundo debe igualar a la suma de todos los superávit. Esto quiere decir que si China y Japón insisten en tener un superávit comercial, algunos países deberán tener déficit. Uno no puede sólo prorrumpir en invectivas contra los países con déficit; los países con superávit también tienen la culpa. Si Japón y China mantienen sus superávit, y Corea transforma su déficit en un superávit, el problema del déficit deberá aparecer en otra parte.

A pesar de todo, unos déficit comerciales abultados pueden ser problemáticos, porque implican que un país deberá endeudarse año tras año. Si los que aportan el capital cambian de opinión y dejan de prestar, el país puede afrontar agudas dificultades: una crisis. Está gastando más en la compra de bienes en el exterior de lo que consigue vendiendo allí sus bienes. Cuando otros rehúsan seguir financiando la brecha comercial, el país deberá ajustarse velozmente. En algunos casos el ajuste puede ser fácil: si un país se está endeudando mucho para financiar una festiva adquisición de coches (como ocurrió hace poco en Islandia), entonces si los extranjeros se niegan a aportar la financiación, la juerga termina y la brecha comercial se cierra. Pero lo normal es que el ajuste no opere tan suavemente. Y los problemas son aún peores si el país se ha endeudado a corto plazo, de modo que los acreedores pueden exigir ahora lo que han prestado para financiar los déficit de años anteriores, sea que fuese utilizado para financiar consumo ostentoso o inversiones de largo plazo.

Bancarrota y riesgo moral

Puede sobrevenir una crisis, por ejemplo, cuando explota una burbuja inmobiliaria, como en Tailandia. Los que se endeudaron en el exterior para financiar sus aventuras con bienes raíces no pudieron pagar sus préstamos. Las quiebras se generalizaron. La forma en que el FMI maneja las bancarrotas constituye un campo adicional donde el enfoque del Fondo rebosa de incoherencias intelectuales.

En la economía de mercado estándar, si un prestamista efectúa un mal préstamo, corre con las consecuencias. El prestatario puede quebrar, y los países cuentan con leyes que organizan dichas quiebras. Éste es el modo en el que se supone que funcionan las economías de mercado. En vez de ello, y reiteradamente, los programas del FMI aportan dinero a gobiernos para que rescaten a acreedores occidentales. Estos acreedores, anticipando que el FMI acudirá a rescatarlos, tienen incentivos debilitados para garantizar que los deudores serán capaces de pagar. Éste es el malvado problema del «riesgo moral», bien conocido en el mundo de los seguros, y ahora en economía. El seguro reduce los incentivos para ser cuidadoso y prudente. Un rescate si se produce una crisis es como un seguro «gratuito». Si usted es un prestamista, tomará menos cuidado a la hora de seleccionar entre los solicitantes de créditos si usted sabe que será rescatado en el caso de que los préstamos resulten impagados. Por otro lado, las empresas prudentes que afrontan una volatilidad de los tipos de cambio pueden cubrirse frente a ella por vías complicadas pero accesibles. Ahora bien, si –como vimos antes– los prestatarios en un país no pagan seguro para minimizar sus riesgos, o su exposición, pero saben o creen que el FMI probablemente acudirá al rescate, entonces los prestatarios están siendo estimulados para incurrir en riesgos excesivos, y no preocuparse por ello. Esto fue lo que ocurrió en el umbral de la crisis del rublo en Rusia en 1998. En ese caso, aunque los acreedores de Wall Street estaban prestando dinero a Rusia, al mismo tiempo hacían saber cuán grande sería el rescate que estimaban imprescindible, y que creían que Rusia, dado su estatus de país nuclear, iba a obtener.

Centrándose en los síntomas, el FMI trata de defender sus intervenciones alegando que sin ellas el país declararía una cesación de pagos, y como resultado no podría conseguir financiación en el futuro. Un enfoque coherente detectaría la falacia de este argumento. Si los mercados de capitales funcionan bien –y ciertamente si funcionaran cerca de lo bien que parecen estimar los fundamentalistas del mercado del FMI–, entonces miran hacia el futuro; al evaluar el tipo de interés que deben cargar, calculan el riesgo futuro. Un país que se ha liberado del peso de una deuda excesiva, incluso mediante una cesación de pagos, está en mejor posición para crecer y por tanto tiene mayor capacidad de reembolsar cualquier préstamo adicional. Esto es, de entrada, parte de la justificación de las quiebras: la eliminación o reestructuración de su deuda permite a las empresas –y los países– salir adelante y crecer. Las prisiones por deudas del siglo XVIII pueden haber representado un fuerte incentivo para que los individuos no quebraran, pero no ayudaron a recuperarse a los deudores. No sólo fueron inhumanas sino que no propiciaron la eficiencia económica general.

La historia avala este análisis teórico. En el caso más reciente, el de Rusia, que atravesó por una masiva cesación de pagos en 1998 y fue sumamente criticada por no haber ni siquiera consultado a sus acreedores, ya en 2001 pudo endeudarse en el mercado y el capital fluyó otra vez hacia Rusia. Asimismo, el capital regresó a Corea del Sur, aunque el país efectivamente forzó una reestructuración de su deuda, ofreciendo a los acreedores extranjeros la opción de renovar sus préstamos o no pagárselos.

Veamos cómo podría haber hecho el FMI, si hubiese desarrollado un modelo coherente, para abordar uno de los problemas más arduos del Este asiático: subir o no los tipos de interés durante la crisis. Por supuesto, subirlos empuja a miles de empresas a la quiebra. El FMI aducía que si los tipos no eran aumentados se hundiría el tipo de cambio, lo que a su vez desataría aún más bancarrotas. Dejemos de lado por el momento la cuestión de si subir los tipos de interés (con la consiguiente exacerbación de la recesión) fortalecería el tipo de cambio (lo que en la vida real no sucedió). Dejemos también de lado la cuestión empírica de si se dañan más empresas subiendo los tipos de interés o bajando el tipo de cambio (al menos en Tailandia, la evidencia abrumadoramente sugiere que el daño derivado de una caída adicional en el tipo de cambio sería menor). El problema de la perturbación económica ocasionada por las devaluaciones del tipo de cambio es causado por las empresas que eligen no comprar un seguro contra el colapso del tipo de cambio. Un análisis coherente del problema empezaría por preguntarse por este visible fallo del mercado: ¿por qué las empresas no adquieren dicho seguro? Y cualquier análisis habría sugerido que el propio FMI era parte sustancial del problema: las intervenciones del FMI para sostener el tipo de cambio, como ya apuntamos, vuelven menos necesario que las empresas se cubran con un seguro, lo que exacerba en el futuro precisamente el problema que la intervención supuestamente iba a corregir.

Del rescate al rescate compartido

A medida que sus fallos se volvían cada vez más evidentes, el FMI empezó a pensar en nuevas estrategias, pero la falta de coherencia hizo que su búsqueda de alternativas viables tuviera pocas posibilidades de prosperar. Las críticas generalizadas a su estrategia de rescates lo indujeron a intentar lo que algunos han llamado estrategia de «rescate compartido». El FMI deseaba que las entidades privadas «compartieran» todos los rescates. Comenzó a insistir en que antes de prestarle dinero a un país en un rescate hubiese una amplia «participación» de prestamistas del sector privado; tendrían que «cortarse el pelo», es decir, condonar una parte sustancial de la deuda. De forma no sorprendente, esta nueva estrategia fue acometida por primera vez no en países grandes como Brasil y Rusia, sino en países de escaso poder como Ecuador y Rumania, demasiado débiles como para resistirse al FMI. La estrategia pronto demostró ser problemática en su concepción y fallida en su puesta en práctica, con consecuencias muy negativas para los países escogidos en el experimento.

Rumania fue un ejemplo particularmente desconcertante. No amenazaba con una cesación de pagos; sólo quería una financiación adicional del FMI como señal de su solvencia, lo que le habría ayudado a moderar los tipos de interés que pagaba. Pero los nuevos prestamistas sólo prestan si consiguen un tipo de interés proporcional al riesgo que corren. A estos nuevos prestamistas no se les puede forzar a «cortarse el pelo». El FMI lo habría percibido si hubiese basado sus políticas en una teoría coherente sobre el funcionamiento satisfactorio de los mercados de capitales.

Había un problema más grave, que apunta a la misión central del FMI. El FMI fue creado para lidiar con las crisis de liquidez causadas por la ocasional irracionalidad de los mercados de crédito y su negativa a prestarles a países que de hecho son solventes. Y ahora el FMI estaba entregando el poder sobre sus políticas de crédito a los mismos individuos e instituciones que precipitaban las crisis. Él sólo prestaría si ellos estaban dispuestos a hacerlo. Estos prestamistas inmediatamente detectaron las profundas implicaciones del cambio, aunque el FMI no lo hiciera. Si los acreedores rehusaban prestarle a un país cliente, o acompañar un acuerdo con él, el país prestatario no conseguiría financiación, no ya del FMI sino tampoco del Banco Mundial y las demás instituciones que hacen depender sus créditos de la aprobación del FMI. Súbitamente los acreedores se encontraron con una enorme influencia. Un hombre de veintiocho años en la sucursal de Bucarest de un banco internacional privado, al conceder un préstamo de unos millones de dólares, tenía el poder de decidir si el FMI, el BM y la Unión Europea entregaban a Rumania miles de millones de dólares. El FMI de hecho delegó su responsabilidad de evaluar si prestar o no a un país a este joven de veintiocho años. No puede sorprender que él y los banqueros treintañeros de las sucursales de los demás bancos internacionales en Bucarest se apercibieran del poder de negociación que les había sido concedido. Cada vez que el FMI reducía el monto que demandaba que aportaran los bancos privados, éstos rebajaban la suma que estaban dispuestos a ofrecer. En un momento dado pareció que a Rumania sólo le faltaban 36 millones de dólares del sector privado para conseguir un paquete de ayuda de mil millones de dólares. Los bancos privados que juntaban el dinero requerido por el FMI exigieron no sólo altos tipos de interés en dólares sino, al menos en un caso, una discreta relajación de las normas reguladoras rumanas. Esta «indulgencia reguladora» permitiría al acreedor hacer cosas que no podría hacer en otras circunstancias –prestar más o prestar con más riesgo o con tipos de interés más altos–, lo que incrementaría sus beneficios pero también el riesgo del sistema bancario, y socavaría precisamente el motivo de la regulación. Gobiernos menos competentes o más corruptos habrían caído en la tentación, pero Rumania rechazó la oferta, en parte porque de entrada no estaba tan desesperada en su urgencia de fondos.

El asunto puede ser analizado de otra manera. Se supone que la decisión del FMI de prestar está basada en cómo aborda el país sus problemas macroeconómicos fundamentales. Bajo la estrategia de «participación», un país podía ostentar un conjunto de macropolíticas perfectamente satisfactorio, pero de no conseguir la suma que el FMI sentenciaba que debía conseguir de la banca privada, no podría obtener financiación de ninguna otra fuente. Se suponía que en estos asuntos quien sabía era el FMI, y no un empleado de Banca de veintiocho años en Bucarest.

Finalmente, al menos en el caso de Rumania, los fallos de la estrategia se volvieron patentes incluso para el FMI, y procedió a facilitar financiación al país a pesar de que el sector privado no había aportado las sumas en las que el FMI había «insistido».

La mejor defensa es el ataque: expandir el papel del FMI como «prestamista de última instancia»

A la luz de la percepción cada vez más extendida de sus fallos y las peticiones generalizadas de que su ámbito de acción fuese recortado, el subdirector ejecutivo primero del FMI, Stanley Fischer, propuso en 1999 que el FMI ampliase su papel hasta el de prestamista de última instancia. Dado que el FMI había fracasado en el uso de sus poderes, la propuesta de aumentárselos fue bastante audaz. Se fundaban en una analogía atrayente: dentro de los países, los bancos centrales operan como prestamistas de última instancia, y prestan dinero a los bancos que son «solventes pero no líquidos», esto es, que tienen un patrimonio neto positivo pero no pueden obtener fondos de otra fuente. El FMI podría actuar del mismo modo entre países. Si el FMI hubiese tenido una visión coherente del mercado de capitales, habría percibido rápidamente el fallo de la idea[1]. Conforme a la teoría de

1. Véase S. Fischer, «On the need for an international lender of last resort», *Journal of Economic Perspectives*, 13, 1999, pp. 85-104. Fischer, como muchos otros que abogan por la idea del prestamista de última instancia, plantea una analogía entre el papel del banco central en un país y el papel del FMI entre países. Pero la analogía es engañosa. Un prestamista de última instancia es necesario a escala local porque los depósitos se organizan sobre la base de que «se sirve al primero que llega», que contribuye a la posibilidad de carreras bancarias. (Véase D. Diamond y P. Dibvig, «Bank Runs, Deposit Insurance, and Liquidity», *Journal of Political Economy*, 91, 1983, pp. 401-419). E incluso en ese caso no basta para impedir las carreras, como lo demuestra incuestionablemente la experiencia de EE UU. Sólo cuando está acompañado de una estricta regulación bancaria y por un seguro de depósitos puede un prestamista de última instancia frenar las carreras. Y nadie –ni siquiera los más fervorosos partidarios del FMI– ha propuesto que brinde nada parecido a un seguro de depósitos. Asimismo, la rigidez con la que aplicaron muchas políticas hace que muchos países recelen de concederle demasiada autoridad reguladora (incluso si el ámbito apropiado de la autoridad reguladora pudiese ser definido, e inclu-

los mercados perfectos, si una empresa es solvente puede pedir prestado en el mercado; y cualquier empresa solvente es líquida. Así como los economistas del FMI, que normalmente parecen tener tanta fe en los mercados, creen que saben mejor que el mercado cuál debe ser el tipo de cambio, también parecen creer que pueden juzgar mejor que el mercado si el país prestatario es solvente.

Yo no creo que los mercados de capitales funcionen a la perfección. Irónicamente, aunque opino que funcionan mucho peor que lo que los economistas del FMI suelen sugerir, pienso que son más «racionales» de lo que el FMI parece indicar cuando interviene. Los créditos del FMI tienen ventajas; a menudo el FMI presta cuando los mercados de capital simplemente se niegan a hacerlo. Pero al mismo tiempo reconozco que el país paga muy caro el dinero «barato» que obtiene del FMI. Si una economía nacional empeora y se cierne la cesación de pagos, el FMI es acreedor preferente. Se le paga en primer lugar, incluso si otros, como los acreedores extranjeros, no cobran. Ellos cobran lo que quede y pueden no cobrar nada. Así, una entidad financiera privada racional insistirá en una prima de riesgo, un tipo de interés más alto para cubrir la mayor probabilidad del no reembolso. Si una parte mayor del dinero del país va al FMI, habrá menos para los prestamistas extranjeros privados, y éstos insistirán en cargar un tipo de interés proporcionalmente más alto. Una teoría coherente del mercado de capitales habría hecho al FMI más consciente de todo esto y más renuente a prestar los miles de millones que ha entregado en los paquetes de salvamento. Una teoría más coherente sobre los mercados habría impulsado al FMI, en tiempos de crisis, a estudiar con más esfuerzo las alternativas, como las que debatimos en el capítulo 4.

---

so si las cuestiones de soberanía nacional no adquiriesen sobresaliente relevancia). Cabe anotar que las autoridades reguladoras norteamericanas han sostenido con frecuencia que las políticas de moras bien diseñadas son parte crucial del manejo macroeconómico, mientras que el FMI se ha opuesto tradicionalmente a dicha actitud. En otros textos he afirmado que, al hacerlo, el FMI a menudo no ha tenido en cuenta la fundamental falacia de composición: ante problemas sistémicos, la ausencia de moras puede ser contraproducente, porque cada banco, incapaz de conseguir capital adicional, reclama el pago de sus créditos, lo que lleva a más incumplimientos en los pagos y acentúa la recesión económica.

El hecho de que la falta de coherencia haya conducido a una multitud de dificultades acaso no sea sorprendente. La pregunta es: ¿por qué la falta de coherencia, por qué persiste, en un tema tras otro, incluso después de que los problemas hayan sido señalados? Una parte de la explicación estriba en que los asuntos que debe enfrentar el FMI son arduos; el mundo es complejo; los economistas del Fondo son hombres prácticos que procuran tomar decisiones difíciles con prontitud, y no son académicos que buscan con calma la coherencia y solidez intelectual. Pero a mi juicio existe una razón más fundamental: el FMI persigue no sólo los objetivos expuestos en su mandato original, la promoción de la estabilidad global y la garantía de que haya financiación para que países amenazados por una recesión puedan emprender políticas expansivas. También promueve los intereses de la comunidad financiera. Esto significa que el FMI tiene objetivos que suelen estar mutuamente en conflicto.

La tensión es aún mayor porque dicho conflicto no puede exhibirse abiertamente: si el nuevo papel del FMI fuera públicamente reconocido, el apoyo a dicha institución podría debilitarse, y los que han conseguido cambiar el mandato del FMI sin duda lo saben. Por tanto, este nuevo mandato debió ser disfrazado de modo que parezca al menos superficialmente compatible con el antiguo. La ideología simplista del libre mercado fue la cortina tras la cual la verdadera actividad del «nuevo» mandato podía ser negociada.

El cambio en mandato y objetivos, aunque fue descrito, no fue nada sutil: fue el paso de servir intereses económicos globales a servir los intereses de las finanzas globales. La liberalización de los mercados de capitales pudo no contribuir a la estabilidad económica global, pero abrió vastos mercados a Wall Street.

Debo ser claro: el FMI jamás cambió su mandato oficialmente, y jamás se planteó formalmente situar los intereses de la comunidad financiera por encima de la estabilidad de la economía global o el bienestar de los países pobres que supuestamente estaba protegiendo. No tiene sentido hablar de las motivaciones e intenciones de ninguna institución, sino sólo de quienes la constituyen y gobiernan. Incluso en ese caso, a menudo no podremos discernir las motivaciones genuinas: puede mediar una brecha entre lo que dicen que son sus intenciones y sus verdaderas motivaciones. Sin embargo, en tanto que científicos sociales podemos intentar describir la conducta de una institución en términos de lo que parece estar haciendo. Analizar el FMI como si estuviera defendiendo los intereses de la comunidad financiera es una manera de dar sentido a lo que en otro caso serían comportamientos contradictorios e intelectualmente incoherentes.

Además, la conducta del FMI no es sorprendente: enfocaba los problemas desde la perspectiva y la ideología de la comunidad financiera, y ellas naturalmente se ajustaban (aunque no perfectamente) a sus intereses. Como apuntamos antes, buena parte de su personal clave provenía de la comunidad financiera, y muchos de ellos, tras servir con diligencia a dichos intereses, retornaban después para ocupar cargos bien pagados en la comunidad financiera. Stan Fischer, subdirector ejecutivo durante los episodios descritos en este libro, pasó directamente del FMI a ser vicepresidente en el Citigroup, el gran conglomerado financiero que incluye al Citibank. El presidente del Citigroup (presidente de su Comité Ejecutivo) era Robert Rubin, que cumplió como secretario del Tesoro un papel central en las políticas del FMI. Cabe preguntar: ¿fue Fischer generosamente retribuido por haber ejecutado fielmente lo que le dijeron que hiciese?

No es necesario, empero, buscar la venalidad. El FMI (o al menos muchos de sus altos directivos y funcionarios) creía que la liberalización de los mercados de capitales provocaría un crecimiento más rápido de los países subdesarrollados; lo creía con tanta firmeza que no necesitaba contrastarlo con la práctica, y otorgó escaso crédito a cualquier evidencia que sugiriese otra cosa. El FMI nunca deseó dañar a los pobres, y pensó que las políticas que defendía finalmente los beneficiarían; creía en la economía de la filtración, y en este caso tampoco quería observar con demasiada atención los datos que pudieran sugerir otra cosa. Pensaba que la disciplina de los mercados de capitales ayudaría a los países a crecer, y por tanto pensaba que ser útil a los mercados de capitales era de primordial importancia.

Si observamos de este modo las políticas del FMI, su énfasis en conseguir que cobren los acreedores extranjeros antes de ayudar a preservar las empresas locales resulta más comprensible. Quizá el FMI no se haya transformado en el cobrador del G-7, pero claramente trabajó duro (aunque no siempre con éxito) para lograr que los préstamos del G-7 se cobraran. Como vimos en el capítulo 4, había una alternativa a sus intervenciones masivas, una alternativa que habría sido mejor para las naciones en desarrollo, y a largo plazo también mejor para la estabilidad global. El FMI pudo haber facilitado el proceso de salida; pudo intentar organizar una moratoria, una interrupción temporal de los pagos, que habría dado tiempo a los países –y sus empresas– para que se recuperaran y relanzaran sus economías paralizadas[1]. Pero las quiebras y las moratorias no eran (y siguen sin ser) opciones preferidas, porque significan que los acreedores no cobran. Muchos de los préstamos carecían de garantía, con lo que muy poco podía ser recuperado.

El FMI temía que una cesación de pagos, al quebrantar la santidad de los contratos, socavaría el capitalismo. Se equivocaban en varios aspectos. La bancarrota es una parte no escrita de cualquier contrato de crédito; la ley prevé lo que ha de suceder si el deudor no puede pagar al acreedor. Como la quiebra es una parte implícita de los contratos de préstamo, dicha quiebra no viola la «santidad» de los contratos. Y existe otro e igualmente importante contrato no escrito entre los ciudadanos y su sociedad y Estado, lo que a veces se denomina «el contrato social». Este contrato exige la provisión de protecciones sociales y económicas básicas, incluyendo oportunidades razonables de empleo. Mientras que procuraba erradamente preservar lo que concebía como la santidad del contrato de préstamo, el FMI estaba dispuesto a destruir el incluso más importante contrato social. Finalmente, fueron las políticas del FMI las que socavaron el mercado y también la estabilidad de largo plazo de la economía y la sociedad.

Es, pues, comprensible que el FMI y las estrategias que impone a países de todo el mundo sean acogidos con tanta hostili-

1. Es lo que he llamado «supercapítulo 11». Para conocer más detalles véase M. Miller y J. E. Stiglitz, «Bankruptcy protection against macroeconomic shocks: the case for a "Asuper chapter 11"», Conferencia del Banco Mundial sobre flujos de capital, crisis financieras y políticas; 15 de abril de 1999.

dad. Los miles de millones de dólares que entrega son empleados para mantener los tipos de cambio a niveles insostenibles durante un período breve, durante el cual los extranjeros y los ricos pueden sacar su dinero del país en condiciones más favorables (merced a los mercados abiertos de capitales que el FMI ha recomendado a los países). Mientras el tipo de cambio es sostenido, por cada rublo, cada rupia, cada cruzeiro, se consiguen en el país más dólares. Los miles de millones también suelen ser utilizados para pagar a los acreedores extranjeros, incluso aunque la deuda sea privada. En muchas ocasiones lo que fueron pasivos privados son de hecho nacionalizados.

Durante la crisis financiera asiática la situación fue inmejorable para los acreedores norteamericanos y europeos, que estaban encantados de cobrar el dinero que habían prestado a los bancos y empresas de Tailandia y Corea –o cobrar al menos una suma mayor que la que habrían percibido en otro caso–. Pero no fue tan estupendo para los trabajadores y demás contribuyentes tailandeses y coreanos, cuyos impuestos son canalizados hacia el pago de los préstamos del FMI, ya les hubiese beneficiado mucho el dinero o no. Pero, añadiendo el insulto al daño, una vez que los miles de millones gastados para mantener el tipo de cambio a un nivel insostenible y para rescatar a los acreedores extranjeros, una vez que sus gobiernos se someten a la presión del FMI y recortan los gastos de modo que el país afronta una recesión en la que millones de trabajadores pierden sus empleos, ya no hay más dinero cuando se necesitan sumas mucho más modestas para sufragar los subsidios a los alimentos o combustibles para los pobres. No es extraño que el FMI suscite tantas iras.

Si vemos al FMI como una institución que aplica políticas a favor de los acreedores del sector privado, entonces otras políticas del FMI también resultan más explicables. Apuntamos antes su énfasis en el déficit comercial y cómo después de la crisis las políticas acusadamente contractivas que impuso en los países del Este asiático desencadenaron prontas reducciones en las importaciones y una gigantesca reconstrucción de las reservas. Desde el punto de vista de una entidad preocupada por la capacidad de cobro de los acreedores, esto tenía sentido: sin reservas, los países no podrían reembolsar los préstamos en dólares que debían ellos y sus empresas. Pero si el énfasis hubiese radicado en la estabilidad global y la recuperación económica de los países y la región, se habría adoptado un enfoque más laxo con respecto a la reconstrucción de las reservas y al mismo tiempo se habrían llevado a cabo otras políticas que aislaran a los países de los efectos de las extravagancias de los especuladores internacionales. Tailandia se había quedado sin reservas porque habían sido destinadas en 1997 a luchar contra los especuladores. Una vez que se decidió que Tailandia debía recomponer sus reservas velozmente, era inevitable que padeciera una profunda recesión. Las políticas de «empobrecerse a uno mismo» del FMI –que, como vimos en el capítulo 4, han sustituido a las políticas de «empobrecer al vecino» de la Gran Depresión– fueron incluso peores en la extensión de la crisis global. Desde el punto de vista de los acreedores, las políticas funcionaron y con llamativa celeridad: en Corea, las reservas pasaron de prácticamente cero a casi 97.000 millones de dólares en julio de 2001, y en Tailandia de prácticamente un nivel negativo a más de 31.000 millones en julio de 2001. Para los acreedores, naturalmente, todo esto eran buenas noticias: podían estar tranquilos porque Corea poseía los dólares para reembolsar los préstamos si los acreedores así lo demandaban.

Yo habría escogido una estrategia que simpatizara con las inquietudes de los deudores y menos con los intereses de los acreedores: habría proclamado que era más importante la economía en acción y posponer la reconstrucción de las reservas un par de años hasta que la economía se pusiera otra vez en marcha. Habría explorado otras vías para asegurar la estabilidad a corto plazo, no sólo las moratorias o quiebras antes mencionadas sino también controles de capital de corto plazo e «impuestos a la salida» como los aplicados por Malaisia. Hay maneras de proteger un país contra los estragos de los especuladores, o de los prestamistas o inversores de corto plazo que abruptamente cambian de opinión. Ninguna política carece de riesgos o precios; pero estas alternativas casi con toda certeza habrían impuesto menos costes y riesgos a los que viven dentro de los países en crisis, aunque hubieran representado mayores costes para los acreedores.

Los defensores de las políticas del FMI alegan que los acreedores sí soportaron parte de los costes. Muchos no cobraron todo lo que les debían. Pero esto es erróneo en dos puntos. Las políticas favorables a los acreedores trataron de reducir las pérdidas con respecto a lo que habrían sido en otras circunstancias. No constituyeron un rescate total sino parcial; no impidieron que el tipo de cambio cayera, pero sí que cayera aún más. En segundo lugar, el FMI no siempre logró lo que pretendía. El FMI llevó las políticas contractivas en Indonesia demasiado lejos, con lo que al final los intereses de los acreedores no se vieron beneficiados. En términos más generales, la estabilidad financiera global no sólo favorecía los intereses de la economía global sino también los intereses de los mercados financieros; sin embargo, muchas de sus políticas –desde la liberalización de los mercados de capitales hasta los rescates masivos– casi con seguridad alimentaron la inestabilidad global.

El hecho de que el FMI estuviese preocupado por la comunidad financiera, y reflejase sus puntos de vista, también ayuda a explicar parte de su retórica defensiva. En la crisis del Este asiático, el FMI y el Tesoro pronto echaron la culpa de los problemas sobre los países prestatarios, y en particular sobre su falta de transparencia. Pero incluso entonces estaba claro que esa falta de transparencia no era la causa de las crisis, y que la transparencia no vacuna a un país contra las crisis. Antes de la del Este asiático, la crisis financiera más reciente había sido la de la quiebra inmobiliaria a finales de los años ochenta y comienzos de los noventa en Suecia, Noruega y Finlandia, algunas de las naciones más transparentes del mundo. Había bastantes países que eran mucho menos transparentes que Corea, Malaisia e Indonesia y no sufrieron una crisis. Si la transparencia es la clave del acertijo económico, entonces los países del Este asiático debieron padecer antes más crisis, puesto que los datos probaban que se estaban convirtiendo en más transparentes y no en menos. A pesar de sus supuestos fallos en cuanto a la transparencia, el este de Asia no sólo registró un notable crecimiento sino también una llamativa capacidad de recuperación. Si los países del Este asiático eran tan «altamente vulnerables» como los acusaban el FMI y el Tesoro de EE UU, se trataba de una vulnerabilidad de nuevo cuño, basada no en una mayor falta de transparencia sino en otro actor conocido: la prematura liberalización de los mercados de capitales y financieros que el FMI había propiciado en esos países.

Mirando hacia atrás, existió una razón «transparente» para este énfasis en la transparencia[1]: para la comunidad financiera, el FMI, y Tesoro de EE UU, era importante eludir las culpas y lidiar con su propia crisis de confianza. Pero las políticas recomendadas por el Fondo y el Tesoro en el Este asiático, Rusia y otros lugares eran las culpables: la liberalización de los mercados de capitales había desembocado en la especulación desestabilizadora, y la liberalización de los mercados financieros había llevado a malas prácticas en los préstamos. Como sus programas de recuperación tampoco funcionaron como ellos habían asegurado, tenían un incentivo aún mayor para soslayar la culpa, para aducir que el problema radicaba en otra parte: en los países afligidos.

Asimismo, un estudio más cuidadoso demuestra que las naciones industrializadas fracasaron en muchas otras maneras; por ejemplo, la débil regulación bancaria de Japón pudo incentivar a los bancos a prestarle a Tailandia a tasas tan atractivas que los prestatarios no pudieron resistir endeudarse más allá de lo prudente. Las políticas de liberalización de la regulación bancaria en EE UU y otros grandes países industrializados también estimuló los créditos –y los préstamos– temerarios. Como vimos en el capítulo 4, se permitió a los bancos tratar los préstamos a corto como si fueran más seguros que los de largo plazo, y los préstamos a corto plazo constituyeron una de las más importantes fuentes de inestabilidad en el Este asiático.

Las grandes firmas inversoras también deseaban exculpar a sus asesores de inversión que habían animado a sus clientes a dirigir su dinero hacia esos países. Plenamente respaldados por los gobiernos de EE UU y las demás naciones industrializadas, los asesores de inversión de Fráncfort, Londres o Milán, pudieron alegar que no había forma de esperar que hubiesen sabido cuán mal estaban las cosas, dada la falta de transparencia en los países del Este asiático. Estos expertos pasan cuidadosa-

1. Aunque no se puede echar la culpa de la crisis a la falta de transparencia, ésta constituyó sin duda un coste: una vez que la crisis se produjo, la falta de información significó que los acreedores retiraron sus fondos de todos los deudores, independientemente de su calidad. Los acreedores sencillamente carecían de la información necesaria para distinguir entre los deudores buenos y los malos.

mente por alto el hecho de que en un mercado totalmente abierto y transparente los rendimientos son bajos. Asia había representado una inversión atractiva –produjo altos rendimientos– precisamente porque el riesgo era mayor. La creencia de los asesores de que ellos poseían mejor información –y la sed de altos rendimientos de sus clientes– canalizó el dinero hacia la región. Los problemas clave –el elevado endeudamiento de Corea del Sur, los acusados déficit comerciales de Tailandia y su *boom* inmobiliario que inevitablemente estallaría, la corrupción de Suharto, etcétera– eran bien sabidos, y los riesgos que planteaban debieron ser expuestos a los inversores.

A los bancos internacionales también les convenía eludir la culpa: querían echarla sobre los prestatarios y las malas prácticas de préstamos de los bancos tailandeses y surcoreanos, que estaban concediendo préstamos incobrables con la connivencia de los gobiernos corruptos de sus países; y el FMI y el Tesoro de EE UU una vez más se les unieron en el ataque. Cabía sospechar desde el principio de los argumentos del FMI y el Tesoro. A pesar de su intento de salvar a los grandes prestamistas internacionales, la dura realidad es que todo préstamo tiene un prestamista y un prestatario. Si la operación es inherentemente fallida, la culpa recae tanto sobre el prestamista como sobre el prestatario. Además, los bancos de los países occidentales desarrollados les prestaron a las grandes empresas coreanas sabiendo perfectamente que bastantes de ellas estaban muy apalancadas. Los malos préstamos fueron resultado de análisis deficientes y no de ninguna presión de los gobiernos de EE UU o las demás naciones occidentales, y fueron concedidos a pesar de las supuestamente eficaces herramientas de prevención de riesgos de los bancos occidentales. No es extraño que esos grandes bancos ansiaran escapar del escrutinio. El FMI tenía buenas razones para apoyarlos, porque el propio FMI era en parte culpable. Los reiterados salvamentos del FMI en otros lugares habían contribuido a la falta de cuidado por parte de los prestamistas.

Estaba en cuestión un asunto aún más profundo: durante los primeros años noventa el Tesoro de EE UU había pregonado el triunfo global del capitalismo. Junto con el FMI había dicho a los países que si seguían las «políticas correctas» –las del Consenso de Washington– su crecimiento estaba asegurado. La crisis del Este asiático arrojaba una sombra de duda sobre esta nueva visión del mundo, *salvo que pudiera probarse que el problema no radicaba en el capitalismo sino en los países asiáticos y sus malas políticas*. El FMI y el Tesoro de EE UU debían sostener que lo malo no eran las reformas –sobre todo el sagrado artículo de fe: la liberalización de los mercados de capitales– sino el hecho de que las reformas habían sido insuficientes. Al subrayar las debilidades de los países en crisis no sólo conseguían desviar la responsabilidad por sus propios fracasos –tanto en la política como en los préstamos–, sino que también procuraban utilizar la experiencia para propugnar su agenda aún más.

Capítulo 9

Camino al futuro

La globalización actual no funciona. Para muchos de los pobres de la Tierra no está funcionando. Para buena parte del medio ambiente no funciona. Para la estabilidad de la economía global no funciona. La transición del comunismo a la economía de mercado ha sido gestionada tan mal que –con la excepción de China, Vietnam y unos pocos países del este de Europa– la pobreza ha crecido y los ingresos se han hundido.

Para algunos la solución es muy sencilla: abandonar la globalización. Pero esto no es factible ni deseable. Como apunté en el capítulo 1, la globalización también ha producido grandes beneficios: el éxito del Este asiático se basó en la globalización, especialmente en las oportunidades del comercio y los mayores accesos a mercados y tecnología. La globalización ha logrado mejoras en la salud y también una activa sociedad civil global que batalla por más democracia y más justicia social. El problema no es la globalización sino el modo en que ha sido gestionada. Parte del problema radica en las instituciones económicas internacionales, como el FMI, el Banco Mundial y la OMC, que ayudan a fijar las reglas del juego. Lo han hecho de formas que por lo general han favorecido los intereses de los países industrializados más avanzados –e intereses particulares dentro de esos países– más que los del mundo en desarrollo. Y no es sólo que hayan favorecido esos intereses: a menudo han enfocado la globalización desde puntos de vista particularmente estrechos, modelados conforme a una visión específica de la economía y la sociedad.

La demanda de reformas es palpable; desde comisiones nombradas por el Congreso y grupos de economistas eminentes de diversas fundaciones, que han redactado informes sobre los cambios en la arquitectura financiera global, hasta las protestas que marcan casi cualquier reunión internacional. Como respuesta ha habido ya algunos cambios. La nueva ronda de negociaciones comerciales acordada en noviembre de 2001 en Doha, Qatar, calificada como «ronda del desarrollo», pretende no sólo abrir más los mercados sino también rectificar algunos de los desequilibrios anteriores, y el debate en Doha fue mucho más franco que en el pasado. El FMI y el BM han cambiado su retórica, se habla mucho más de la pobreza y, al menos en el BM, hay un intento sincero de cumplir con su compromiso de «poner al país en el asiento del conductor» en sus programas en muchas naciones. Pero numerosos críticos de las instituciones internacionales son escépticos. Según ellos los cambios responden simplemente a que las instituciones han percibido la realidad política de que deben cambiar su retórica si quieren sobrevivir. Estos críticos dudan que exista un compromiso real. No les satisfizo que, en 2000, el FMI nombrara como número dos a quien había sido economista jefe del Banco Mundial durante el período en el que abrazó la ideología del fundamentalismo del mercado. Algunos críticos recelan tanto de estas reformas que reclaman medidas más drásticas, como la abolición del FMI, pero creo que esto no tiene sentido. Si el Fondo fuera abolido, muy probablemente volvería a crearse bajo otra forma. En momentos de crisis internacional, a los líderes políticos les gusta sentir que alguien está al mando, que una agencia internacional está haciendo algo. Hoy el FMI cumple ese papel.

Creo que la globalización puede ser rediseñada para que haga realidad su buen potencial, y creo que las instituciones económicas internacionales pueden ser rediseñadas para garantizar que ello se logre. Pero para comprender cómo hay que rediseñar dichas instituciones debemos comprender por qué han fracasado de forma tan lastimosa.

Intereses e ideología

En el capítulo anterior a éste comprobamos que, si analizábamos las políticas del FMI como si la organización estuviera propiciando los intereses de los mercados financieros, en vez de limitarse a cumplir su misión original de ayudar a los países en crisis y fomentar la estabilidad económica global, cobraba sentido lo que en otro caso parecía ser un conjunto de políticas intelectualmente incoherentes y contradictorias.

Si los intereses financieros han prevalecido en el pensamiento en el Fondo Monetario Internacional, los intereses comerciales han desempeñado un papel igualmente dominante en la Organización Mundial de Comercio. Si el FMI despacha a toda prisa la cuestión de los pobres –hay miles de millones disponibles para salvar bancos, pero no las magras sumas necesarias para sufragar subsidios alimentarios para quienes pierden sus empleos por culpa de los programas del FMI–, la OMC coloca el comercio por encima de todo lo demás. A quienes intentan prohibir el uso de redes que capturan langostinos pero también atrapan y ponen en peligro a las tortugas, la OMC les advierte que dicha regulación comporta una injustificada intrusión en el libre comercio. ¡Descubren así que las consideraciones comerciales subordinan a todas las demás, incluido el medio ambiente!

Aunque las instituciones parecen defender los intereses comerciales y financieros por sobre todos los otros, ellas no lo ven así. Creen de verdad que la agenda que promueven favorece el interés general. A pesar de la evidencia en sentido contrario, muchos ministros de Comercio y Hacienda, e incluso algunos líderes políticos, piensan que todos finalmente se beneficiarán de la liberalización del comercio y el mercado de capitales. Muchos están tan convencidos de ello que aplauden el que se fuerce a los países a que acepten estas «reformas», por cualquier medio, a pesar de que cuenten con un escaso apoyo popular.

El mayor desafío no radica simplemente en las propias entidades sino también en los esquemas mentales: la preocupación por el medio ambiente, el asegurar que los pobres tienen algo que decir en las decisiones que los afectan, la promoción de la democracia y el comercio justo son necesarios para lograr los beneficios potenciales de la globalización. El problema estriba en que las instituciones reflejan las opiniones de aquellos ante los cuales son responsables. El típico gobernador del banco central empieza su jornada laboral inquieto por las cifras de inflación, no de pobreza, y el ministro de Comercio se fija más en las exportaciones que en los índices de contaminación.

El mundo es complicado. Cada grupo social se centra en la

sección de la realidad que más le afecta. Los trabajadores atienden a empleo y salarios, los financieros a los tipos de interés y los cobros. Un tipo de interés alto es bueno para un acreedor... siempre que le devuelvan el dinero. Pero para los trabajadores un tipo de interés elevado induce una desaceleración económica: el resultado para ellos es el paro. No es llamativo que conciban esos tipos altos como un peligro. Para el financiero que ha prestado su dinero a largo plazo, el riesgo es la inflación. La inflación puede significar que los dólares que cobre valgan menos que los dólares que ha prestado.

En los debates de políticas públicas son pocos los que argumentan francamente en términos de su propio interés. Todo está cubierto en términos de interés general. A la hora de ponderar cómo una política concreta afectará probablemente al interés general se requiere un modelo, una visión de cómo funciona el sistema en su conjunto. Adam Smith aportó un modelo, que defendía los mercados; Marx, consciente de los efectos adversos que el capitalismo parecía ejercer sobre los trabajadores en su tiempo, presentó un modelo alternativo. A pesar de sus numerosos y bien fundamentados defectos, el modelo de Marx disfrutó de una enorme influencia, en especial en los países subdesarrollados donde para miles de millones de pobres el capitalismo no parecía cumplir sus promesas. Pero con la caída del imperio soviético, sus debilidades también resultaron demasiado evidentes. Y tras dicha caída, y el predominio económico global de EE UU, el modelo de mercado ha prevalecido.

Ahora bien, no hay un solo modelo de mercado. Entre la versión japonesa del sistema de mercado y las versiones alemana, sueca y norteamericana median notables diferencias. Hay bastantes países donde la renta per cápita es comparable a la de EE UU, pero en los cuales la desigualdad es inferior, la pobreza es menor, y la salud y otras facetas de las condiciones de vida son mejores (al menos a juicio de quienes allí viven). Aunque el mercado está en el centro de las versiones sueca y norteamericana del capitalismo, el Estado cumple papeles muy distintos. En Suecia, el Estado asume una responsabilidad sustancialmente superior en la promoción del bienestar social; sigue suministrando salud pública, seguro de paro y pensiones mucho mejor que en EE UU. Y su éxito ha sido equivalente, incluso en términos de las innovaciones asociadas con la «nueva economía». Para muchos estadounidenses, aunque no para todos, el modelo de EE UU ha funcionado bien; para la mayoría de los suecos, el modelo americano es inaceptable: ellos prefieren el suyo. Para los asiáticos hay una variedad de modelos asiáticos que han funcionado bien, y esto es válido en Malaisia y Corea tanto como en China y Taiwan, incluso tomando en consideración la crisis financiera global.

En los últimos cincuenta años la ciencia económica ha explicado por qué y bajo qué condiciones los mercados funcionan y cuándo no lo hacen. Ha demostrado que los mercados pueden llevar a la subproducción de algunas cosas –como la investigación básica– y la superproducción de otras –como la contaminación–. Los fallos del mercado más dramáticos son las crisis económicas periódicas, las recesiones y depresiones que han viciado el capitalismo durante los últimos dos siglos, que arrojan a un gran número de trabajadores al desempleo mientras una amplia fracción del *stock* de capital queda infrautilizada. Pero aunque éstos son los ejemplos más obvios de fallos del mercado, existe una miríada de fallos más sutiles, de casos en los que los mercados no producen resultados eficientes.

El Estado puede cumplir y ha cumplido un papel fundamental no sólo en mitigar esos fallos del mercado sino también en garantizar la justicia social. Los procesos de mercado, por sí mismos, pueden dejar a muchas personas sin los recursos suficientes para sobrevivir. En países que han tenido grandes éxitos, en EE UU y el Este asiático, el Estado ha desempeñado esos papeles, y en la mayor parte de los casos lo ha hecho notablemente bien. Los Estados suministraron una educación de alta calidad a todos y aportaron el grueso de la infraestructura, incluida la infraestructura institucional, como el sistema legal, imprescindible para que los mercados funcionen eficazmente. Regularon el sector financiero y lograron que los mercados de capitales operaran más como se suponía que debían hacerlo; aportaron una red de seguridad para los pobres; promovieron la tecnología, de las telecomunicaciones a la agricultura, los motores de aviación y los radares. Aunque hay un vivo debate en EE UU y otros lugares sobre cuál debería ser el papel preciso del Estado, existe un amplio acuerdo de que el Estado cumple una función para que cualquier sociedad y cualquier economía actúen con eficacia y humanidad.

Persisten en nuestras democracias desacuerdos importantes sobre política económica y social. Algunos de esos desacuerdos son sobre valores –cuán inquietos deberíamos estar por nuestro medio ambiente (cuánta degradación ecológica deberíamos tolerar si nos permite alcanzar un PIB mayor); cuán preocupados deberíamos estar con relación a los pobres (cuánto estaríamos dispuestos a sacrificar de nuestra renta total si ello permite sacar a algunos pobres de la pobreza, o mejorar su situación); o cuán inquietos deberíamos estar sobre la democracia (si estamos preparados para negociar derechos fundamentales, como el derecho de asociación, si pensamos que como resultado la economía crecerá más rápidamente)–. Algunos desacuerdos versan sobre cómo funciona la economía. Las proposiciones analíticas son claras: siempre que haya información o mercados imperfectos (o sea, siempre), existen en principio intervenciones del Estado –e incluso de un Estado que padece las mismas imperfecciones en la información– que pueden incrementar la eficiencia de los mercados. Como vimos en el capítulo 3, los supuestos subyacentes en el fundamentalismo de mercado no se cumplen en las economías desarrolladas, y menos aún en las subdesarrolladas. Pero los partidarios del fundamentalismo de mercado aún sostienen que las ineficiencias de los mercados son relativamente pequeñas y que las ineficiencias del Estado son relativamente grandes. Culpan al Estado por cosas que la mayoría de la gente pensaría que son fallos del mercado: el paro es atribuido a que el Estado fija salarios demasiado altos, y concede a los sindicatos mucho poder.

Adam Smith era mucho más consciente de las limitaciones del mercado, incluidas las amenazas planteadas por las imperfecciones de la competencia, que quienes se reivindican actualmente como sus seguidores. Asimismo, Smith era más consciente del contexto social y político en el que todas las economías deben funcionar. La cohesión social es importante para que una economía funcione: la violencia urbana en América Latina y los disturbios civiles en África generan entornos hostiles a la inversión y el crecimiento. Pero si la cohesión social puede afectar a los logros económicos, lo contrario también es cierto: cabe predecir que unas políticas excesivamente austeras, sean unas políticas monetarias o fiscales contractivas como en Argentina, o combinadas con el recorte de los subsidios a los alimentos para los pobres, como en Indonesia, generarán desórdenes. Esto es particularmente así cuando se piensa que existen desigualdades masivas –como los miles de millones que se vertieron en los salvamentos corporativos y financieros en Indonesia, sin que quedara nada para los que fueron arrastrados al paro.

En mi propio trabajo –en mis escritos y posturas como asesor económico del presidente y economista jefe del Banco Mundial– he defendido una visión equilibrada del papel del Estado, que reconozca las limitaciones y fallos de los mercados y también del Estado, pero que conciba a ambos actuando conjuntamente, como socios, siendo la naturaleza precisa de dicha asociación algo diferente según los países, dependiendo de los estadios de su desarrollo tanto político como económico.

Pero cualquiera que sea el estadio de desarrollo político y económico de un país, los gobiernos marcan la diferencia. Las administraciones débiles y demasiado intrusivas han dañado tanto la estabilidad como el crecimiento. La crisis financiera asiática fue generada por la falta de una adecuada regulación del sector financiero, y el capitalismo mafioso de Rusia por un fallo en el establecimiento de las bases de la ley y el orden. La privatización sin la imprescindible infraestructura institucional llevó más a la liquidación de activos que a la creación de riqueza. En otros países los monopolios privatizados, sin regulación, tuvieron más capacidad para explotar a los consumidores que los monopolios públicos. En contraste, la privatización con regulación, la reestructuración empresarial y un fuerte gobierno corporativo[1] han dado pie a un mayor crecimiento.

Mi objetivo aquí, sin embargo, no es zanjar estas controversias o defender mi concepción particular del papel del Estado y el mercado, sino subrayar que existen desacuerdos reales sobre este tema incluso entre economistas bien formados. Algunos críticos de la economía y los economistas se apresuran a concluir

1. La expresión «gobierno corporativo» se refiere a las leyes que determinan los derechos de los accionistas, incluidos los minoritarios. Si el gobierno corporativo es débil, los gestores pueden de hecho robar a los accionistas, y los accionistas mayoritarios a los minoritarios.

que los economistas siempre disienten, y tratan por ello de descartar todo lo que los economistas dicen. Esto es un error. En algunos asuntos –como en la necesidad de que los países vivan ajustándose a sus medios, y en los peligros de la hiperinflación– el acuerdo es generalizado.

El problema estriba en que el FMI (y a veces las demás organizaciones económicas internacionales) presenta proposiciones y recomendaciones políticas como si fueran doctrina establecida con un amplio acuerdo; en verdad, en el caso de la liberalización del mercado de capitales la evidencia era escasa en su favor y enorme en su contra. Hay consenso en que ninguna economía puede tener éxito con hiperinflación, pero no en los beneficios de rebajar la inflación a niveles cada vez más bajos; hay poca evidencia de que empujar la inflación más y más hacia abajo genera beneficios proporcionales a los costes, y algunos economistas incluso piensan que los resultados de forzar la inflación demasiado hacia abajo son negativos[1].

El descontento con la globalización no surge sólo de la aparente primacía de la economía sobre todo lo demás, sino del predominio de una visión concreta de la economía –el fundamentalismo de mercado– sobre todas las demás visiones. En muchos lugares del mundo la oposición no es a la globalización per se –las nuevas fuentes de fondos para el crecimiento o los nuevos mercados para la exportación–, sino al conjunto particular de doctrinas, las políticas del Consenso de Washington que han impuesto las instituciones financieras internacionales. Y no es una mera oposición a esas políticas sino a la noción de que existe un conjunto único de políticas que es el correcto. Esta noción contrasta tanto con la economía, que subraya la importancia de las alternativas, como con el sentido común. En nuestras democracias tenemos vivos debates sobre todas las facetas de la política económica, no sólo sobre macroeconomía sino sobre cuestiones tales como la estructura adecuada de la legislación correspon-

1. Los estudios del Banco Mundial, incluidos aquellos cuyo coautor es mi predecesor como economista jefe del BM, Michael Bruno, antiguo gobernador del Banco Central de Israel, contribuyeron a ratificar empíricamente este enfoque. Véase Michael Bruno y W. Easterly, «Inflation Crises and the Long-run Growth», *Journal of Monetary Economics*, vol. 41, febrero de 1998, pp. 3-26.

diente a las quiebras o la privatización de la Seguridad Social. Buena parte del resto del mundo siente que se le impide tomar sus propias decisiones y hasta que se le fuerza a escoger lo que países como EE UU han rechazado.

El compromiso con una determinada ideología ha privado a los países de elecciones que deberían haber sido suyas, y también ha contribuido significativamente a sus fracasos. Las estructuras económicas de cada una de las regiones del mundo difieren mucho; por ejemplo, las empresas del Este asiático estaban sumamente endeudadas, mientras que las latinoamericanas lo estaban relativamente poco. Los sindicatos son fuertes en América Latina, y relativamente débiles en Asia. Las estructuras económicas, además, cambian a lo largo del tiempo –un punto enfatizado en las discusiones de años recientes acerca de la nueva economía–. Los adelantos de la ciencia económica en los últimos treinta años han destacado el papel de las instituciones financieras, la información y los patrones cambiantes de la competencia global. Ya he apuntado que estos cambios modificaron las ideas acerca de la eficiencia de la economía de mercado. También alteraron las ideas en lo tocante a las respuestas ante las crisis.

El BM y el FMI se resistieron a examinar estos nuevos enfoques –y, lo que es más importante, sus consecuencias para la política económica– de la misma forma que dichas instituciones se habían negado a considerar las experiencias que en el Este asiático no habían seguido las políticas del Consenso de Washington y habían crecido más rápido que ninguna otra región del planeta. Esta negativa a asumir las lecciones de la ciencia económica moderna dejó a dichas instituciones en mala posición para lidiar con la crisis del Este asiático, y con menor capacidad para promover el crecimiento en el mundo.

El FMI pensaba que no necesitaba asumir dichas lecciones porque sabía las respuestas: si la ciencia económica no las aportaba, lo hacía la ideología, la simple fe en los mercados libres. La ideología suministra las gafas a través de las cuales se ve la realidad; es un conjunto de creencias tan firmemente sostenidas que uno apenas requiere confirmación empírica. La evidencia que refute esas creencias es sumariamente descartada. Para los creyentes en los mercados libres y sin trabas, la liberalización de los mercados de capitales era obviamente deseable; no era menester ninguna evidencia de que propiciara el crecimiento. Las pruebas de que daba lugar a inestabilidad se pasaban por alto como unos meros costes de ajuste, parte del dolor que debía aceptarse en la transición a una economía de mercado.

La necesidad de instituciones públicas internacionales

No podemos anular la globalización; está aquí para quedarse. La cuestión es cómo hacerla funcionar. Y si va a funcionar habrá que contar con instituciones públicas globales que ayuden a establecer las reglas.

Tales entidades internacionales, por supuesto, deberían concentrarse en aquellos temas en los cuales la acción colectiva global es deseable o incluso necesaria. A lo largo de las tres últimas décadas ha habido una comprensión creciente de las circunstancias bajo las cuales se requiere una acción colectiva, a cualquier nivel. Expuse antes cómo era necesaria una acción colectiva cuando los mercados de por sí no generan resultados eficientes. Ante la presencia de externalidades –cuando los actos de unos individuos provocan efectos en otros, sin pago ni compensación– el mercado típicamente dará lugar a una sobreproducción de algunos bienes y una subproducción de otros. No se puede recurrir a los mercados para producir bienes que por su naturaleza son esencialmente públicos, como la defensa[1]. En algunas áreas los mercados no pueden existir[2]. Los Estados han suministrado, por ejemplo, préstamos para estudiantes, porque el mercado por sí mismo no era capaz de financiar inversiones en capital humano. Y por una variedad de razones los mercados a menudo no se

1. Los economistas han analizado los atributos de dichos bienes; son bienes para los cuales los costes marginales de suministrarlos a un individuo adicional son pequeños o nulos, y los costes de excluirlos de sus beneficios son elevados.

2. Los economistas han analizado en profundidad por qué tales mercados pueden no existir, por ejemplo, debido a problemas de imperfecciones en la información (asimetrías de información), denominadas «selección adversa» y «riesgo moral».

autorregulan –hay expansiones y crisis–, de modo que el Estado cumple un importante papel en la promoción de la estabilidad económica.

En la última década ha habido una creciente percepción acerca del nivel apropiado –local, nacional o global– en el que es deseable la acción colectiva. Las acciones cuyos beneficios son mayoritariamente locales (como las relacionadas con la contaminación local) deben ser acometidas a escala local, mientras que aquellas que benefician a todos los ciudadanos de un país deben ser emprendidas a escala nacional. La globalización ha acarreado un creciente reconocimiento de campos donde los impactos son globales. En estos campos se requiere una acción colectiva global, y los sistemas de gobernanza global son esenciales. El reconocimiento de dichos campos ha sido paralelo a la creación de instituciones globales para afrontar esas cuestiones, pero no todas funcionan especialmente bien. Cabe pensar en las Naciones Unidas como enfocadas hacia los asuntos de seguridad política global, mientras que las instituciones financieras internacionales, como el FMI, supuestamente apuntan a la estabilidad económica global. Cabe pensar en ambos como atentos a las externalidades que pueden adoptar dimensiones globales. Las guerras locales, si no son contenidas y desactivadas, pueden incorporar otras y desembocar en una conflagración global. Una recesión en un país puede alimentar recesiones en otros. La gran inquietud en 1998 era que una crisis en los mercados emergentes podía llevar a una desaceleración económica global.

Éstos no son los únicos campos donde resulta esencial una acción colectiva global. Hay cuestiones ecológicas globales, especialmente las que afectan a los océanos y la atmósfera. El calentamiento global ocasionado por el empleo de combustibles fósiles en los países industrializados –que lleva a concentraciones de gases, como el CO_2, causantes del efecto invernadero– afecta a los que viven en economías preindustriales, en una isla de los mares del sur o en el corazón de África. El agujero en la capa de ozono, causado por el uso de clorofluorocarbonos (CFC), análogamente afecta a todos, y no sólo a quienes utilizaron esos productos químicos. El crecimiento de la importancia de dichas cuestiones medioambientales llevó a la firma de algunos acuerdos internacionales. Algunos han funcionado notablemente bien, como el dirigido al problema del ozono (el Protocolo de Montreal de 1987), aunque otros, como los que abordan el calentamiento global, aún no han avanzado significativamente.

También hay cuestiones sanitarias globales como la difusión de enfermedades altamente contagiosas, como el sida, que no respetan fronteras. La Organización Mundial de la Salud ha conseguido erradicar algunas enfermedades, en particular la ceguera de río y la viruela, pero en muchas áreas de la salud pública global los desafíos que aguardan son gigantescos. El conocimiento mismo es un importante bien público global: los frutos de la investigación pueden beneficiar a cualquiera, en cualquier lugar, a un coste adicional esencialmente nulo.

La ayuda humanitaria internacional es una forma de acción colectiva que brota de una compasión hacia los demás. Por eficientes que sean los mercados, no garantizan que los individuos tengan suficiente comida, vestimenta o vivienda. La misión fundamental del Banco Mundial es erradicar la pobreza, no tanto por suministrar asistencia humanitaria en tiempos de crisis como por permitir que los países crezcan y se valgan por sí mismos.

Aunque las instituciones especializadas en la mayoría de estos campos han evolucionado en respuesta a necesidades específicas, los problemas que afrontan están a menudo interrelacionados. La pobreza puede conducir a la degradación medioambiental, y ésta puede a su vez contribuir a la pobreza. Las personas en los países pobres como Nepal, con escasos recursos para la calefacción y la energía, deben recurrir a la deforestación, y liquidan bosques y malezas para calentarse y cocinar, lo que genera erosión del suelo y aún más pobreza.

La globalización, al extender la interdependencia entre los pueblos de la Tierra, ha acentuado la necesidad de una acción colectiva global y la importancia de los bienes públicos globales. El que las instituciones globales creadas en respuesta a ello no hayan funcionado a la perfección no es sorprendente: los problemas son complicados y la acción colectiva a cualquier nivel es difícil. Pero en capítulos anteriores hemos documentado quejas que trascienden con mucho la acusación de que no han funcionado perfectamente. En algunos casos sus fallos han sido graves; en otros han seguido una agenda desequilibrada en la que algunos se benefician de la globalización mucho más que otros, y donde algunos de hecho resultan perjudicados.

Gobernanza

Hasta aquí hemos atribuido los fallos de la globalización al hecho de que al fijar las reglas del juego, los intereses y esquemas mentales comerciales y financieros parecen haber prevalecido en las instituciones económicas internacionales. Ha predominado una visión concreta del papel del Estado y los mercados, una visión que no es universalmente aceptada en los países desarrollados pero que es impuesta en los países subdesarrollados y las economías en transición.

La pregunta es: ¿cómo ha llegado a suceder esto? La respuesta no es difícil de encontrar: quienes se sientan en el FMI y toman las decisiones son los ministros de Hacienda y los gobernadores de los bancos centrales; y en la OMC son los ministros de Comercio. Incluso cuando se esfuerzan en fomentar políticas en pro de los intereses nacionales generales de sus países (o cuando se esfuerzan aún más y promueven políticas en pro del interés general global), ven el mundo desde unas perspectivas particulares, inevitablemente más restringidas.

He afirmado que es necesario un cambio en los esquemas mentales, pero la mentalidad de una institución se halla inevitablemente asociada a aquellos ante los que es directamente responsable. Los derechos de voto cuentan, y cuenta quién se sienta a la mesa –aun con derechos limitados de voto; determinan cuáles son las voces que se oyen–. El FMI no se ocupa sólo de arreglos técnicos entre banqueros, como la manera de aumentar la eficiencia de los sistemas de compensación de cheques bancarios. Las acciones del FMI afectan a las vidas de miles de millones en el mundo en desarrollo, que sin embargo tienen poco que decir sobre ellas. Los trabajadores despedidos por culpa de los programas del FMI no se sientan a la mesa, mientras que los banqueros, que insisten en cobrar, están bien representados por los ministros de Hacienda y los gobernadores de los bancos centrales. Las consecuencias políticas fueron previsibles y desastrosas: paquetes de salvamento que prestan más atención al pago de los acreedores que a mantener la economía en pleno empleo. Las consecuencias para la selección de la gestión de la institución han sido igualmente predecibles: ha habido más preocupación por encontrar un líder cuyas ideas sean congruentes con los «accionistas» dominantes que por encontrar uno experto en los problemas de los países en desarrollo, la principal ocupación hoy del FMI.

La gobernanza en la OMC es más complicada. Como en el FMI, las únicas voces que se oyen son las de los ministros. No puede, pues, asombrar que a menudo se preste escasa atención a las cuestiones medioambientales. Pero mientras que los sistemas de votación en el FMI aseguran que los países ricos predominan, en la OMC cada país tiene un voto, y las decisiones se toman en gran medida por consenso. En la práctica, empero, Estados Unidos, Europa y Japón han dominado en el pasado. Esto puede estar cambiando ahora: en la última reunión en Doha, los países en desarrollo insistieron en que si se iba a abrir una nueva ronda de negociaciones comerciales, sus inquietudes debían ser escuchadas. Y lograron algunas notables concesiones. Con China en la OMC, los países en desarrollo cuentan con una voz poderosa de su lado, aunque los intereses chinos y los de muchos de los demás países subdesarrollados no coincidan plenamente.

El cambio más fundamental requerido para que la globalización funcione como debiera es un cambio en la gobernanza. Esto supone, en el FMI y el BM, un cambio en los derechos de voto, y en todas las instituciones económicas internacionales unos cambios que garanticen que no sean sólo las voces de los ministros de Comercio las que se oigan en la OMC, ni las de los ministros de Hacienda y el Tesoro en el FMI y el BM.

Tales cambios no serán sencillos. Es improbable que EE UU renuncie a su veto efectivo en el FMI. Los países industrializados avanzados probablemente no renunciarán a sus votos de modo que las naciones en desarrollo tengan más. Plantearán incluso argumentos aparentemente aceptables: los derechos de voto, como en cualquier empresa, se asignan sobre la base de las aportaciones de capital. Hace tiempo que China habría estado dispuesta a aumentar su aportación de capital si ello era condición para obtener más votos. El secretario del Tesoro de EE UU, O'Neill, ha tratado de dar la impresión de que son los contribuyentes norteamericanos, los fontaneros y carpinteros, los que pagan por los salvamentos de miles de millones de dólares; como son los que pagan los costes deberían tener los votos; pero esto es un error. El dinero en última instancia proviene de los trabajadores y otros contribuyentes de los países en desarrollo, porque al FMI casi siempre se le paga.

Pero aunque el cambio no sea fácil, es posible. Los cambios que los países subdesarrollados arrancaron a los desarrollados en noviembre de 2001 como precio para inaugurar otra ronda de negociaciones comerciales demuestran que, al menos en la OMC, ha habido un cambio en el poder de negociación.

Sin embargo, no confío en prontas reformas fundamentales en la gobernanza formal del FMI y el BM, aunque a corto plazo puede haber cambios en las prácticas y procedimientos con efectos significativos. Hay veinticuatro lugares en la mesa del BM y el FMI. Cada uno representa a varios países. En su configuración actual, África tiene muy pocos lugares porque tiene muy pocos votos y, como vimos, tiene pocos votos porque éstos son asignados conforme al poder económico. Podría haber más lugares para África incluso sin cambiar los sistemas de votación; su voz podría escucharse aunque sus votos no contaran.

La participación efectiva requiere que los representantes de los países en desarrollo estén bien informados. Como los países son pobres, no pueden pagar el personal como el que, por ejemplo, EE UU puede contratar para defender sus posiciones en todas las instituciones económicas internacionales. Si los países en desarrollo hablaran en serio cuando aluden a prestar más atención a las voces de los países en desarrollo, podrían contribuir a financiar un *think tank* (grupo de especialistas que se reúnen para debatir sobre un tema especial) –independiente de las organizaciones económicas internacionales– que les ayuda a formular sus estrategias y planteamientos.

Transparencia

A falta de un cambio fundamental en su gobernanza, la manera más importante de garantizar que las instituciones económicas internacionales respondan mejor ante los pobres, el medio ambiente, las amplias inquietudes políticas y sociales que he subrayado, etcétera, es aumentar la apertura y la transparencia. Hemos llegado a dar por sentado el importante papel que una prensa informada y libre tiene para contener incluso a nuestros gobiernos democráticamente elegidos: cualquier barrabasada, cualquier indiscreción menor, cualquier favoritismo, se somete a escrutinio, y la presión pública funciona poderosamente. La transparencia es aún más importante en entidades públicas como el FMI, el BM y la OMC, porque sus dirigentes no son elegidos directamente. Son públicos pero sin responsabilidad directa para con el público. Pero aunque ello debería traducirse en una apertura aún mayor de estas instituciones, de hecho son incluso menos transparentes.

La falta de transparencia afecta a cada una de las instituciones internacionales, aunque de modo ligeramente distinto. En la OMC, todas las negociaciones que desembocan en acuerdos tienen lugar a puerta cerrada, lo que hace difícil percibir la influencia de los intereses corporativos y de otro tipo. Las deliberaciones de los paneles de la OMC que establecen si ha habido una violación de los acuerdos alcanzados por ella son secretas. Quizá no sea sorprendente el que los abogados mercantiles y antiguos funcionarios de Comercio que frecuentemente integran dichos paneles presten, por ejemplo, escasa atención al medio ambiente, pero si tales deliberaciones fueran más abiertas, el escrutinio público volvería a los paneles más sensibles a las preocupaciones públicas o bien forzaría una reforma en el proceso de adjudicación.

El apego del FMI al secreto es natural: los bancos centrales, aunque son instituciones públicas, han sido tradicionalmente secretos. La comunidad financiera ve el secreto como natural, en contraste con el mundo académico, donde la apertura es la norma aceptada. Antes del 11 de septiembre, el secretario del Tesoro llegó a defender el secreto de los centros bancarios *offshore*. Los miles de millones de dólares en las islas Caimán y otros centros parecidos no están allí porque los servicios bancarios sean mejores que los de Wall Street, Londres o Fráncfort; están allí porque el secreto les permite incurrir en evasión fiscal, lavado de dinero y otras actividades nefastas. Sólo después del 11 de septiembre se reconoció que entre esas actividades nefastas figuraba la financiación del terrorismo.

Pero el FMI no es un banco privado sino una institución pública.

La ausencia de un discurso abierto significa que los modelos y las políticas no están sometidos a una crítica a tiempo. Si las medidas y políticas del FMI durante la crisis de 1997 hubieran estado sometidas a procesos democráticos convencionales, y si hubiese habido un debate cabal y abierto en los países en crisis sobre las políticas recomendadas por el FMI, es posible que jamás hubieran sido adoptadas y que hubieran aparecido otras políticas mucho más sensatas. Dicho discurso abierto no sólo habría expuesto los deficientes supuestos económicos sobre los que se basaban las prescripciones políticas, sino que habría revelado que los intereses de los acreedores estaban situados por delante de los de los trabajadores y pequeños empresarios. Había rumbos alternativos, en los cuales el riesgo soportado por estos grupos menos poderosos era menor, y esos rumbos alternativos podrían haber recibido la seria consideración que se merecían.

Antes, en mi etapa en el Consejo de Asesores Económicos, vi y llegué a comprender las fuerzas poderosas que impulsan el secreto. Gracias a él los funcionarios del Gobierno disfrutan del tipo de discreción que no tendrían si sus actos fueran objeto de escrutinio público. El secreto no sólo les hace más fácil la vida sino que da rienda suelta a los intereses especiales. El secreto también sirve para ocultar los errores, sean inocentes o no, sean resultado de un fallo en la reflexión o no. Como se dice a veces, la luz del sol es el mejor antiséptico.

Incluso cuando las políticas no obedecen a intereses especiales, el secreto engendra sospechas –sobre los intereses realmente favorecidos– y tales sospechas, aunque sean infundadas, socavan la sostenibilidad de las políticas. Este secreto y las sospechas que despierta han ayudado a mantener el movimiento de protesta. Una de las demandas de quienes protestan ha sido más apertura y más transparencia.

Estas demandas tuvieron una resonancia especial porque el propio FMI había subrayado la importancia de la transparencia durante la crisis del Este asiático. Una de las consecuencias claramente no intencionadas del énfasis retórico del FMI en la transparencia fue que finalmente, cuando los focos de la transparencia giraron y apuntaron al FMI mismo, pudo verse que en ese aspecto fallaba[1].

El secreto también socava la democracia. Sólo puede haber responsabilidad democrática si aquellos ante los que son supuestamente responsables esas instituciones públicas cuentan con buena información sobre lo que están haciendo, incluyendo las opciones que afrontan y cómo se toman las decisiones. Vimos en el capítulo 2 que las democracias modernas han llegado a reconocer el básico derecho a saber de los ciudadanos, concretado en leyes como la Ley sobre Libertad de Información. Vimos, no obstante, que aunque nominalmente defienden la transparencia y la apertura, el FMI y el BM aún no han adoptado estas ideas.

La reforma del FMI y del sistema financiero global

Hay temas comunes en la reforma en todas las instituciones económicas internacionales, pero cada una presenta un conjunto de problemas propios. Empezamos nuestro análisis con el FMI, en parte porque exhibe con mayor claridad algunos problemas que afectan en menor grado a otras instituciones.

Al comienzo del capítulo anterior me preguntaba por qué una organización con burócratas tan talentosos (y bien pagados) cometía tantos errores. Sugerí que parte de sus problemas derivaba del desajuste entre su supuesto objetivo, el objetivo para el que fue originalmente creado, la promoción de la estabilidad económica global, y sus nuevos objetivos –como la liberalización de los mercados de capitales– que apuntaban más a servir a los intereses de la comunidad financiera que a la estabilidad global. Esta disonancia llevó a incoherencias e incompatibilida-

1. Fue irónico que las invocaciones a la transparencia provinieran del mismo FMI, que durante largo tiempo ha sido criticado por su falta de apertura, y del Tesoro de EE UU, que según mi experiencia es la agencia más secreta del Estado norteamericano (comprobé que incluso la Casa Blanca a menudo tenía dificultades para obtener información sobre lo que estaba haciendo).

des intelectuales que eran algo más que meros asuntos de interés académico. No era asombroso, pues, que resultara difícil derivar políticas coherentes. La ciencia económica fue demasiado a menudo sustituida por la ideología, una ideología que brindaba orientaciones claras, aunque no siempre criterios que funcionaran, y una ideología que a grandes rasgos se ajustaba a los intereses de la comunidad financiera, aunque, cuando fallaba, esos mismos intereses se veían perjudicados.

Una de las distinciones relevantes entre ideología y ciencia es que la ciencia reconoce las limitaciones del conocimiento. Siempre hay incertidumbre. En contraste, el FMI jamás quiere discutir las incertidumbres asociadas con las políticas que recomienda, sino que más bien prefiere proyectar una imagen de infalibilidad. Esta actitud y esquema mental hacen difícil que aprenda de errores pasados. ¿Cómo puede aprender de tales errores si no es capaz de admitirlos? Aunque a muchas organizaciones les gustaría que los de afuera creyeran que son de verdad infalibles, el problema con el FMI es que a menudo actúa como si casi creyera él mismo en su propia infalibilidad.

El FMI ha aceptado errores en la crisis del Este asiático, reconociendo que las políticas fiscales contractivas exacerbaron la recesión, y que la estrategia de reestructuración del sistema financiero en Indonesia generó una carrera bancaria que sólo empeoró las cosas. Pero, de modo no sorprendente, el FMI –y el Tesoro de EE UU, responsable de propiciar muchas de las políticas– ha tratado de limitar las críticas y la discusión sobre ellas. Ambos se enfurecieron cuando un informe del Banco Mundial abordó estos y otros errores, y apareció en la portada del *New York Times*. Se ordenó silenciar las críticas y, lo que es más revelador, el FMI jamás prosiguió el análisis de estas cuestiones; jamás se preguntó el porqué de los errores, qué había fallado en los modelos o qué cabía hacer para prevenir una repetición en la próxima crisis. Y sin duda habrá otra crisis en el futuro. Desde enero de 2002 Argentina atraviesa una crisis. Nuevamente, las políticas de salvamento del FMI no han funcionado; las políticas fiscales contractivas que recomendó arrastraron a la economía a una recesión aún más profunda. El FMI nunca se preguntó por qué sus modelos subestimaron sistemáticamente la gravedad de las recesiones, o por qué sistemáticamente sus políticas son excesivamente contractivas.

El FMI procura defender su posición de infalibilidad institucional alegando que si mostrara titubeos en su convicción de que sus políticas son correctas perdería credibilidad –y el éxito de sus políticas requiere que los mercados les concedan credibilidad–. Otra vez, aquí hay una verdadera ironía. El FMI, que siempre alaba la «perfección y racionalidad» del mercado, ¿realmente cree que fomenta su credibilidad formulando predicciones demasiado confiadas? Las predicciones que reiteradamente no se cumplen hacen que el FMI parezca menos que infalible, en especial si los mercados son tan racionales como dice. Hoy el FMI ha perdido mucha credibilidad, no sólo en los países en desarrollo sino también en el grupo de apoyo que más aprecia: la comunidad financiera. Si el FMI hubiera sido más honrado, más directo y más modesto, es evidente que hoy estaría en una mejor posición.

A veces los funcionarios del FMI plantean otra razón por la que no discuten políticas alternativas y los riesgos asociados a cada una. Aducen que ello confundiría a los países en desarrollo; una actitud paternalista que refleja un acendrado escepticismo sobre los procesos democráticos.

Sería bonito que el FMI, al ver señaladas sus dificultades, cambiara los esquemas mentales y modos de comportamiento. Pero no es probable. De hecho, ha sido notablemente lento en el aprendizaje de sus equivocaciones, en parte, como vimos, por el fuerte papel de la ideología y la creencia en la infalibilidad institucional, y en parte porque su estructura organizativa jerárquica refuerza las visiones predominantes. El FMI no es lo que en la jerga de las modernas escuelas de administración de empresas se llama una «organización de aprendizaje», y como las otras organizaciones a las que les cuesta aprender y adaptarse, se encuentra en apuros cuando el entorno cambia.

Afirmé antes en este capítulo que sólo es probable que se produzca un cambio en los esquemas mentales si cambia la gobernanza, pero que tal modificación no era previsible a corto plazo. Una mayor transparencia ayudaría, pero en este terreno las reformas de fondo son resistidas.

Fuera del FMI se ha desarrollado un amplio consenso para que el FMI se limite a su función esencial: el manejo de las crisis, y que no se involucre (si no hay crisis) en el desarrollo o las economías en transición. Estoy totalmente de acuerdo, en parte por la simple ausencia de las demás reformas que le permitirían promover la transición y el desarrollo democrático, equitativo y sostenible.

Hay otras dimensiones en el estrechamiento del ámbito del FMI. En la actualidad el Fondo es responsable de elaborar valiosas estadísticas económicas, y aunque en líneas generales hace un buen trabajo, los datos que publican quedan comprometidos por sus responsabilidades operativas; para que parezca que sus programas funcionan, para hacer que los números «cuadren», las predicciones económicas deben ser ajustadas. Numerosos usuarios de esas cifras no perciben que no son pronósticos normales; en estos casos las predicciones del PIB no se basan en un modelo estadístico sofisticado, y ni siquiera en las mejores estimaciones de quienes conocen bien la economía, sino simplemente cifras que han sido negociadas como parte de un programa del FMI. Tales conflictos de interés surgen invariablemente cuando el organismo operativo es también el responsable de las estadísticas, y muchos gobiernos lo han experimentado y han respondido creando una agencia estadística independiente.

Otra actividad del Fondo es la vigilancia, el seguimiento de la economía de los países en las consultas del Artículo 4, que discutimos en el capítulo 2. Éste es el mecanismo a través del cual el FMI promueve sus enfoques particulares en los países subdesarrollados que no dependen de su ayuda. Dado que una desaceleración económica en un país puede ejercer efectos adversos sobre otros, tiene sentido que los países se presionen mutuamente para mantener su fuerza económica; hay aquí un bien público global. Lo malo es el programa mismo, por el énfasis del FMI en la inflación. Pero el paro y el crecimiento son igualmente importantes. Asimismo, sus recomendaciones de política reflejan su particular perspectiva acerca del equilibrio entre Estado y mercado. Mi experiencia directa con estas consultas del Artículo 4 en EE UU me han convencido de que se trata también de una labor que otros deberían asumir. Dado que la desaceleración de un país afecta directamente a sus vecinos, y los vecinos sintonizan mejor con las circunstancias del país, la vigilancia regional es una alternativa viable.

Forzar al FMI a que retorne a su misión original –estrechar su ámbito– permite un mayor control. Podemos intentar determinar si ha impedido la aparición de crisis, creando un ambiente global más estable, y si las ha resuelto bien. Pero el estrechamiento de su rango de acción claramente no resuelve el problema de esta institución: parte de la queja radica en que ha promovido políticas, como la liberalización del mercado de capitales, que han acentuado la inestabilidad global, y sus grandes políticas de salvamento, en el Este asiático, Rusia o América Latina, han fracasado.

Los esfuerzos reformistas

Tras la crisis del Este asiático y los fracasos de las políticas del FMI se impuso un consenso general de que algo estaba mal en el sistema económico internacional y de que era necesario hacer algo para que la economía global fuera más estable. No obstante, muchos en el Tesoro de EE UU y el FMI creyeron que sólo eran menester unas modificaciones menores. Para compensar la falta de grandeza en los cambios, concibieron un título grandioso para la iniciativa reformista: la reforma de la arquitectura financiera global. Se pretendió que la expresión sugiriese un cambio en profundidad de las reglas del juego, que impidiese una próxima crisis.

Bajo la retórica hay algunas cuestiones genuinas. Pero así como los dirigentes del FMI hicieron todo lo que pudieron para eludir la culpa por sus equivocaciones y por los problemas sistemáticos, también hicieron todo lo que pudieron para recortar las reformas, salvo en la medida en que se tradujesen en más poder y dinero para el FMI, y más obligaciones para los mercados emergentes (tales como el cumplimiento de nuevas normas fijadas por los países industrializados avanzados).

Las dudas se ven reforzadas por la manera en que han proseguido las discusiones sobre la reforma. El debate «oficial» sobre la reforma se ha centrado en las mismas instituciones y ha sido dominado por los mismos gobiernos que efectivamente han «gestionado» la globalización durante cincuenta años. Hoy existe en todo el mundo una gran dosis de cinismo sobre el debate reformista. Si se sientan a la mesa los mismos responsables del sistema de toda la vida, los países en desarrollo se preguntan sobre las probabilidades de que se obre un cambio verdadero. En lo que hace a estos «países clientes», se trataba de una charada en la cual los políticos pretendían hacer algo para corregir las desigualdades mientras que los intereses financieros procuraban preservar el *statu quo* en todo lo posible. Los cínicos tenían razón en parte, pero sólo en parte. La crisis sacó a la superficie la sensación de que algo no funcionaba en el proceso de globalización, y esta percepción movilizó a críticos en vasto abanico de asuntos, de la transparencia a la pobreza, el medio ambiente y los derechos laborales.

Dentro de las propias organizaciones, cunde entre muchos de sus miembros más influyentes una sensación de complacencia. Las instituciones han mudado en su retórica. Hablan ahora de transparencia, pobreza, participación. Aunque medie una brecha entre retórica y realidad, la retórica tiene un efecto sobre la conducta de las instituciones, sobre la transparencia, sobre el interés en la pobreza. Los sitios *web* son mejores y la apertura es mayor. Las evaluaciones participativas de la pobreza han generado mayor compromiso y conciencia de los impactos de los programas en la pobreza. Pero los cambios, por profundos que parezcan a los que están dentro de las instituciones, resultan superficiales para los de fuera. El FMI y el Banco Mundial aún tienen estándares informativos mucho más cerrados que los de Estados democráticos como EE UU, Suecia o Canadá. Intentan ocultar los informes críticos; es sólo su incapacidad para prevenir filtraciones lo que a menudo los fuerza finalmente a informar. El descontento en los países en desarrollo con los nuevos programas que incluyen evaluaciones participativas de la pobreza es creciente, porque a quienes participan se les aclara que las cuestiones importantes, como el marco macroeconómico, no son de su incumbencia[1].

En otros casos ha habido más cambios en lo que se dice que en lo que se hace. Hoy existe una conciencia de los peligros planteados por los flujos de capital a corto plazo y la liberalización

1. En algunos lugares se piensa que los ciudadanos de los países pueden decidir sobre cuestiones tales como el calendario escolar.

prematura de los mercados de capitales y financieros, algo incluso reconocido ocasionalmente por altos funcionarios del FMI[1]. Esto constituye un cambio significativo en la posición oficial del Fondo –aunque todavía es pronto para saber si esta alteración en la retórica se traducirá y cómo– en las políticas aplicadas en los países. De momento la evidencia no es prometedora, como lo ilustra un solo episodio. Poco después de asumir como nuevo director ejecutivo, Horst Köhler emprendió una gira por algunos países miembros. Durante su estancia en Tailandia, a finales de mayo de 2000, apuntó lo que ya entonces era la sabiduría convencional fuera del FMI y que empezaba a colarse dentro incluso del propio FMI: los peligros de la liberalización del mercado de capitales. La vecina Indonesia aprovechó rauda la oportunidad y para cuando él llegó, en junio, había anunciado planes para explorar intervenciones en el mercado de capitales. Pero rápidamente los funcionarios del FMI pusieron en su sitio a los indonesios –y a Köhler–. La burocracia triunfó una vez más: la liberalización del mercado de capitales puede, en teoría, ser problemática; pero las intervenciones (controles) en el mercado de capitales evidentemente no podían ser esgrimidas por quienes buscaran la ayuda del FMI.

Hubo otros gestos de reforma, tibios y parciales[2]. Con el auge de las críticas contra los grandes rescates de los años 1990 hubo una sucesión de reformas fallidas. Primero vino el paquete de préstamo preventivo –prestar antes de que estalle de hecho

1. La actitud de infalibilidad institucional del FMI hace que los cambios de posición resulten particularmente arduos. En este caso los altos funcionarios pueden pretender, para salvar la cara, que ellos habían advertido durante mucho tiempo sobre los riesgos asociados con la liberalización de los mercados de capitales. La afirmación es en el mejor de los casos un disimulo (y ella misma mina la credibilidad de la institución). Si eran conscientes de dichos riesgos, entonces sus criterios sobre política son aún más imperdonables. Pero para quienes fueron sometidos a sus presiones tales preocupaciones fueron en el mejor de los casos advertencias marginales, cuestiones sobre las que reflexionar más adelante; lo que se les ordenaba era proceder, y proceder a toda prisa, con la liberalización.

2. Como apuntamos en el capítulo 8, la multiplicidad de objetivos –y la renuencia a discutir abiertamente el cambio tácito en el mandato para reflejar los intereses de la comunidad financiera– llevó a muchos casos de incoherencia intelectual; esto a su vez hizo más difícil plantear unas reformas coherentes.

una crisis– a Brasil, que contuvo la crisis de ese país durante unos meses, aunque a un oneroso coste. Después vino la línea de crédito contingente, otra medida destinada a tener el dinero listo para cuando una crisis explote[1]. Esto tampoco funcionó, principalmente porque a nadie le interesaron las condiciones propuestas[2]. Se reconoció que los salvamentos pudieron haber alimentado el riesgo moral y las prácticas laxas de préstamos, y por eso se aplicaron estrategias de rescates compartidos, en las que los acreedores soportan parte de los costes, aunque no en el caso de países grandes como Rusia sino en el de países débiles e impotentes como Ecuador, Ucrania, Rumania y Pakistán. Como expliqué en el capítulo 8, las estrategias de salvamento fueron en términos generales un fracaso. En algunos lugares, como Rumania, fueron abandonadas, aunque no sin antes haber dañado considerablemente la economía; en otros países, como Ecuador, fueron puestas en práctica, con efectos aún más devastadores. Tanto el secretario del Tesoro de EE UU como el nuevo director ejecutivo del FMI expresaron sus reservas sobre la efectividad en conjunto de la extensa estrategia de salvamentos, pero siguieron adelante con más de lo mismo: prestaron 11.000 y 21.600 millones de dólares a Turquía y Argentina respectivamente. El fracaso del rescate argentino parece que finalmente ha forzado a que comience una estrategia de replanteamientos.

Incluso donde había un amplio –aunque no universal– consenso en las reformas surgieron resistencias desde los centros financieros, ocasionalmente apoyados por el Tesoro de EE UU. En la crisis del Este asiático, con la atención puesta en la transparencia, resultó claro que para saber lo que estaba sucediendo en los mercados emergentes era menester saber qué hacían los

1. Como su nombre indica, una línea de crédito contingente suministra crédito automáticamente ante determinadas contingencias: las asociadas a una crisis.

2. Hubo problemas más profundos. Aunque una línea de crédito contingente aseguraría que habría nuevos fondos disponibles ante una crisis, no podría impedir que otros préstamos a corto plazo no fueran renovados; y el grado de exposición que los bancos estarían dispuestos a aceptar presumiblemente tomará en cuenta los nuevos préstamos que se concederán conforme a la facilidad de la línea de crédito contingente. Así, se temía que la oferta neta de fondos disponibles ante una crisis quizá no resultara muy afectada.

fondos de cobertura y los centros bancarios *offshore*. Hubo de hecho preocupación por si la mayor transparencia en otros sitios pudiera llevar a que aumentaran las transacciones en esos canales, y hubiese en conjunto menos información sobre lo que estaba ocurriendo. El secretario Summers secundó a los fondos de cobertura y los centros financieros *offshore*, y resistió los llamados en pro de una mayor transparencia, argumentando que una transparencia excesiva podría mitigar los incentivos para la búsqueda de información –la función llamada de «descubrimiento del precio» en la jerga técnica–. Las reformas en los centros bancarios *offshore*, establecidos como paraísos fiscales y para eludir las regulaciones, han sido en el mejor de los casos superficiales. Esto no debería sorprender; esos centros existen como resultado de políticas deliberadas de los países industrializados avanzados, propiciadas por los mercados financieros y las personas más ricas.

Otras reformas, incluso las aparentemente de poca entidad, enfrentaron una acusada resistencia, a veces tanto desde los países desarrollados como desde los subdesarrollados. Cuando quedó claro que el endeudamiento a corto plazo desempeñaba un papel clave en la crisis, la atención giró hacia las cláusulas de los bonos que permitían que los títulos de largo plazo fueran transformados en endeudamiento a corto plazo de la noche a la mañana[1]. Con el crecimiento de las demandas de rescatadores compartidos, también aumentaron las demandas de cláusulas en los bonos que facilitaran su participación «forzada» en las soluciones, las llamadas cláusulas de acción colectiva. Los mercados de bonos han resistido ambas reformas con éxito hasta ahora, aunque dichas reformas aparentemente han obtenido algún respaldo del FMI. Argumentaron que dichas condiciones podrían volver al crédito más costoso para el país prestatario, pero ésa es precisamente la cuestión: hoy los costes son abultados para los prestatarios, especialmente cuando las cosas van mal, pero sólo una fracción de dichos costes es soportada por el prestamista.

1. Estas cláusulas permiten a un acreedor exigir el pago bajo ciertas circunstancias; por regla general, precisamente las circunstancias en donde otros acreedores están retirando su dinero.

Lo que se necesita

El reconocimiento de los problemas ha recorrido un largo camino. Pero las reformas del sistema financiero internacional apenas han empezado. A mi juicio, entre las reformas básicas necesarias están las siguientes.

1. Aceptación de los peligros de la liberalización de los mercados de capitales, y de que los flujos de capital de corto plazo («dinero caliente») imponen abultadas externalidades, costes soportados por quienes no son parte directa en las transacciones (los prestamistas y prestatarios). Cuando existen externalidades tan grandes, las intervenciones –incluidas las acometidas a través de los sistemas bancario y fiscal[1]– son deseables. En lugar de rechazar esas intervenciones, las instituciones financieras internacionales deberían dirigir sus esfuerzos a lograr que funcionaran mejor.

2. Reformas sobre quiebras y moratorias. La forma adecuada de abordar los problemas cuando los deudores privados no

1. En Europa se ha prestado mucha atención a una propuesta impositiva concreta, la denominada Tasa Tobin sobre las transacciones financieras internacionales. Véase por ejemplo H. Williamson, «Köhler says IMF will look again at Tobin tax», *Financial Times*, 10 de septiembre de 2001. Existe en la actualidad una exhaustiva bibliografía que analiza este impuesto teórica y empíricamente. Véase el sitio *web* www.ceedweb.org/iirp/biblio.htm. Es interesante que el propio ex secretario del Tesoro haya escrito un artículo susceptible de interpretarse como un aval a los principios subyacentes al impuesto. Véase L. H. Summers y V. P. Summers, «When financial markets work too well: A cautious case for a securities transactions tax», *Journal of Financial Services Research*, vol. 3, 1989, pp. 261-286. Sin embargo, subsisten significativos problemas en su aplicación, especialmente en un mundo donde el impuesto no sería aplicado universalmente, y donde los derivados y otros complejos instrumentos financieros han llegado a prevalecer. Véase también J. E. Stiglitz, «Using Tax Policy to Curb Speculative Short-Term Trading», *Journal of Financial Services Research*, vol. 3, n.º 2/3, diciembre de 1989, pp. 101-115. Para conocer la propuesta original véase J. Tobin, «A proposal for international monetary reform», *Eastern Economic Journal*, vol. 4, 1978, pp. 153-159; y B. Eichengreen, J. Tobin y C. Wyplosz, «Two cases for sand in the wheels of international finance», *Economic Journal*, vol. 105, mayo de 1995, pp. 166-172. Véase además la colección de ensayos en M. ul Haq, I. Kaul e I. Grunberg, eds., *The Tobin Tax: Coping with Financial Volatility*, Londres y Nueva York, Oxford University Press, 1996.

pueden pagar a los acreedores, nacionales o extranjeros, es mediante la quiebra, y no gracias a que el FMI financie el salvamento de los acreedores. Lo que se necesita es una reforma de las quiebras que reconozca la especial naturaleza de las quiebras que derivan de perturbaciones macroeconómicas; se requiere un supercapítulo 11, unas condiciones de bancarrota que faciliten la reestructuración y confieran una suposición más sólida a la continuación de la gestión existente. Una reforma de este tipo tendría la ventaja ulterior de inducir más precaución en los acreedores, en vez de estimular el tipo de préstamos temerarios tan comunes en el pasado. Tratar de imponer reformas de las quiebras que cuiden más a los acreedores no es la solución; no sólo elude los problemas de los países en crisis, sino que es un remedio que probablemente no funcionará; como hemos visto tan gráficamente en el Este asiático, uno no puede simplemente injertar las leyes de un país en las costumbres y normas de otro[1]. Los problemas de las cesaciones de pagos en el caso de deudas públicas (como en Argentina) son más complicados, pero aquí también es necesario apoyarse más en quiebras y moratorias, algo que el FMI parece haber aceptado, con retraso. Pero el FMI no puede cumplir el papel de protagonista: es un importante acreedor y está dominado por los países acreedores. Un sistema de quiebras donde el acreedor o su representante es también el juez de la quiebra jamás será aceptado como justo.

3. Menos recurso a los salvamentos. Con el mayor uso de quiebras y moratorias serán menos necesarios los grandes rescates, que con tanta frecuencia han fracasado, en los que el dinero o bien se dirige a garantizar que los acreedores occidentales cobren más de lo que habrían cobrado en otras circunstancias, o que los tipos de cambios sean mantenidos a niveles sobrevaluados más tiempo de lo que habría sucedido en otro caso (permitiendo a los ricos en el país poder sacar más dinero afuera en condiciones favorables, pero dejando al país más endeudado).

1. Esta reforma es objeto de una atención creciente. El Gobierno de Canadá, en parte como consecuencia de presidir el G-8 y el G-22 en 2001-2002, celebra una importante conferencia centrada en dichos cambios. La discusión por el FMI de las quiebras y moratorias es vista por algunos como un movimiento preventivo, de anticipación a las iniciativas de Canadá y otros.

Como hemos visto, los salvamentos no sólo han fallado sino que han contribuido a los problemas, al moderar los incentivos al cuidado en los préstamos y a la cobertura de riesgos cambiarios.

4. Mejorar la regulación bancaria –tanto en diseño como en implementación– en los países desarrollados y en los subdesarrollados. Una débil regulación bancaria en los países desarrollados puede conducir a malas prácticas de préstamo, una exportación de inestabilidad. Puede haber algún debate sobre si el diseño de las normas sobre ratios de apalancamiento basadas en el riesgo fomenta la estabilidad en los sistemas financieros de los países desarrollados, pero caben pocas dudas de que ha contribuido a la inestabilidad global al estimular los préstamos a corto plazo. La desregulación del sector financiero y la excesiva confianza en los estándares de apalancamiento han sido errados y desestabilizadores; se necesita una aproximación a la regulación más amplia, menos ideológica, adaptada a las capacidades y circunstancias de cada país. Tailandia acertó al restringir los préstamos especulativos inmobiliarios en los años ochenta. El animar a los tailandeses a eliminar esas restricciones fue un error. Hay otras restricciones, como los «límites de velocidad» (restricciones sobre la tasa de crecimiento de los activos bancarios) que probablemente fomentarán la estabilidad. Pero las reformas no pueden al mismo tiempo perder de vista los objetivos más generales: un sistema bancario sano y seguro es importante, pero también debe ser un sistema que suministre capital para financiar empresas y crear empleo[1].

5. Mejor gestión del riesgo. Hoy los países del mundo afrontan riesgos enormes por la volatilidad de los tipos de cambio. El problema es claro, pero la solución no. Los expertos –incluidos los del FMI– han vacilado sobre los regímenes a recomendar. Animaron a Argentina a fijar su moneda al dólar. Después de la crisis del Este asiático, sostuvieron que los países deberían tener

1. Como vimos, la apertura de un país a los bancos extranjeros puede no desembocar en más créditos, especialmente para las pequeñas y medianas empresas nacionales. Los países deben imponer requisitos, similares a los de la Ley de Reinversión Comunitaria de EE UU, para garantizar que cuando sus mercados se abran las pequeñas empresas no se queden desprovistas de capital.

o bien un tipo de cambio libremente flotante o bien un tipo fijo. Dada la magnitud del desastre argentino, es probable que este consejo vuelva a cambiar. Cualquiera que sea la reforma en el mecanismo cambiario, los países seguirán arrostrando enormes riesgos. Los países pequeños como Tailandia, que compran y venden bienes en muchos países, padecen un arduo problema cuando los tipos de cambio entre las principales monedas varían en un 50 % o más. El fijar su moneda a otra no resuelve los problemas y de hecho puede exacerbar las fluctuaciones con respecto a otras divisas. La crisis de la deuda en América Latina en los ochenta[1] fue generada por un agudo incremento de los tipos de interés, como consecuencia de la política monetaria estricta del presidente de la Reserva Federal norteamericana, Paul Volcker. Los países en desarrollo deben aprender a manejar esos riesgos, probablemente mediante la compra de seguros contra tales fluctuaciones en los mercados internacionales de capitales. Por desgracia, hoy los países sólo pueden adquirir seguros contra las oscilaciones a corto plazo. Los países desarrollados son seguramente más capaces de administrar dichos riesgos que los países menos desarrollados, y deberían ayudar a organizar esos mercados de seguros. Tendría por ello sentido para los países desarrollados suministrar créditos a los países en desarrollo en formas que mitigaran los riesgos, por ejemplo, haciendo que los acreedores absorban los riesgos de unas fluctuaciones amplias en los tipos de interés real.

6. Mejores redes de seguridad. Parte de la tarea de gestión de riesgo es fomentar las capacidades de absorber riesgos por parte de los vulnerables dentro del país. La mayoría de las naciones en desarrollo cuentan con redes de seguridad endebles, incluyendo los programas de seguro de desempleo. Incluso en los países más desarrollados las redes de seguridad son débiles e inadecuadas en los dos sectores predominantes en los países en desarrollo, la agricultura y las pequeñas empresas, de modo que la ayuda internacional será esencial, aunque cada país deberá mejorar sus redes de seguridad.

1. La crisis de la deuda golpeó a Argentina en 1981, a Chile y México en 1982 y a Brasil en 1983. El crecimiento del producto fue sumamente lento durante el resto de la década.

7. Mejores respuestas a las crisis. Hemos visto el fracaso de las respuestas en las crisis de 1997-1998. La asistencia concedida fue mal diseñada y deficientemente aplicada. Los programas no tuvieron suficientemente en cuenta la falta de redes de seguridad, el que la conservación de los flujos crediticios era de importancia vital, y que el colapso del comercio entre los países extendería la crisis. Las políticas se basaron no sólo en pronósticos erróneos, sino también en una falta de reconocimiento de que es más fácil destruir empresas que volver a crearlas, y de que el daño causado por los elevados tipos de interés no se revertiría cuando éstos bajaran. Tiene que restaurarse un equilibrio: las preocupaciones de los trabajadores y las pequeñas empresas deben equilibrarse con las preocupaciones de los acreedores; los impactos de las políticas sobre la salida de capital local deben equilibrarse con la atención visiblemente excesiva prestada a los inversores foráneos. Las respuestas ante las crisis financieras futuras deberán situarse en un contexto social y político. Aparte de la devastación de los desórdenes que surgen cuando las crisis son mal manejadas, el capital no será atraído hacia países con turbulencias sociales y políticas, y ningún gobierno, excepto el más represor, puede controlar esa agitación, en especial cuando se percibe que las políticas han sido impuestas desde el exterior. Y lo más importante: hay que regresar a los principios económicos básicos; más que concentrarse en la efímera psicología de los inversores, en la impredecibilidad de la confianza, el FMI debe retornar a su mandato original de proveer financiación para restaurar la demanda en los países que afrontan una recesión económica. Los países en el mundo subdesarrollado insisten en preguntar por qué cuando EE UU atraviesa una recesión aboga por una política fiscal y monetaria expansiva, y cuando la atraviesan ellos se insiste en justo lo contrario. Cuando EE UU entró en recesión en el año 2001 el debate no radicaba en si debía aplicarse o no un paquete de estímulo sino cuál debía ser su diseño. A estas alturas las lecciones de Argentina y el Este asiático deberían ser claras: nunca se volverá a recobrar la confianza en economías empantanadas en profundas recesiones. Las condiciones que impone a los países para entregarles dinero deben ser no sólo circunstancias de modo mucho más estrecho sino también reflejar esta perspectiva.

Hay otros cambios que serían deseables: forzar al FMI a revelar el impacto esperado de sus programas sobre la pobreza y el paro dirigiría su atención hacia tales dimensiones. Los países deberían conocer las consecuencias probables de lo que el FMI recomienda. Si yerra sistemáticamente en sus análisis –por ejemplo, si los incrementos en la pobreza son mayores a los pronosticados–, debería responsabilizarse de ello. Cabría preguntar: ¿hay algo que esté en sus modelos sistemáticamente equivocado? ¿O es que deliberadamente trata de confundir la elaboración de políticas?

La reforma del Banco Mundial y la ayuda al desarrollo

Parte de la razón de mi esperanza en la posibilidad de reforma de las instituciones económicas internacionales es que he visto el cambio en el Banco Mundial. No ha sido fácil ni ha ido tan lejos como me habría gustado. Pero los cambios han sido significativos.

Cuando llegué, el nuevo presidente, James Wolfensohn, llevaba tiempo intentando que el Banco respondiera mejor a las preocupaciones de los países en desarrollo. Aunque la nueva dirección no siempre fue clara, los fundamentos intelectuales no siempre fueron firmes y el apoyo dentro del Banco estuvo lejos de ser generalizado, el BM empezaba seriamente a hacer frente a las críticas fundamentales que se le planteaban. Las reformas contemplaban cambios de filosofía en tres áreas: el desarrollo, la ayuda en general y la ayuda del BM en particular, y las relaciones entre el Banco y los países en desarrollo.

Al revaluar su curso de acción, el BM examinó cómo había tenido lugar el éxito en el desarrollo[1]. Algunas de las lecciones

1. La revaluación, como vimos, empezó realmente antes, bajo presión de los japoneses, y quedó reflejada cuando el Banco publicó en 1993 su estudio clave: *The East Asian Miracle: Economic Growth and Public Policy.* El cambio en las ideas se notó en los informes anuales sobre el desarrollo, llamados *World Development Report.* Por ejemplo, en 1997 el informe reexaminó el papel del Estado; el de 1998 se centró en el conocimiento (incluyendo la importancia de la tecnología) y la información (incluyendo las imperfecciones de los

que aparecían en esta revaluación habían sido largamente reconocidas por el BM: la importancia de ajustarse a las restricciones presupuestarias y la importancia de la educación –incluida la de las mujeres– y de la estabilidad macroeconómica. No obstante, también aparecieron temas nuevos. El éxito no era consecuencia de limitarse a fomentar la educación primaria, sino del establecimiento de una sólida base tecnológica, que incluyera el apoyo a una formación avanzada. Es posible promover la igualdad y el crecimiento rápido al mismo tiempo; de hecho, las políticas más igualitarias parecen ayudar al crecimiento. El respaldo al comercio y la apertura es importante[1], pero el impulso al crecimiento no provenía de los empleos perdidos merced a las mayores importaciones sino de los empleos creados gracias a la expansión de las exportaciones. Cuando los Estados adoptaron medidas para fomentar las exportaciones y crear nuevas empresas, la liberalización funcionó, pero cuando no lo hicieron, a menudo fracasó. El Estado desempeña un papel crucial en el desarrollo satisfactorio al estimular a sectores concretos y al ayudar a crear instituciones que promueven el ahorro y la asignación eficiente de la inversión. Los países exitosos también pusieron el énfasis en la competencia y la creación de empresas, más que la privatización y la reestructuración de empresas existentes.

En conjunto, los países con éxito presentan un enfoque comprensivo del desarrollo, que va bastante más allá de las cuestiones técnicas. Hace treinta años los economistas de izquierdas y de derechas concordaban en que la mejora en la eficiencia en la asignación de recursos y el incremento en la oferta de capital estaban en la raíz del desarrollo. Diferían sólo en si esos cambios

---

mercados vinculadas a la información imperfecta); los informes de 1999 y 2001 subrayaron el papel de las instituciones y no sólo de las políticas; y el informe de 2000 presentó una perspectiva mucho más amplia sobre la pobreza.

1. No sorprende que el Banco aún no se haya tomado todo lo en serio que debería las críticas teóricas y empíricas a la liberalización comercial, como las planteadas por F. Rodríguez y D. Rodrik, «Trade Policy and Economic Growth: A Skeptic Guide to the Cross-National Evidence», en *Macroeconomics Annual 2000,* Ben Bernanke y Kenneth S. Rogoff, eds., Cambridge Mass., MIT Press for NBER, 2001. Sean cuales fueran los méritos intelectuales de esta posición, contradice la posición «oficial» de EE UU y los demás gobiernos del G-7, de que el comercio es bueno.

podían alcanzarse mediante la planificación dirigida por el Estado o a través de los mercados libres. Al final, ninguno funcionó. El desarrollo abarca no sólo recursos y capital sino una transformación de la sociedad[1]. Es patente que las instituciones financieras internacionales no pueden ser responsabilizadas por esta transformación, pero pueden cumplir un papel relevante. Y como mínimo no deberían convertirse en obstáculos para una transformación con éxito.

AYUDA

La forma en que se concede a menudo la ayuda, imponiendo una miríada de condiciones, puede lograr exactamente eso: levantar obstáculos frente a las transiciones efectivas. Vimos en el capítulo 2 que la condicionalidad, la imposición de múltiples condiciones, algunas frecuentemente de naturaleza política, como precondición de la ayuda, no funciona, no conduce a políticas mejores, a más crecimiento, a mejores resultados. Los países que sienten que se les han impuesto las reformas realmente no las asumen ni se comprometen con ellas. Su participación es esencial si el verdadero cambio social va a tener lugar. Aún peor, la condicionalidad ha socavado los procesos democráticos. Finalmente hay un reconocimiento vacilante, incluso por el FMI, de que la condicionalidad ha ido demasiado lejos, y que las docenas de condiciones dificultaba que los países en desarrollo se centraran en las prioridades. Aunque ha habido como consecuencia un intento de refinar la condicionalidad, dentro del BM se ha profundizado en el debate sobre la reforma. Algunos opi-

1. Esta transformación tiene muchas dimensiones, incluida la aceptación del cambio (reconocer que las cosas no tienen por qué hacerse como se han venido haciendo tras muchas generaciones), de las facetas básicas de la ciencia y el modo científico de pensar, y la disposición a admitir los riesgos necesarios para la actividad empresarial. Estoy convencido de que tales cambios, en las circunstancias adecuadas, pueden tener lugar en un lapso relativamente breve. Para una presentación más amplia de esta idea de «desarrollo como transformación» véase J. E. Stiglitz, *Towards a New Paradigm for Development: Strategies, Policies and Processes*, 9ª Conferencia Raúl Prebisch, pronunciada en el Palais des Nations, Ginebra, UNCTAD, 19 de octubre de 1998.

nan que la condicionalidad debería ser sustituida por la selectividad, la concesión de ayudas a países con antecedentes probados, permitiéndoles que escojan por sí mismos sus propias estrategias de desarrollo, acabando con el micromanejo que ha sido tan destacado en el pasado. Las pruebas apuntan a que la ayuda concedida selectivamente puede ejercer impactos significativos tanto en la promoción del crecimiento como en la reducción de la pobreza.

Condonación de la deuda

Los países en desarrollo no sólo necesitan recibir ayuda de manera que les ayude a su desarrollo, sino un aumento de la ayuda. Unas sumas de dinero relativamente pequeñas podrían marcar enormes diferencias en la promoción de la salud y la alfabetización. En términos reales, ajustadas a la inflación, las sumas de la ayuda al desarrollo han venido realmente disminuyendo, y aún más tanto como porcentaje de la renta de los países desarrollados como de la renta per cápita de los países en desarrollo. Debe existir una base para la financiación de dicha ayuda (y otros bienes públicos globales) de modo más sostenido, libre de los caprichos de la política local en EE UU y otros lugares. Se han planteado diversas propuestas. Al fundarse el FMI, se le otorgó el derecho de crear una suerte de moneda internacional, los Derechos Especiales de Giro (SDR). Como los países hoy apartan sabiamente miles de millones de dólares en sus reservas todos los años, para protegerse de las vicisitudes de los mercados internacionales, parte de los ingresos no se traduce hacia la demanda agregada. La desaceleración económica global de 2001-2002 lanzó estas preocupaciones sobre el tapete. La emisión de SDR para financiar bienes públicos globales –incluyendo la financiación de la ayuda al desarrollo– podría colaborar en el mantenimiento del vigor de la economía global al mismo tiempo que asiste a algunos de los países más pobres del mundo. Una segunda propuesta comprende el uso de ingresos a partir de los recursos económicos globales –los minerales en los lechos de los mares y los derechos de pesca en los océanos– para sufragar la financiación de la ayuda al desarrollo.

Recientemente la atención se ha concentrado en la condonación de la deuda, y por una buena razón. Sin dicha condonación, muchos países en desarrollo sencillamente no podrán crecer. Un elevado porcentaje de sus exportaciones se destina a pagar a los países desarrollados sus préstamos[1]. La organización Jubileo 2000 movilizó un enorme apoyo internacional a la condonación de la deuda. El movimiento obtuvo el respaldo de las iglesias en todo el mundo desarrollado. Para ellas constituía un imperativo moral, un reflejo de los principios básicos de la justicia económica.

La cuestión de la responsabilidad moral de los acreedores fue particularmente visible en el caso de los préstamos de la guerra fría[2]. Cuando el FMI y el BM prestaron dinero a Mobutu, el tristemente célebre mandatario de la República Democrática del Congo, sabían (o deberían haber sabido) que el grueso de ese dinero no se destinaría a ayudar a los pobres del país sino más bien a enriquecer a Mobutu. Era un dinero pagado para asegurar que ese corrupto líder mantuviera a su país alineado con Occidente. A muchos no les pareció justo que los contribuyentes comunes de países con gobiernos corruptos debieran pagar los créditos concedidos a dirigentes que no los representaban.

Jubileo 2000 tuvo éxito en conseguir muchos más compromisos en pro de la condonación de la deuda. Aunque antes de 2000 había habido un programa de alivio de la deuda para los países más endeudados, pocos cumplían los criterios que el FMI había estipulado. A finales de 2000, como resultado de la presión internacional, 24 países habían cruzado el umbral.

El alivio de la deuda, empero, debe proseguir: en su conformación actual, los acuerdos sólo se limitan a los países más pobres. Países como Indonesia, devastados por la crisis del Este asiático y los fracasos de las políticas del FMI, aún están demasiado bien como para poder cobijarse bajo ese paraguas.

1. En bastantes países el servicio de la deuda supera la cuarta parte de las exportaciones; en un par de ellos alcanza a casi la mitad.

2. Esas deudas reciben a veces el nombre de «deudas odiosas».

La reforma de la OMC y el equilibrio de la agenda comercial

Las protestas contra la globalización comenzaron en la reunión de la OMC en Seattle porque era el símbolo más obvio de las desigualdades globales y de la hipocresía de los países industrializados más avanzados. Habían predicado –y forzado– la apertura de los mercados en los países subdesarrollados para sus productos industriales, pero seguían con sus mercados cerrados ante los productos de los países en desarrollo, como los textiles y la agricultura. Predicaron a los países en desarrollo para que no subsidiaran a sus industrias, pero ellos siguieron derramando miles de millones en subsidios a los agricultores, haciendo imposible que los países en desarrollo pudieran competir. Predicaron las virtudes de los mercados competitivos, pero EE UU se apresuró a propiciar cárteles globales en el acero y el aluminio cuando sus industrias locales fueron amenazadas por las importaciones. Estados Unidos recomendó la liberalización de los servicios financieros, pero rechazó la liberalización de los sectores donde los países subdesarrollados tienen fuerza, como la construcción y los servicios marítimos. Como hemos apuntado, la agenda comercial ha sido tan injusta que no sólo los países pobres no han recibido una cuota equitativa de los beneficios sino que la región más pobre del mundo, el África subsahariana, de hecho empeoró como resultado de la última ronda de las negociaciones comerciales.

Estas desigualdades son cada vez más conocidas, y eso, junto con la decisión de algunos países en desarrollo, dio lugar a la nueva ronda de negociaciones comerciales iniciada en Doha en noviembre de 2001, que incluyó en la agenda la corrección de algunos de estos desequilibrios del pasado. Se la llama «ronda del desarrollo». Pero queda aún un largo camino: EE UU y otros países industrializados sólo han acordado debatir; ¡el mero debate sobre la corrección de algunos de los desequilibrios fue vista como una concesión!

Una de las áreas que suscitaron un interés particular fue la de los derechos de propiedad intelectual. Son derechos importantes para que los innovadores tengan incentivos a innovar, si bien buena parte de la investigación más relevante, como la de la ciencia básica y las matemáticas, no es patentable. Nadie niega la importancia de los derechos de propiedad intelectual. Pero estos derechos deben equilibrar los derechos e intereses de los productores con los de los usuarios, y no sólo los usuarios de los países desarrollados sino también los investigadores de los países en desarrollo. En las últimas etapas de las negociaciones de la Ronda Uruguay, tanto la Oficina de Ciencia y Tecnología como el Consejo de Asesores Económicos se inquietaron porque no habíamos logrado un equilibrio correcto –el acuerdo favorecía a los productores más que a los usuarios–. Temíamos que al hacerlo el ritmo del progreso y la innovación pudiera ser de hecho frenado; después de todo, el conocimiento es el insumo más importante de la investigación, y unos derechos de propiedad intelectual más estrictos pueden incrementar el precio de este insumo. También nos preocupaban las consecuencias de negarles a los pobres medicinas que podrían salvar vidas. La cuestión ganó más tarde la atención internacional en el contexto de la provisión de remedios contra el sida en Sudáfrica. El enfado internacional obligó a las empresas farmacéuticas a retroceder; al parecer, por ese camino, las consecuencias más adversas serán limitadas. Pero cabe anotar que al principio incluso la Administración demócrata estadounidense apoyó a las empresas farmacéuticas. Algo de lo que no teníamos conciencia era la llamada biopiratería, cuando los laboratorios farmacéuticos internacionales patentan remedios tradicionales; no se trata sólo de que aspiren a ganar dinero de «recursos» y conocimiento que en justicia pertenecen a los países en desarrollo, sino que al hacerlo tratan de ahogar a las empresas locales que suministran esas medicinas tradicionales. No está claro que esas patentes sean defendibles en los tribunales si resultaran efectivamente desafiadas, pero sí está claro que los países menos desarrollados pueden carecer de los recursos legales y financieros necesarios para desafiar la patente. La cuestión ha llegado a constituir una enorme preocupación emocional, y potencialmente económica, en todo el mundo subdesarrollado. He estado recientemente en una población andina de Ecuador, e incluso allí el alcalde indígena se quejaba con vehemencia sobre cómo la globalización había llevado a la biopiratería.

La reforma de la OMC demandará reflexionar acerca de una

agenda comercial más equilibrada; más equilibrada en el tratamiento de los intereses de los países en desarrollo, más equilibrada en su tratamiento de cuestiones que, como el medio ambiente, van más allá del comercio.

Pero la corrección de los desequilibrios actuales no requiere que el mundo espere hasta el final de una nueva ronda de negociaciones comerciales. La justicia económica internacional exige que los países desarrollados tomen medidas para abrirse a unas relaciones comerciales justas y equitativas con los países en desarrollo sin recurrir a la mesa de negociación ni intentar extraer concesiones a cambio. La Unión Europea ya ha dado algunos pasos en esa dirección con su iniciativa «todo salvo armas» que permite la libre importación en Europa de todos los bienes de los países más pobres, excepto las armas. No resuelve todas las quejas de los países en desarrollo: ellos siguen sin poder competir contra la sumamente subsidiada agricultura europea. Pero es un gran paso en la buena dirección. El desafío ahora es conseguir que participen EE UU y Japón. Un movimiento de ese tipo representaría un beneficio cuantioso para el mundo subdesarrollado, e incluso beneficiaría a los países desarrollados, cuyos consumidores podrían obtener bienes a precios más bajos.

Hacia una globalización con un rostro más humano

Las reformas que he bosquejado lograrían una globalización más justa y más eficaz para elevar los niveles de vida, especialmente de los pobres. No se trata sólo de cambiar estructuras institucionales. El propio esquema mental en torno a la globalización debe modificarse. Los ministros de Hacienda y de Comercio conciben la globalización como un fenómeno fundamentalmente económico, pero para muchos en el mundo subdesarrollado es bastante más que eso.

Una de las razones por las que es atacada la globalización es porque parece conspirar contra los valores tradicionales. Los conflictos son reales y en cierta medida inevitables. El crecimiento económico –incluyendo el inducido por la globalización– dará como resultado la urbanización, lo que socava las sociedades rurales tradicionales. Por desgracia, hasta el presente los responsables de gestionar la globalización, aunque han alabado esos beneficios positivos, demasiado a menudo han mostrado una insuficiente apreciación de ese lado negativo: la amenaza a la identidad y los valores culturales[1]. Esto es sorprendente, dada la conciencia que sobre tales cuestiones existe en los propios países desarrollados: Europa defiende sus políticas agrícolas no sólo en términos de intereses especiales sino también para preservar las tradiciones rurales. En todas partes la gente de las pequeñas ciudades se queja porque las grandes cadenas nacionales y los centros comerciales han liquidado sus pequeños negocios y comunidades.

El ritmo de la integración global es un asunto importante: un proceso más gradual significa que las instituciones y normas tradicionales no serán arrolladas, y podrán adaptarse y responder a los nuevos desafíos.

Igualmente preocupante es lo que la globalización puede hacer con la democracia. La globalización, tal como ha sido defendida, a menudo parece sustituir las antiguas dictaduras de las elites nacionales por las nuevas dictaduras de las finanzas internacionales. A los países de hecho se les avisa que si no respetan determinadas condiciones, los mercados de capitales o el FMI se negarán a prestarles dinero. En esencia son forzados a renunciar a una parte de su soberanía y dejar que los caprichosos mercados de capitales –incluidos los especuladores, cuyo único afán es el corto plazo y no el crecimiento a largo plazo del país ni la mejora en sus condiciones de vida– los «disciplinen» aleccionándolos sobre lo que deben y no deben hacer. Pero los países pueden elegir, y entre sus opciones figura el grado al que desean someterse a los mercados internacionales de capitales. Aquellos que, como en el Este asiático, han evitado las restricciones del FMI han crecido más rápidamente, con más igualdad y más reducción de la pobreza, que los que han obedecido sus mandamientos. Como las políticas alternativas afectan de modo desigual a los distintos grupos, el papel del proceso político –no de los burócratas internacionales– es resolver los dilemas. Aun conce-

1. Una importante excepción es Jim Wolfensohn, que ha promovido iniciativas culturales en el Banco Mundial.

diendo que estas medidas afecten negativamente al crecimiento, se trata de un coste que muchos países en desarrollo estarían dispuestos a pagar para conseguir una sociedad más democrática y equitativa, del mismo modo que muchas sociedades declaran hoy que vale la pena sacrificar algún crecimiento a cambio de un mejor medio ambiente. Mientras la globalización sea presentada del modo en que lo ha sido, representa una privación de derechos civiles y políticos. No es llamativo, pues, que haya encontrado resistencias, especialmente entre los que padecen dicha privación.

Hoy la globalización es desafiada en todo el mundo. Hay malestar con la globalización, y con sobrados motivos. La globalización puede ser una fuerza benigna: la globalización de las ideas sobre la democracia y la sociedad civil han cambiado la manera de pensar de la gente, y los movimientos políticos globales han llevado al alivio de la deuda y al tratado de las minas terrestres. La globalización ha ayudado a cientos de millones de personas a alcanzar mejores niveles de vida, más altos de lo que ellas mismas, o la mayoría de los economistas, consideraban imaginable hace apenas poco tiempo. La globalización de la economía ha beneficiado a los países que han aprovechado esta oportunidad abriendo nuevos mercados para sus exportaciones y dando la bienvenida a la inversión extranjera. Pero los países que más se han beneficiado han sido los que se hicieron cargo de su propio destino y reconocieron el papel que puede cumplir el Estado en el desarrollo, sin confiar en la noción de un mercado autorregulado que resuelve sus propios problemas.

Ahora bien, para millones de personas la globalización no ha funcionado. La situación de muchas de ellas de hecho empeoró, y vieron cómo sus empleos eran destruidos y sus vidas se volvían más inseguras. Se han sentido cada vez más impotentes frente a fuerzas más allá de su control. Han visto debilitadas sus democracias y erosionadas sus culturas.

Si la globalización sigue siendo conducida como hasta ahora, si continuamos sin aprender de nuestros errores, la globalización no sólo fracasará en la promoción del desarrollo sino que seguirá generando pobreza e inestabilidad. Si no hay reformas la reacción que ya ha comenzado se extenderá y el malestar ante la globalización aumentará. Ello sería una tragedia para todos, y especialmente para los miles de millones que podrían resultar beneficiados en otras circunstancias. Aunque económicamente el que más perderá será el mundo en desarrollo, habrá ramificaciones políticas más amplias que afectarán también al mundo desarrollado.

Si las reformas reseñadas en este último capítulo son tomadas en serio, entonces hay esperanza de que un proceso más humano de globalización constituya una poderosa fuerza para el bien, y que una amplia mayoría de quienes viven en los países en desarrollo se beneficien de él y le den la bienvenida. Si esto sucede así, el malestar de la globalización nos habrá servido a todos.

La situación actual me recuerda al mundo de hace unos setenta años. Cuando el mundo se sumió en la Gran Depresión, los partidarios del mercado libre dijeron: «No os preocupéis; los mercados se autorregulan y, con el tiempo, la prosperidad económica retornará». No había que preocuparse por la desgracia de aquellos cuyas vidas quedaran destrozadas durante la espera de dicha eventualidad. Keynes sostuvo que los mercados no se autocorregían, o al menos no lo hacían en un marco temporal relevante (como dijo en su célebre frase: «A largo plazo todos estaremos muertos»[1]). El paro podía persistir durante años, y la intervención del Estado era necesaria. A Keynes lo pusieron entonces en la picota: sus críticas al mercado le granjearon la acusación de socialista; y sin embargo en un cierto sentido Keynes fue intensamente conservador. Abrigaba una creencia fundamental en los mercados: si el Estado corregía este único fallo, la economía podría funcionar de modo razonablemente eficiente. No aspiraba a una sustitución cabal del sistema de mercado; pero sabía que si esos problemas básicos no eran abordados, las presiones populares serían gigantescas. Y el remedio de Keynes funcionó: desde la Segunda Guerra Mundial los países como EE UU, que siguieron las prescripciones keynesianas, han registrado menos y más breves recesiones, y expansiones más prolongadas que antes.

Actualmente el sistema capitalista está en una encrucijada,

1. J. M. Keynes, *A Tract on Monetary Reform*, Londres, Macmillan, 1923 [hay traducción española: México, Fondo de Cultura Económica].

igual que durante la Gran Depresión. En la década de 1930 el capitalismo fue salvado por Keynes, que pensó en políticas para crear empleo y rescatar a los que sufrían por el colapso de la economía global. Ahora, millones de personas en todo el mundo esperan a ver si la globalización puede ser reformada de modo que sus beneficios sean más ampliamente compartidos.

Por fortuna, hay un creciente reconocimiento de estos problemas y una creciente voluntad política de hacer algo. Prácticamente todos los involucrados en el desarrollo, incluso en el *establishment* de Washington, aceptan actualmente que una rápida liberalización de los mercados de capitales sin una regulación correspondiente puede ser peligrosa. También concuerdan en que el excesivo rigor de la política fiscal durante la crisis asiática de 1997 fue un error. Cuando Bolivia entró en recesión en 2001, en parte a causa de la desaceleración económica global, hubo algunos indicios de que no se obligaría al país a que recorriera la senda tradicional de austeridad ni a que redujera el gasto público. En vez de ello, en enero de 2002 parece que Bolivia será autorizada a estimular su economía, para ayudarla a superar la recesión, utilizando los ingresos que pronto recibirá de sus reservas de gas natural, recientemente descubiertas, para aguantar hasta que la economía vuelva a crecer. Tras el desastre de Argentina, el FMI ha admitido las deficiencias de las grandes estrategias de salvamento, y empieza a discutir el uso de moratorias y reestructuraciones a través de quiebras, es decir, el tipo de alternativas que algunos hemos venido propugnando desde hace años. Las condonaciones de deudas conseguidas gracias a la labor del movimiento Jubileo y las concesiones realizadas para lanzar una nueva ronda del desarrollo de negociaciones comerciales en Doha representan dos victorias más.

A pesar de estas ganancias, queda aún mucho por hacer para cerrar la brecha entre la retórica y la realidad. En Doha, los países en desarrollo acordaron empezar a discutir una agenda comercial más justa, pero aún quedan por corregir los desequilibrios del pasado. Las quiebras y moratorias están ahora en la agenda, pero no hay garantía de que se establezca un equilibrio adecuado entre los intereses de acreedores y deudores. Hay bastante más participación de los países en desarrollo en las discusiones sobre estrategia económica, pero la evidencia sobre cambios en las políticas que reflejen una mayor participación aún es escasa. Tienen que cambiar las instituciones y los esquemas mentales. La ideología del libre mercado debe ser reemplazada por análisis basados en la ciencia económica, con una visión más equilibrada del papel del Estado, a partir de una comprensión de los fallos tanto del mercado como del Estado. Debe existir más sensibilidad sobre el papel de los asesores externos, de modo que respalden la toma democrática de decisiones –clarificando las consecuencias de las distintas políticas, incluyendo los impactos sobre los diferentes grupos, en especial los pobres– y no la socaven forzando políticas concretas sobre países reticentes.

Es evidente que la estrategia de reforma debe tener muchas puntas. Una es la referida a la reforma de los arreglos económicos internacionales. Pero ello requerirá mucho tiempo. De ahí que la segunda punta debe orientarse a estimular las reformas que cada país puede acometer por sí mismo. Los países desarrollados tienen una responsabilidad especial, por ejemplo, la de practicar lo que predican y eliminar sus barreras al comercio. Pero aunque la responsabilidad de los países desarrollados sea grande, sus incentivos son débiles: después de todo, los centros bancarios y fondos de cobertura *offshore* sirven a intereses de las naciones desarrolladas, y éstas bien pueden tolerar la inestabilidad que un fracaso en las reformas podría producir en el mundo subdesarrollado. En realidad cabe afirmar que EE UU en varios aspectos se benefició de la crisis del Este asiático.

Por lo tanto, los países en desarrollo deben asumir la responsabilidad de su propio bienestar. Pueden administrar sus presupuestos de modo que consigan vivir por sus medios, por magra que esta idea resulte, y eliminar las barreras proteccionistas que derraman copiosos beneficios para unos pocos pero fuerzan a los consumidores a pagar precios altos. Pueden imponer estrictas regulaciones para protegerse de los especuladores foráneos o de los desmanes corporativos locales. Y lo más importante: los países en desarrollo necesitan Estados eficaces, con un poder judicial fuerte e independiente, responsabilidad democrática, apertura y transparencia, y quedar libres de la corrupción que ha asfixiado la eficacia del sector público y el crecimiento del privado.

Lo que deberían solicitar a la comunidad internacional es

sólo esto: que acepten su deber y su derecho de tomar sus propias decisiones, de forma que reflejen sus propios juicios políticos sobre, por ejemplo, quién debería soportar qué riesgos. Deberían ser estimulados para que adopten leyes sobre quiebras y estructuras reguladoras adaptadas a su propia situación, y a no aceptar patrones diseñados por y para los países más desarrollados[1].

Se necesitan políticas para un crecimiento sostenible, equitativo y democrático. Ésta es la razón del desarrollo. El desarrollo no consiste en ayudar a unos pocos individuos a enriquecerse o en crear un puñado de absurdas industrias protegidas que sólo benefician a la elite del país; no consiste en traer a Prada y Benetton, Ralph Lauren o Louis Vuitton para los ricos de las ciudades, abandonando a los pobres del campo a su miseria. El que se pudieran comprar bolsos de Gucci en los grandes almacenes de Moscú no significó que el país se había vuelto una economía de mercado. El desarrollo consiste en transformar las sociedades, mejorar las vidas de los pobres, permitir que todos tengan la oportunidad de salir adelante y acceder a la salud y la educación.

Este tipo de desarrollo no tendrá lugar si sólo unos pocos dictan las políticas que deberá seguir un país. Conseguir que se tomen decisiones democráticas quiere decir garantizar que un abanico de economistas, funcionarios y expertos de los países en desarrollo estén activamente involucrados en el debate. También implica una amplia participación que va bastante más allá de los expertos y los políticos. Los países en desarrollo deben tomar las riendas de su propio porvenir. Pero nosotros en Occidente no podemos eludir nuestras responsabilidades.

No es fácil cambiar el modo de hacer las cosas. Las burocracias, igual que las personas, incurren en malas costumbres, y la adaptación para el cambio puede ser dolorosa. Pero las institu-

1. Recientemente, los países en desarrollo se han visto cada vez más apremiados a cumplir con estándares (por ejemplo bancarios) en cuyo diseño han participado escasamente. Esto es saludado a menudo, de hecho, como uno de los pocos «logros» de los esfuerzos para reformar la arquitectura económica global. A despecho de los resultados positivos que puedan conseguir para mejorar la estabilidad económica global, el modo de lograrlos ha despertado un enorme resentimiento en el mundo subdesarrollado.

ciones internacionales deben acometer esos cambios quizá arduos que les permitirán desempeñar el papel que deberían cumplir para lograr que la globalización funcione, y no sólo que funcione para los ricos y los países industrializados sino también para los pobres y las naciones en desarrollo.

El mundo desarrollado debe poner de su parte para reformar las instituciones internacionales que gobiernan la globalización. Hemos montado dichas instituciones y debemos trabajar para repararlas. Si vamos a abordar las legítimas preocupaciones de quienes han expresado su malestar con la globalización, si vamos a hacer que la globalización funcione para los miles de millones de personas para las que aún no ha funcionado, si vamos a lograr una globalización de rostro humano, entonces debemos alzar nuestras voces. No podemos, ni debemos, quedarnos al margen.

Índice

Título de la edición original: *Globalization and its Discontents*
Traducción del inglés: Carlos Rodríguez Braun,
cedida por Santillana Ediciones Generales, S. L.
Diseño: Winfried Bährle
Ilustración: www.no6.net

Círculo de Lectores, S. A. (Sociedad Unipersonal)
Travessera de Gràcia, 47-49, 08021 Barcelona
www.circulo.es
1 3 5 7 9 2 0 1 1 8 6 4 2

Licencia editorial para Círculo de Lectores
por cortesía de Santillana Ediciones Generales, S. L.

Depósito legal: Na. 2466-2002
Fotocomposición: Víctor Igual, S. L., Barcelona
Impresión y encuadernación: RODESA (Rotativas de Estella, S. A.)
Navarra, 2002. Impreso en España
ISBN 84-226-9724-6
N.º 36251